energie.wenden

Chancen und Herausforderungen
eines Jahrhundertprojekts

energie.wenden

Chancen und Herausforderungen eines Jahrhundertprojekts

Christina Newinger
Christina Geyer
Sarah Kellberg
(Hrsg.)

Deutsches Museum

oekom

Inhalt

ESSAYS

THEMEN-RÄUME

DIE AUSSTELLUNG

ANHANG

Vorwort des Generaldirektors

Mit der Ausstellung »energie.wenden« nimmt sich das Deutsche Museum erneut eines erdweit bedeutenden gesamtgesellschaftlichen Themas an und präsentiert es publikumsnah als großangelegte Sonderausstellung, die diesmal sogar auf Wanderschaft gehen wird. Der Erfolg der Anthropozän-Ausstellung hat uns dazu ermutigt, erneut ein Thema aufzugreifen, das uns in seiner Vielschichtigkeit alle betrifft und bewegt. Denn die heutige Energiewende bedeutet einen gewaltigen Umbruch für Technik und Gesellschaft, weil sie sich als bewusste Abkehr vom fossilen Zeitalter hin zu einer nachhaltigen Energieversorgung versteht. Sie ist nichts weniger als eine enorme globale Herausforderung, denn nicht nur der Klimawandel, sondern auch die Verknappung der Ressourcen machen diesen Wandel tatsächlich überall notwendig. So sehen wir uns als Deutsches Museum in der Verantwortung, unseren Teil zum Erfolg der Energiewende beizutragen.

Natürlich sollen in der Ausstellung zunächst geschichtliche Grundlagen und moderne Technik mit ihren erdweiten Ursachen und Folgen gezeigt werden, das wird von uns erwartet und Sie werden auch diesmal nicht enttäuscht sein! Ganz in der Tradition des Deutschen Museums wird der Dreiklang aus Energiebereitstellung, Energieverteilung und Energiekonsum anhand von einzigartigen Exponaten und spannenden Demonstrationen vertieft. Dabei werden sowohl bedeutsame historische Objekte, als auch neueste technische Errungenschaften gezeigt.

Doch weil es sich über die Technik hinaus um ein gesellschaftliches und politisches Thema handelt, haben wir uns etwas Neues und Besonderes ausgedacht: eine partizipative Ausstellung, wie es sie bisher nicht gegeben hat. Hier soll sich der Besucher aus der Sicht eines Entscheidungsträgers mit den vielfältigen Wirkungszusammenhängen der heutigen Energiewende auseinandersetzen und spielerisch verstehen lernen, welche vielschichtigen Faktoren die heutige Wende notwendig machen und welche nicht immer einfachen Lösungsmöglichkeiten uns als gesellschaftlichen Wesen, aber auch als Individuum zur Verfügung stehen.

Diese gesellschaftliche Verantwortung spiegelt sich auch im Titel der Ausstellung »energie.wenden« wider: Er will zum Nachdenken und zum aktiven Handeln jedes Einzelnen auffordern. Im Zentrum steht dabei die Frage »Energiewende ja – aber wie!?«.

Das Thema »Energie« ist in den Ausstellungen des Deutschen Museums, seiner grundlegenden Bedeutung entsprechend, schon seit der Museumsgründung allgegenwärtig, denn ohne Energie wäre all unsere Technik gar nicht denkbar. Das gilt natürlich vor allem für die Technik im digitalen Zeitalter. So begleitet das Thema unsere Ausstellungen wie die Physik, die Starkstromtechnik, die Kraftmaschinen, den Wasserbau und natürlich viele andere mehr auf Schritt und Tritt. Doch was wir heute »Energiewende« nennen, hat neben den technischen Seiten, die wir bisher im Museum zeigen, noch viele andere: gesellschaftliche, politische und wirtschaftliche etwa, die wir unserem Bildungsauftrag entsprechend genauso in unseren Ausstellungen aufnehmen wollen, wie die physikalischen und technischen Fakten, die – für sich alleine betrachtet – für viele Besucher doch manchmal nicht einfach einzuordnen sind.

Aus diesen Gründen kam für uns nur eine partizipative Ausstellung infrage, die wir Ihnen nun erstmals im Deutschen Museum präsentieren: Wir wollen bei dem Thema Energiewende mit dieser neuartigen Präsentation Vorreiter sein und haben daher die Ausstellung so angelegt, dass sie auch wandern kann. So ist diese Ausstellung mit ihren Neuerungen auch im Hinblick auf unsere Zukunftsinitiative ein bedeutender Markstein: So wollen wir viele der jetzt neu geschaffenen Ansätze und Erfahrungen auch in Zukunft nutzen und weiterentwickeln.

Es waren die erdweite Bedeutung des Themas und die Vorreiterrolle Deutschlands bei der Erarbeitung von Lösungsvorschlägen (immerhin befinden wir uns in einem beispiellosen landesweiten Großversuch!), die uns veranlasst haben, gerade diese Ausstellung auf Wanderschaft zu schicken und in anderen Ländern zu zeigen.

Mit der Ausstellung »energie.wenden« hat das Deutsche Museum daher erstmals eine Wanderausstellung konzipiert, die in großen internationalen Technik- und

Wissenschaftsmuseen weltweit nachgefragt wurde und dort zu sehen sein wird. Die Fähigkeit zu wandern stellte das Team vor große gestalterische, organisatorische und kuratorische Herausforderungen, die erfolgreich gemeistert wurden.

Der Übergang von fossilen zu erneuerbaren Energien und ein bewussterer Umgang mit den zur Verfügung stehenden Ressourcen und der Energie können nur erfolgreich sein, wenn Wissenschaft, Gesellschaft, Industrie und Politik an einem Strang ziehen und verschiedenste Disziplinen zusammenarbeiten. Daher haben wir ein multidisziplinäres Expertengremium einberufen, das uns bei der inhaltlichen und gestalterischen Konzeption der Ausstellung unterstützt hat: Neben Natur- und Ingenieurwissenschaftlern sind etwa auch Historiker und Soziologen mit dabei. In einem Workshop »Globale Energiewenden« vom 5. bis 7. März 2015 kamen diese Experten erstmals im Deutschen Museum zusammen und diskutierten untereinander und mit den Kuratoren, wie sich das komplexe und vielschichtige Thema im Museum darstellen lässt. Mit ihrer Kompetenz begleiteten sie das Entstehen der Ausstellung in weiteren Workshops und Beratungsgesprächen.

Der vorliegende Band präsentiert nun ergänzend zur Ausstellung eine Einführung und Essays zu diesem komplexen Thema. Zahlreiche Experten stellen hier die verschiedensten Aspekte nachhaltiger Energieversorgung verständlich dar. Dabei startet der Katalog mit einem historischen Überblick über vergangene »Energiewenden« und begibt sich auf die Spuren des Begriffes »Energiewende«. Danach werden die technischen Herausforderungen für den nachhaltigen Umgang mit Energie eingehend thematisiert und der aktuelle Stand von Technik und Wissenschaft beleuchtet. Am Ende des Essay-Teils werden moralische Verantwortung, gesellschaftliche Akzeptanz und sozialverträgliche Integration der Technologien angesprochen. Im folgenden Teil werden die zehn »Themenräume« der Energiewende vorgestellt, wie sie auch in der Ausstellung zu sehen sind. Diese decken den gesamten Bereich von Energiebereitstellung über Energieverteilung bis hin zu Energiekonsum ab und werden durch die Exponate und Demonstrationen der Ausstellung unterstützt.

Abschließend erfahren Sie neben Einzelheiten zur Entwicklung des Ausstellungskonzepts und zum Aufbau der Ausstellung mehr über einzelne Stationen und herausragende Elemente der Ausstellung.

Schließlich schulden wir den Ministerien und Firmen großen Dank, die wir wegen der Aktualität und Bedeutung des Themas als Stifter und Förderer für die Ausstellung gewinnen konnten. Darunter sind Ministerien wie das Bundesministerium für Wirtschaft und Energie in Berlin und das Bayerische Staatsministerium für Wirtschaft und Medien, Energie und Technologie in München, aber auch Unterstützer aus der Wirtschaft wie die Linde AG und die innogy Stiftung für Energie und Gesellschaft gGmbH.

Ein herzliches Dankeschön geht außerdem an die verschiedenen Abteilungen unseres Hauses, wie Ausstellungsgestaltung, Grafik, Fotoatelier, aber auch an die Abteilungen Bildung, Kommunikation, Sammlungen, Publikationen, ohne die das Projekt nicht durchführbar gewesen wäre. Dank gilt auch unserem interdisziplinären Kuratorenteam aus der Ingenieur- und Naturwissenschaft, der Soziologie und Anthropologie sowie aus den Ernährungswissenschaften und den Projektleitern.

Unseren externen Gestaltern, der Firma Space4 aus Stuttgart mit dem teamstratenwerth aus Basel, gebührt höchste Anerkennung für ihre engagierte, anregende und immer gute Zusammenarbeit mit unserem Hause.

Prof. Dr. Wolfgang M. Heckl
München, November 2016

Der Übergang vom fossilen Zeitalter hin zu einer klimafreundlichen und sozialverträglichen Energieversorgung ist eine Jahrhundertaufgabe und eine globale Herausforderung. Diese Transformation kann nicht nur durch technische Neuerungen allein umgesetzt werden. Sie kann nur erfolgreich sein, wenn Wirtschaft, Politik, Wissenschaft und Gesellschaft Lösungen und mögliche Probleme diskutieren und an einem Strang ziehen.
Hochrangige Wissenschaftlerinnen und Wissenschaftler betrachten das Thema Energiewende aus den verschiedensten Perspektiven: Ihre Essays geben einen umfassenden Überblick über Fortschritte, Möglichkeiten und Herausforderungen des globalen Projekts.

E S S

A Y S

Geschichte

Die Entstehung eines Zukunftskonzepts

Energie und Fortschritt

Eine universalhistorische Annäherung an die Energiewende(n)

von Patrick Kupper

1 *Die Industrielle Revolution, die auch durch die Erfindung der Eisenbahn angetrieben wurde, markiert den Wandel vom solaren hin zum fossilen Energieregime.*
Foto: danm / Moment Open / Getty Images

Seit der Reaktorkatastrophe im japanischen Fukushima im Frühling 2011 und dem darauffolgenden Richtungswechsel in der bundesdeutschen Energiepolitik ist die »Energiewende« in aller Munde. Auch der Duden führt den Begriff inzwischen in seinen Wörterbüchern. Allerdings handelt es sich um einen Begriff, der zwar auch in Österreich und der Schweiz weite Verbreitung gefunden hat, für den sich aber in anderen Sprachen kein Äquivalent findet. So spricht man sowohl im Englischen wie im Französischen nicht von einer Energie*wende*, sondern von einem Energieübergang (energy *transition*). Dies ist aber nicht dasselbe: Übergänge ereignen sich; Wenden werden bewusst angestrebt und – im erfolgreichen Fall – vollzogen. Der Bedeutungsunterschied wurde bereits wahrgenommen und im Englischen hat man begonnen, von der *German Energiewende* zu reden. Wird sich der

Begriff einbürgern? Und wird er in Zukunft positiv konnotiert sein oder eher eine deutsche Absonderlichkeit charakterisieren wie die *German Angst*?
Zunächst gilt es einmal festzuhalten, dass der Begriff nicht so neu ist, wie die jüngsten Diskussionen vermuten lassen. Bereits 1980 legte das Öko-Institut Freiburg eine Studie mit dem Titel »Energie-Wende« vor (vgl. den Beitrag von Felix Chr. Matthes in diesem Buch).[1] Deren Untertitel »Wachstum und Wohlstand ohne Erdöl und Uran« verrät, dass sich die Wortbedeutung seither kaum verschoben hat, liest sich doch der Eintrag bei Duden online: »Energiewende: Ersatz der Nutzung von fossilen und atomaren Energiequellen durch eine ökologische, nachhaltige Energieversorgung«[2]. Wird diese Begriffsverwendung zugrunde gelegt, kann der historische Rückblick an dieser Stelle abgebrochen werden – oder er müsste sich auf die letzten knapp fünfzig Jahre beschränken. Hier soll allerdings ein anderer Zugang gewählt werden, der die historische Dimension maximal ausdehnt: In menschheitsgeschichtlicher Perspektive soll ermessen werden, ob sich in der Vergangenheit Umwälzungen ereigneten, in denen sich die gesellschaftliche Energieversorgung grundlegend änderte. Und wie lassen sich solche vergangenen Veränderungen angemessen charakterisieren: eher als Übergänge oder als Wenden? Schließlich interessiert, wie die heute diskutierte Wende in der langen historischen Sicht zu stehen kommt. Die wenigen zur Verfügung stehenden Zeilen erfordern, die Entwicklung in groben Strichen zu skizzieren.[3]

Auf dem Weg in die Sesshaftigkeit

Am Anfang der globalen Energiegeschichte steht das Feuer. Wer die Kunst des Feuermachens beherrschte, dem eröffneten sich ganz neue Möglichkeiten, sein Leben und dasjenige seiner Gemeinschaft zu gestalten. Am Feuer konnten sich Menschen wärmen und Speisen zubereiten, was ihr Nahrungsspektrum enorm erweiterte. Zudem konnte Feuer für die Bearbeitung von Werkzeugen und Waffen eingesetzt werden oder auch für die Treibjagd. Und schließlich sollte dem Feuer eine wichtige Rolle bei der Rodung und der anschließenden Kultivierung von Land zukommen: Im – sowohl in tropischen wie gemäßigten Gebieten weit verbreiteten – Wanderfeldbau wurden kleinere oder größere Flächen periodisch abgebrannt und dann über einige Jahre bewirtschaftet, bevor man sie wieder verwildern ließ.
In einigen Weltgegenden wird diese Anbaumethode bis heute gepflegt, in anderen wurde sie in jüngster Zeit, nachdem sie im 20. Jahrhundert von den Obrigkeiten unterbunden worden war, als nachhaltige Bewirtschaftungsform wiedereingeführt, etwa für Savannen oder Steppen.
Dies führt uns zu einer weiteren Epochenschwelle in der menschheitsgeschichtlichen Entwicklung, die üblicherweise mit dem Begriff der »Neolithischen Revolution« gefasst wird. Kennzeichnend ist vor allem die Aufnahme

2 *In einigen Gegenden, wie zum Beispiel beim Reisanbau in Madagaskar, wird der Wanderfeldbau noch heute praktiziert.*
Foto: picture alliance/ Mint Images/ Frans Lanting

des Ackerbaus, welcher höhere Erträge abwarf, als das bis dahin praktizierte Jagen und Sammeln. Der Ackerbau bedingte die Sesshaftigkeit, erlaubte die Produktion von Überschüssen und damit die Anlage von Nahrungsreserven. Ein höheres Bevölkerungswachstum wurde möglich und die Begründung größerer Ansiedlungen bis hin zu Städten. Neben dem Ackerbau war die Domestizierung von Nutztieren die zweite Basisinnovation, welche die verfügbare Arbeitskraft erheblich vergrößerte. Für beides, die Einführung des Ackerbaus und die Domestizierung, ist der Revolutionsbegriff jedoch irreführend. Vielmehr handelte es sich um sehr langfristige, sich über Jahrhunderte hinziehende Übergänge, die zudem in verschiedenen Weltgegenden zu ganz unterschiedlichen Zeiten einsetzten, in unterschiedlichen Rhythmen verliefen und eine unterschiedliche Eindringungstiefe aufwiesen. Jäger-und-Sammler-Gesellschaften koexistierten über Jahrtausende mit Agrargesellschaften. In wenigen Fällen wurde der Ackerbau wieder aufgegeben, wobei die Aufgabe üblicherweise mit einem zivilisatorischen Kollaps und einem Bevölkerungseinbruch einherging. Ohne Ackerbau ließ sich die auf höherem Energieinput beruhende Lebensweise ebenso wenig aufrechterhalten wie eine dichte Besiedlungsform.
Sowohl Jäger-und-Sammler- als auch Agrargesellschaften beruhten auf einem solaren Energiesystem, dessen Grundlage die Photosynthese war. Das Sammeln von Holz und essbaren Pflanzen bzw. der Anbau von Nahrungs- und Futtermitteln lieferten bis ins 19. Jahrhundert hinein den überwiegenden Teil der energetischen Ressourcen, die in der Form von Wärme sowie menschlicher und tierischer Arbeitskraft konsumiert wurden. Die Kraft von Wind und Wasser wurde in Mühlen genutzt und erleichterte bzw. ermöglichte erst den Transport von Waren und Menschen über größere Distanzen. Gewässer waren mit Abstand die günstigste Reise- und Transportmöglichkeit, zum Befahren mit (Segel-)Schiffen, aber auch zum Triften und Flößen von Holz. Die eingesetzten Technologien machten über die Jahrhunderte Fortschritte, auch wenn manchmal Wissen und Fertigkeiten wieder verloren gingen. Dennoch blieb der Anteil von Wasser und Wind am gesamten Energieeinsatz vormoderner Gesellschaften gering und dürfte selbst in Ländern, in denen diese Technologien vergleichsweise weit verbreitet waren, wie den Niederlanden, unter zehn Prozent gelegen haben, in den meisten Gegenden

S. 82 bis 87

3 *Der Hoover Damm im Bundesstaat Nevada wurde zwischen 1931 und 1935 am Colorado River gebaut. Die 17 Turbinen des Wasserkraftwerks erzeugen eine Leistung von 2080 Megawatt.*
Foto: Andrew Zarivny/Shutterstock.com

wohl unter einem Prozent. Von regionaler Bedeutung konnte zudem die Nutzung von Torf und Kohle sein, überregional fielen beide fossilen Energieträger jedoch nicht ins Gewicht.[4]

Aufbruch ins fossile Zeitalter

Eine grundlegende sozioökonomische und ökologische Umgestaltung leitete ab dem ausgehenden 18. Jahrhundert die Industrielle Revolution ein, in deren Zuge sich die solaren Energieregime in fossile Energieregime wandelten. Bei der Industriellen Revolution handelt es sich wiederum nicht um eine rasche Umwälzung, sondern um einen langfristigen Prozess, der Gesellschaften und Räume zu unterschiedlichen Zeiten und in unterschiedlichen Formen erfasste. Treffender wird daher von Industrialisierung oder auch im Plural von Industrialisierungen gesprochen, die viele Weltgegenden seit dem 19. Jahrhundert direkt oder indirekt umgestalteten. Energetischer Treiber waren fossile Brennstoffe, zunächst Kohle, zu der sich Erdöl und in jüngerer Zeit Erdgas gesellten. Technische Schlüsselinnovationen waren zum einen die kohlebetriebene Dampfmaschine, die es erstmals erlaubte, Wärme in mechanische Energie umzuwandeln und sowohl den Aufstieg der Schwerindustrie als auch der Eisenbahn und Dampfschifffahrt im 19. Jahrhundert ermöglichte, und zum anderen der Verbrennungsmotor, auf dessen Basis sich im 20. Jahrhundert der Personen- und Güterverkehr revolutionierte. Erweitert wurden die fossilen Energieregime ab dem ausgehenden 19. Jahrhundert durch die Elektrizität, die sich mit ihren vielfältigsten Anwendungsmöglichkeiten, von der Beleuchtung über den Antrieb für Motoren und Maschinen bis zur Übertragung von Signalen und zur Wärmequelle, für moderne Gesellschaften bald unentbehrlich machte.

S. 88 bis 93

Die fossilen Energieregime brachten einen mehrfachen Übergang. Der massenhafte Einsatz fossiler Energieträger war maßgeblich an der Beseitigung bisheriger Wachstumsbeschränkungen beteiligt. Dieselben fossilen Energieträger erlaubten es, die Transportkapazitäten enorm zu steigern und zu verbilligen, so dass Gesellschaften zunehmend unabhängiger von der Fläche wurden, die sie bewohnten. Die Ausbeutung der »unterirdischen Wälder«, wie der Umwelthistoriker Rolf Peter Sieferle die Kohlevorkommen nannte, ermöglichte, sehr viel mehr Ressourcen zu verbrauchen, als das eigene Land, aber auch die Welt insgesamt in derselben Zeit produzierten.[5] Dies bedeutete den Übergang in eine nicht nur regional, sondern auch global nicht nachhaltige Wirtschaftsweise. Die starke Beschleunigung des Ressourcenverbrauchs nach 1950 verursachte zudem globale Umweltprobleme.[6] Gegen Ende des Jahrhunderts wurde deutlich, dass der stark erhöhte Ausstoß an Treibhausgasen das Klima weltweit beeinflusst. Des Weiteren erlangte die Frage, wer die zunehmend globalen Ressourcen- und Energieströme steuerte und kontrollierte, höchste geopolitische Bedeutung. Die Unabhängigkeit von lokalen Ressourcen wurde mit neuen Abhängigkeiten auf überregionaler und internationaler Ebene erkauft, die sich insbesondere dann bemerkbar machten, wenn die Ressourcenströme nicht mehr in der gewohnten Art flossen, wenn Kriege und Konflikte ihren Lauf störten oder sie gar unterbrachen. So führte die Erdölpreiskrise von 1973/74 den westlichen Gesellschaften ihre Abhängigkeit von Öl aus der Krisenregion des Nahen Ostens vor Augen und förderte das in jenen Jahren einsetzende energiepolitische Umdenken, auf dessen Schultern die heutige Energiewende steht.[7]

Die aktuelle Energiewende im Kontext der Vergangenheit

Wie dieser Durchgang durch die Geschichte der letzten Jahrtausende deutlich macht, fielen Energieübergänge stets mit gesellschaftlichen Übergängen zusammen. Dies ist weiter nicht verwunderlich, wenn wir uns vor Augen halten, welche gesellschaftliche Bedeutung der Energie zukommt. Die Sozialökologen Fridolin Krausmann und Marina Fischer-Kowalski sprechen im Anschluss an Karl Marx von der »Notwendigkeit des Menschen, in einem sozial organisierten und mit Arbeit verbundenen Prozess seinen Lebensunterhalt durch Austausch mit der Natur zu bewerkstelligen«.[8]
Nach der klassischen Mechanik ist Energie wiederum die Kapazität, Arbeit zu verrichten. Die sozial mobilisierte Energie weist somit auf die Kapazitäten einer Gesellschaft hin, ihre Lebenswelt aktiv zu gestalten. Zur Beschreibung des Wandels scheint der Begriff »Übergang« oder »Transition« passender zu sein als jener der Wende, erstreckten sich Veränderungen doch meist über lange Zeiträume und waren wenig zielgerichtet oder koordiniert. Auch hielten Individuen und Gesellschaften meist hartnäckig an früheren Nutzungsformen fest, an die sie sich gewöhnt und angepasst hatten, in die sie investiert und die sie reguliert und reglementiert hatten. Neue Nutzungsformen lösten bisherige nicht ab, sondern ergänzten und überlagerten diese, weshalb Transitionen stets zu einer Ausweitung des Energieangebots führten.[9]
Zum Schluss sollen jedoch zwei Kandidatinnen für vergangene Energiewenden vorgeschlagen werden, die beide große Investitionen erforderten und so zu staatlichen Planungen einluden. Die erste Kandidatin ist die Elektrifizierung auf Basis der Wasserkraft, wie sie in der ersten Hälfte des 20. Jahrhunderts in so unterschiedlichen Systemen wie den USA des New Deals, dem nationalsozialistischen Deutschland und der stalinistischen Sowjetunion im großen Stil vorangetrieben wurde[10], und der in der zweiten Hälfte des vergangenen Jahrhunderts China und Länder des globalen Südens mit westlicher Unterstützung nacheiferten. Die zweite Kandidatin ist die zivile Nutzung der Atomenergie, die in den Nachkriegsjahrzehnten versprach, das Energieproblem und gleich noch das Ernährungsproblem ein für allemal zu lösen. Auf die Hybris folgte der Sturz.[11] Während einige weiterhin an den atomaren Verheißungen festhalten, müssen sich alle anderen und viele zukünftige Generationen mit den radioaktiven materiellen Manifestationen dieser Technologie auseinandersetzen. So auch die heute angestrebte Energiewende, welche die Energieversorgung atomfrei und karbonarm (mit deutlich weniger Kohlendioxidemissionen) machen will. In ihren Visionen unterscheidet sich letztere in mindestens zweierlei Hinsicht grundsätzlich von den beiden vorangehenden Energiewenden der Großwasserkraft und Atomenergie: Erstens setzt sie nicht auf eine große, sondern auf viele kleine Lösungen und lässt so auch Raum für lokale Variationen. Und zweitens imaginiert sie nicht eine weitere Expansion des Energiekonsums, sondern dessen Verringerung. Mehr Wohlstand für alle mit weniger Energieeinsatz nachhaltig zu ermöglichen – so lautet das große Versprechen und zugleich die epochale gesellschaftliche Herausforderung einer *German Energiewende going global.*

4 *Die unmittelbare Nähe der Fabrik zur Eisenbahnlinie ermöglicht den schnellen und einfachen Transport von Kohle in die und Waren aus der Fabrik.*

Foto: National Railway Museum/SSPL/Süddeutsche Zeitung Photo

1 Krause, Florentin; Bossel, Hartmut; Müller-Reißmann, Karl-Friedrich: Energie-Wende. Wachstum und Wohlstand ohne Erdöl und Uran. Ein Alternativ-Bericht des Öko-Instituts/Freiburg. Frankfurt am Main 1980.

2 Duden: Energiewende, www.duden.de/rechtschreibung/Energiewende (Abruf: 10. 1. 2017).

3 Vgl. Burke, Edmund: The Big Story. Human History, Energy Regimes, and the Environment. In: Burke, Edmund und Kenneth Pomeranz (Hrsg.): The Environment and World History. Berkeley 2009, S. 33–53. Krausmann, Fridolin; Fischer-Kowalski, Marina: Gesellschaftliche Naturverhältnisse. Energiequellen und die globale Transformation des gesellschaftlichen Stoffwechsels. Wien 2010. Smil, Vaclav: Energy in world history. Boulder 1994.

4 Vgl. Kander, Astrid; Malanima, Paolo; Warde, Paul: Power to the People. Energy in Europe over the Last Five Centuries. Princeton 2013.

5 Sieferle, Rolf Peter: Der unterirdische Wald. Energiekrise und Industrielle Revolution, München 1982.

6 McNeill, John R.; Engelke, Peter. Mensch und Umwelt im Zeitalter des Anthropozän. In: Iriye, Akira; Osterhammel, Jürgen (Hrsg.): Geschichte der Welt. 1945 bis heute – Die globalisierte Welt. München 2013, S. 357–534. Pfister, Christian (Hrsg.): Das 1950er Syndrom. Der Weg in die Konsumgesellschaft. Bern 1995.

7 Graf, Rüdiger: Öl und Souveränität. Petroknowledge und Energiepolitik in den USA und Westeuropa in den 1970er Jahren. Berlin 2014.

8 Siehe Fußnote 3.

9 Vgl. Kupper, Patrick; Pallua, Irene: Energieregime in der Schweiz seit 1800. Bern 2016.

10 Hughes, Thomas P.: Networks of Power. Electrification in Western Society 1880–1930. Baltimore 1983.

11 Kupper, Patrick: From Prophecies of the Future to Incarnations of the Past. Cultures of Nuclear Technology. In: Nowotny, Helga (Hrsg.): Cultures of Technology and the Quest for Innovation. Oxford, New York 2006, S. 155–166.

S. 100 bis 105

S. 94 bis 99

Die Geschichte der Energiewende

Herkunft, Einbettung und Perspektiven eines energiepolitischen Zukunftskonzepts

von Felix Chr. Matthes

Als im Jahr 1980 mit dem Buch »Energiewende. Wachstum und Wohlstand ohne Erdöl und Uran«[1] ein »Alternativbericht des Öko-Instituts/Freiburg« vorgelegt wurde, war nicht nur ein neuer Begriff für die energiepolitische Debatte Deutschlands kreiert worden. Das Buch legte vielmehr die Grundlagen für ein Konzept, das diese Debatte, wenn auch im Zeitverlauf mit einigen Akzentverschiebungen, über mehr als drei Dekaden maßgeblich beeinflussen und schließlich sogar zum Oberbegriff der deutschen Energiepolitik werden sollte. Dabei stammten die Grundelemente eines »sanften Pfades« für eine langfristig tragbare Energieversorgung (der heute dafür übliche Begriff »nachhaltig« fand erst im Jahr 1987 mit dem Brundtland-Bericht der Weltkommission für Umwelt und Entwicklung[2] seinen Weg in die breitere Debatte) ursprünglich gar nicht primär aus der deutschen Diskussion. Sie waren vielmehr von energiepolitischen Vordenkern wie Amory Lovins aus den USA übernommen und für die deutsche Diskussion adaptiert und systematisiert worden. Lovins' auch heute noch sehr lesenswerter Artikel »Energy Strategy: The Road Not Taken?« in der Zeitschrift Foreign Affairs vom Oktober 1976[3] markiert dann auch den fulminanten Beginn der US-amerikanischen und internationalen Debatte um die Energiewende – allerdings ohne dass dabei ein ähnlich prägnanter Begriff wie der der »Energiewende« geprägt werden konnte.

Das Konzept der Energiewende

Das Grundkonzept der Energiewende beruht letztlich auf zwei Befunden: Einerseits der Erkenntnis, dass der bisherige Pfad von Energiepolitik und Energiestrategien dringend einer grundsätzlichen Veränderung bedarf. Andererseits der Einschätzung, dass ein strukturell grundlegend anders ausgerichtetes Energiesystem mit den aktuell verfügbaren – oder zumindest absehbaren – technischen Optionen ein gleiches Niveau von Wachstum und Wohlstand ermöglichen kann, sich aber auch als funktionsfähiger, preiswerter und gesellschaftlich besser eingebettet erweisen wird. Im Originaltext von 1980 heißt es: »Die These dieses Buches ist, daß eine grundsätzliche und radikale Wende in der Energiepolitik der Bundesrepublik (und der Industriestaaten im Allgemeinen) unabdingbar geworden ist. Wir möchten eine neue Strategie zur zukünftigen Energieversorgung vorstellen, die uns nach sorgfältiger Prüfung technisch

machbar und wirtschaftlich und (gesellschafts-)politisch vorteilhaft erscheint und den sich anbahnenden Schiffbruch des bisherigen Kurses zu vermeiden verspricht.«[4]
Als Treiber des massiv zunehmenden Veränderungsdrucks wurden in den 1970er und 1980er Jahren vor allem die energiepolitischen Schocks der Ölpreiskrisen sowie die Versuche des energiepolitischen Mainstreams wahrgenommen, mit der breiten Einführung der Kernenergie eine Neuausrichtung der Energiepolitik vorzunehmen. Die Strukturen, Implikationen und Risiken eines umfassend auf Kernenergie ausgerichteten Energiesystems (mit Wiederaufarbeitungsanlagen, Brutreaktoren etc.) führten vor allem in Deutschland, aber auch in den USA zu einer Eskalation energie- und gesellschaftspolitischer Konflikte, die sich auch auf die Verbindungen zur internationalen Friedenssicherung bezogen. So ist es kein Zufall, dass die Schlüsselmotivation einiger Protagonisten der Energiewende wie zum Beispiel Amory Lovins (oder in Deutschland auch Hermann Scheer) ursprünglich primär dem Bereich der Außenpolitik entstammten. Vor allem in diesem Kontext ist auch die für den deutschen Begriff der Energiewende typische Dringlichkeitsterminologie zu verstehen, die die Autoren des Energiewende-Buches aus dem 1975 veröffentlichten Buch Erhard Epplers »Ende oder Wende. Von der Machbarkeit des Notwendigen«[5] übernommen hatten.
Seine besondere Kraft entwickelte das Konzept der Energiewende jedoch nicht wegen der schnell eskalierenden Herausforderungen, sondern vor allem aus dem enormen Optimismus mit Blick auf die technologischen Möglichkeiten und die Potenziale neuer, vor allem verbrauchsorientierter, dezentraler Technologien und Strukturen. Nicht verwunderlich ist es daher, dass sich die Auseinandersetzungen mit dem seinerzeitigen Mainstream der Energiepolitik und -wissenschaft zunächst weniger auf die Problembefunde konzentrierten, sondern vor allem um die Tragfähigkeit des technologischen Grundoptimismus kreisten. Die damalige »Gegenstudie« der Kernforschungsanlage (KFA) Jülich[6] bildet aus der heutigen Perspektive ein diesbezüglich ausgesprochen aufschlussreiches Dokument.

2 *Das Buch, mit dem alles anfing: Energiewende von Florentin Krause u. a.*
Foto: DMA CD73183

Die Energiewende als dynamisches Konzept

Das Spektrum der Herausforderungen einer strukturellen Neuausrichtung des Energiesystems hat sich im Zeitverlauf als erweiterungsbedürftig erwiesen. Hinzu kam vor allem die Problematik der globalen Klimaerwärmung als eine zentrale Restriktion für die Nutzung von Kohle, Erdöl und Erdgas. Auch und gerade für die Lösungsstrategien spiegeln sich im Zeitverlauf eine ganze Reihe von Aktualisierungen der Energiewende-Strategien wider: Neben Energieeffizienz und erneuerbaren

S. 94 bis 99

S. 88 bis 93

1 *Auch unabhängig davon, wie lange noch Erdöl und Erdgas verfügbar sein werden: Die Dekarbonisierung der Wirtschaft ist bereits in vollem Gange. Ölpipelines werden mehr und mehr durch Stromleitungen abgelöst werden.*
Foto: 3dmentat/Fotolia

3 *Den Haag 1973: Die Folgen der Ölpreiskrise sind nicht nur knappes Öl, sondern auch autofreie Autobahnen.*
Foto: picture alliance/ Benelux Press

Energien spielte die Nutzung der einheimischen Kohle im Energiewende-Konzept von 1980 eine große Rolle. Diese musste im Kontext des Übergangs zu einem klimafreundlichen Energiesystem in den entsprechenden Ausprägungen des Energiewende-Konzepts ab 1989 natürlich fundamental anders bewertet werden.[7]
Gerade im Kontext der Klimadiskussion, die ja in ihrer Frühphase, vor allem mit Blick auf eine mögliche Neubewertung bzw. Aufwertung der Kernenergie, im Kreise der Energiewende-Befürworter durchaus nicht von vornherein unumstritten war, zeigte sich aber die Dynamik und die Tragfähigkeit der Energiewende-Idee. Im zeitlichen Verlauf der energiepolitischen Debatten und Entwicklungen gewann das Konzept einer gesellschaftlich und politisch getriebenen, strukturellen und technologieoptimistischen Veränderung des Energiesystems immer schneller an Attraktivität und Überzeugungskraft.
Letztlich war dies dann wohl auch der entscheidende Grund dafür, dass im Jahr 2009 nach der klimapolitisch getriebenen Ausweitung des Energiewende-Konzepts auf die Langfristperspektive – mit dem Ziel einer sehr weitgehenden Dekarbonisierung bis zur Mitte des 21. Jahrhunderts[8] – die deutsche Energiepolitik nach den atompolitischen Turbulenzen der Jahre 2010 und 2011 (und damit 30 Jahre nach der ersten Präsentation des Konzepts »Energiewende«) regierungsamtlich unter den Oberbegriff der Energiewende gestellt wurde.[9, 10]
Die wesentlichen Punkte finden sich dabei wieder: Ein beschleunigtes Auslaufen der Kernenergie und die vergleichsweise ambitionierte Neuausrichtung des Energiesystems auf Energieeffizienz und erneuerbare Energien. Aber auch die neu entwickelte Langfristperspektive des Energiewende-Konzepts mit seiner Orientierung auf die weitgehende Dekarbonisierung bis zum Jahr 2050

4 *Am 30. 11. 2015 spricht die deutsche Bundeskanzlerin Angela Merkel auf der 21. UN Klimakonferenz.*
Foto: picture alliance / ZUMA Press

wurde 2010/2011 explizit in das deutsche Energiekonzept aufgenommen.
Die grundsätzliche Attraktivität einer so verstandenen Energiewende hat sich im Zeitverlauf auch für den internationalen Kontext erwiesen: Dort hat nicht nur das ursprüngliche (Außenseiter-)Konzept der Energiewende wichtige Wurzeln; inzwischen haben sich »Energy Transition« oder »Transition Énergétique« als Konzepte der energiepolitischen Reform fest etabliert. Im internationalen Raum wird der für die Diskussionen im deutschsprachigen Raum so charakteristische Wende-Charakter teilweise weniger stark betont bzw. werden die Übergangsdimension der notwendigen Veränderungsprozesse deutlich stärker herausgehoben. Auch spielt die Kernenergie in der Trias der Herausforderungen aus globalem Klimawandel, Begrenztheit bzw. Preis von fossilen Ressourcen sowie den Gefahren von Hochrisikotechnologien zumindest teilweise eine andere Rolle.

Die Energiewende im aktuellen Kontext

Die Verhinderung eines gefährlichen Klimawandels erweist sich seit Aushandlung der Klimarahmenkonvention der Vereinten Nationen im Jahr 1992 als zentrale Herausforderung für die globale Energiewende-Diskussion. Wichtiger noch ist, dass sich die Klimapolitik ab 2005 als ständiges Schwerpunktthema auf der Agenda der jährlichen Treffen der größten Industrienationen (der sogenannten G7 bzw. G8) etabliert hat. Zudem führte die zweite große Reaktorkatastrophe von Fukushima im März 2011 in vielen Regionen der Welt zu einer Neubestimmung, wenn auch nicht überall zu einer Neuausrichtung der Kernenergiepolitik. Eine Vielzahl von Staaten hat die Ausbaupläne für die Kernenergie in erheblichem Maße reduziert oder Auslaufpfade festgelegt. Die Turbulenzen auf den Weltenergiemärkten seit 2008 haben zwar die Erwartung nicht bestätigt, dass die Vorräte von Erdöl, Erdgas, Kohle und Uran schnell zurückgehen und sich vor allem hohe Preise als zentrale Gefährdung der Energieversorgung erweisen werden. Die Verletzbarkeit von Volkswirtschaften und Verbrauchern ist aber durch stark schwankende Energiepreise als neue Herausforderung unübersehbar geworden. Entscheidend ist aber auch hier, dass nicht nur die Probleme und Herausforderungen, sondern vor allem die Sichtbarkeit der alternativen Strukturen eines neuen Energiesystems das zentrale Moment der Energiewende bilden: Die bahnbrechenden Beschlüsse des G7-Gipfels auf Schloss Elmau im Juni 2015 zum Übergang zu einem Energiesystem ohne fossile Energieträger[11] und die historischen Beschlüsse des Klimagipfels von Paris im Dezember 2015 mit dem Ziel der Emissionsneutralität[12] wären nicht vorstellbar, wenn die technologischen Entwicklungen und Kostensenkungen im Bereich der Wind- und Solarenergien, bei Batterien und bei vielen Energieeffizienztechnologien nicht so beeindruckend wären. Nur eine Dekade zuvor, auf dem G8-Gipfel im schottischen Gleneagles, hatten die führenden Industriestaaten noch die langfristigen Perspektiven fossiler Energien betont![13]

Die deutsche Energiewende als internationaler Impulsgeber

An diesem Punkt schließt sich dann auch der Kreis zur Genese des deutschen Energiewende-Konzepts, gerade wenn man sich vergegenwärtigt, wie deutlich die Realität die technologieoptimistischen Annahmen des Jahres 1980 zu den erneuerbaren Energien übertroffen hat (nicht zu sprechen von den Hypothesen der damaligen Energiewende-Kritiker). Eine Realität, die sich nur dadurch materialisieren und im internationalen Raum eine Strahlkraft entfalten konnte, dass ein Land die Idee einer politisch getriebenen, strukturellen Veränderung des Energiesystems ernst genommen und erhebliche Anstrengungen zur Umsetzung unternommen hat. Die globalen Kosten der Stromerzeugung aus Sonnenenergie wären eben nicht auf dem heutigen, auch für ärmere Regionen dieser Welt erschwinglichen Niveau, wenn beispielsweise deutsche Stromkunden in den Phasen der besonders großen Kostensenkungen nicht maßgebliche Anteile der Nachfrage nach Solaranlagen bezahlt hätten. Begleitet wurde dies von teilweise großer Häme aus der alten Energiewelt; man denke nur an das Denunziationsbild »Solarenergie in Deutschland ist wie Ananas-Züchten in der Antarktis«. Und vielleicht ist es darum auch angemessen, wenn wir uns in Deutschland mit einem Blick auf die weltweiten Herausforderungen und Lösungen auch mit ein wenig Stolz der »Energiewende« und nicht (nur) der »Energy Transition« verpflichtet fühlen. Aber Energiewende ist eben nicht eine politisch getriebene Veränderung des Energiesystems im Allgemeinen. Ihr längerfristiger Erfolg wird grundlegend davon abhängen, ob es gelingt, auch die notwendigen strukturellen Änderungen des Energiesystems zu initiieren und gesellschaftlich zu verankern. Viele, wenn auch nicht alle Strukturen der Energiewende sind dezentraler und verbrauchernäher, aber eben auch kapitalintensiver, stark von guten Netzinfrastrukturen abhängig und – mit Blick auf die öffentliche Akzeptanz – ausgesprochen sensibel. Hier intelligente Modelle zu schaffen, die technische Machbarkeit, ökonomische Tragbarkeit, ökologische Integrität, internationale Übertragbarkeit und breite gesellschaftliche Akzeptanz miteinander zu vereinbaren, gehört zu den aktuell besonders wichtigen Aufgaben der Energiewende. Auch und gerade, wenn eine starke globale Strahlkraft zu den entscheidenden Kriterien für eine erfolgreiche Energiewende zählen soll.

1 Krause, Florentin; Bossel, Hartmut; Müller-Reißmann, Karl-Friedrich: Energie-Wende. Wachstum und Wohlstand ohne Erdöl und Uran. Ein Alternativ-Bericht des Öko-Instituts/Freiburg. Frankfurt am Main 1980.
2 Hauff, Volker (Hrsg.): Unsere gemeinsame Zukunft. Der Brundtland-Bericht der Weltkommission für Umwelt und Entwicklung. Greven 1987.
3 Lovins, Amory B.: Energy Strategy. The Road Not Taken? In: Foreign Affairs 55 (1976), S. 65–96.
4 Siehe Fußnote 1, Seite 13.
5 Eppler, Erhard: Ende oder Wende. Von der Machbarkeit des Notwendigen. Stuttgart, Berlin, Köln, Mainz 1975.
6 Kernforschungsanlage Jülich, Programmgruppe Systemforschung und Technologische Entwicklung: Energiewende? Analysen, Fragen und Anmerkungen zu dem vom Öko-Institut vorgelegten »Alternativ-Bericht«. Aktuelle Beiträge zur Energiediskussion 2, Jülich 1980, https://juser.fz-juelich.de/record/187932/files/FZJ-2015-01442.pdf (Abruf: 10. 1. 2017).
7 Stratmann, Eckhardt; Teubner, Luise; Busch, Manfred; Damm, Winfried (Hrsg.): Das Grüne Energiewende-Szenario 2010. Sonne, Wind und Wasser. Köln 1989.
8 Prognos AG, Öko-Institut: Modell Deutschland. Klimaschutz bis 2050: Vom Ziel her denken. Studie für WWF Deutschland. Basel, Berlin 2009. www.oeko.de/oekodoc/971/2009-003-de.pdf (Abruf: 10. 1. 2017).
9 Bundesministerium für Umwelt, Naturschutz und Reaktorsicherheit (BMU): Das Energiekonzept der Bundesregierung 2010 und die Energiewende 2011. Berlin 2011.
10 Ethik-Kommission Sichere Energieversorgung: Deutschlands Energiewende – Ein Gemeinschaftswerk für die Zukunft. Berlin 2011. www.bundesregierung.de/ContentArchiv/DE/Archiv17/_Anlagen/2011/07/2011-07-28-abschlussbericht-ethikkommission.pdf;jsessionid=C16B689959DCF1E1738496B4CEA3DB5D.s3t2?__blob=publicationFile&v=4 (Abruf: 10. 1. 2017).
11 G7 Summit: G7 Leaders' Declaration. Climate Change, Energy, and Environment. 2015, www.g8.utoronto.ca/summit/2015elmau/2015-G7-declaration-en.pdf (Abruf: 10. 1. 2017).
12 United Nations Framework Convention on Climate Change (UNFCCC): Report of the Conference of the Parties on its twenty-first session, 2016, http://unfccc.int/resource/docs/2015/cop21/eng/10a01.pdf (Abruf: 10. 1. 2017).
13 G8 Summit: The Gleneagles Communiqué. Climate Change, Clean Energy and Sustainable Development, www.g8.utoronto.ca/summit/2005gleneagles/communique.pdf (Abruf: 10. 1. 2017).

S. 106 bis 111

5 *Das Satellitenbild zeigt das zerstörte Atomkraftwerk Daiichi in Fukushima, Japan, nach dem Erdbeben und Tsunami im März 2011.*
Foto: picture alliance/abaca

Bereitstellung

Die Herkunft der Energie

Am Anfang war die Kohle

Die Rolle fossiler Energieträger gestern und heute

von Karen Pittel

Auch in Zeiten des Klimawandels wird der Einsatz von Kohle, Erdöl und Erdgas häufig noch als notwendige Voraussetzung für Wohlstand und wirtschaftliche Entwicklung wahrgenommen. Angesichts des lange zu beobachtenden Gleichklangs steigender Wirtschaftsleistungen und steigender Verwendung fossiler Energieträger verwundert diese Wahrnehmung kaum. Aufforderungen zur Reduktion des Einsatzes fossiler Energieträger oder auch zur Festlegung langfristiger Obergrenzen für Treibhausgasemissionen werden häufig entsprechend kritisch gesehen.

Fossile Energieträger und Industrialisierung

Die Assoziation von fossilen Energieträgern mit dem Überwinden von ökonomischen Grenzen ist seit der industriellen Revolution in der zweiten Hälfte des 18. Jahrhunderts fest im Bewusstsein der Menschen verankert. So erschien der Einsatz von Kohle zum Antrieb industrieller Produktion im 19. Jahrhundert alternativlos. Der britische Ökonom Stanley Jevons (1835–1882) stellte 1865 in seinem Buch »The Coal Question« fest, dass »mit Kohle fast jede Leistung erbracht werden kann, ohne sie werden wir in die mühselige Armut früher Zeiten zurückgeworfen werden«[1]. Die endliche Natur der britischen Kohlevorräte, so seine Befürchtung, würde das wirtschaftliche Wachstum über kurz oder lang zum Erliegen kommen lassen und die globale Vormachtstellung Großbritanniens gefährden.

S. 88 bis 93

1 *In »The Coal Question« sorgte sich William Stanley Jevons schon 1865 um die Endlichkeit der Kohle.*
Quelle: Popular Science Monthly 11, 1877

Ausgehend vom damaligen Stand der Technik war Jevons Besorgnis durchaus verständlich, die historische Entwicklung hat seine Befürchtungen jedoch nicht bestätigt. Die Erschließung neuer Kohlevorräte und anderer fossiler Energiequellen, der globale Handel mit Energieträgern und die steigende Energieeffizienz haben die prognostizierten Grenzen des Wachstums immer weiter hinausgeschoben und eine scheinbar unbeschränkte Steigerung wirtschaftlicher Aktivitäten möglich gemacht. Abbildung 3 macht deutlich, wie sehr der Anstieg der globalen Wirtschaftsleistung und die Nutzung fossiler Energieträger bis zur ersten Ölkrise (1973) Hand in Hand gingen. Aus Abbildung 4 ist wiederum ersichtlich, dass die Energieeffizienz der Produktion sukzessive über die Jahrhunderte gestiegen ist – mit anderen Worten: Pro Dollar an produziertem Output wurde immer weniger Energie eingesetzt.

Während des gesamten Zeitraums machten technologische Entwicklungen immer wieder die Ausbeutung fossiler Energievorkommen möglich, deren Abbau zuvor als zu schwierig oder zu teuer galt. Als Folge wachsen ausgewiesene »Reserven« (also wirtschaftlich abbaubare Vorkommen) auch heute noch. So stiegen die geschätzten Erdölreserven beispielsweise von 688 Millionen Barrel im Jahr 1981 auf 1700 Millionen Barrel im Jahr 2014.[4]

Zusätzlich zu den heute schon rentabel abbaubaren Reserven lagern große Vorkommen im Boden, deren Abbau bei immer effizienteren Abbaumethoden und

2 *Die sogenannten Pferdekopfpumpen gehören zum Landschaftsbild von Texas. Aber auch in Deutschland wird mit diesen Tiefpumpen Erdöl gefördert.*
Foto: zhu difeng / Fotolia

bei steigenden Preisen wirtschaftlich werden könnte. Diese sogenannten *konventionellen* und *unkonventionellen Ressourcen* übersteigen die verfügbaren Reserven bei weitem und die Wahrscheinlichkeit, dass weitere Explorationen zu weiteren Funden führen, ist hoch. Solange ein Energieträger noch nicht knapp ist – wie beispielsweise Kohle –, halten sich Anstrengungen, weitere Vorkommen zu entdecken, naturgemäß in Grenzen. Zum Abbau von Erdöl und Erdgas mit konventionellen Methoden trat in den letzten 20 Jahren zudem verstärkt der Abbau mit Hilfe sogenannter unkonventioneller Methoden wie Hydraulic Fracking.

Aber ist es überhaupt die Knappheit der fossilen Energieträger, die die Menschheit fürchten sollte? In einer gern zitierten Analogie prognostizierte Ahmed Zaki Yamani, Ölminister Saudi-Arabiens, bereits im Jahr 1973, dass das Erdölzeitalter nicht aus einem Mangel an Erdöl zu Ende gehen würde, genauso wenig wie die Steinzeit aufgrund eines Mangels an Steinen zu Ende gegangen sei. Während Yamani noch die Auswirkungen der ersten Ölkrise im Blick hatte, erhält seine Aussage im Zuge des Klimawandels neue Bedeutung und Aktualität.

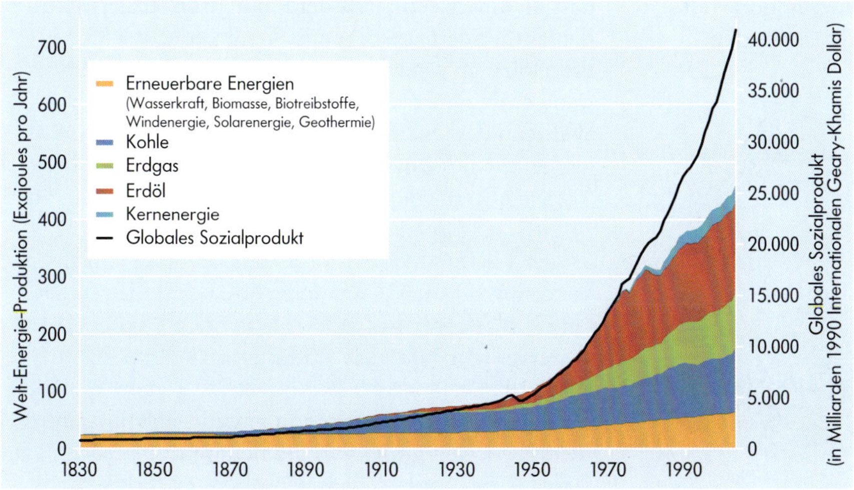

3 *Entwicklung des Energieträgermixes und der globalen Wirtschaftsleistung (Bruttoinlandsprodukt, im Folgenden: BIP) im Zeitraum 1830–2003.*[2]

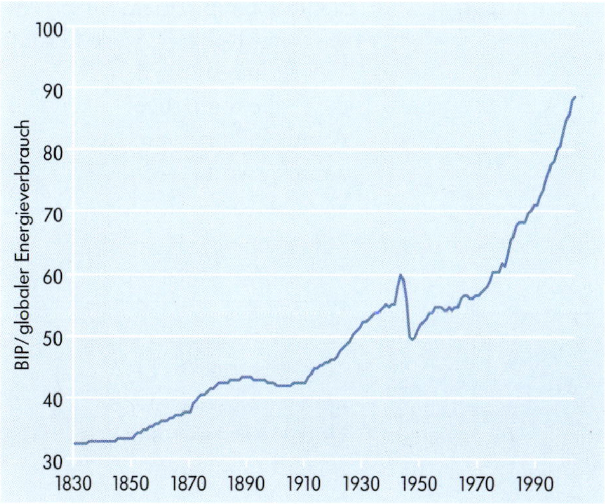

4 *Entwicklung der globalen Energieintensität im gleichen Zeitraum (Exajoule/Billionen BIP).*[3]

Fossile Energieträger, Klima und Umwelt

Das Intergovernmental Panel on Climate Change (IPCC) schätzt, dass 78 Prozent der Emissionen an Kohlendioxid (CO_2) im Zeitraum von 1970 bis 2010 aus der Verbrennung fossiler Energieträger resultierten.[5] Um den Anstieg der globalen Durchschnittstemperatur auf maximal 2 °C gegenüber dem vorindustriellen Wert zu beschränken, müssten allein bis 2050 rund 88 Prozent der globalen Kohle*reserven* – also der bereits heute wirtschaftlich abbaubaren Vorkommen – im Boden verbleiben.[6] Soll der Temperaturanstieg sogar auf 1,5 °C begrenzt werden, wie bei den Pariser Klimaverhandlungen im Dezember 2015 beschlossen, muss dieser Anteil noch steigen. Wie groß die Kohlenstoffmenge der in der Erdkruste vorhandenen Vorkommen ist und wie gering der Anteil, der noch extrahiert werden dürfte, zeigt Abbildung 5. Deutlich wird auch, dass nur ein recht geringer Teil des insgesamt in fossilen Energieträgern gespeicherten Kohlenstoffs bislang durch Extraktion und Verbrennung der fossilen Energieträger freigesetzt worden ist.
Eine Abschätzung der zu erwartenden Schäden aus CO_2-Emissionen stellt aufgrund der Langfristigkeit des Klimawandels naturgemäß eine große Herausforderung dar. Wie hoch der ausgelöste Temperaturanstieg sein wird und wie stark sich dieser auch Jahrzehnte und Jahrhunderte später auf die Lebensbedingungen der Menschen auswirken wird, ist extrem schwierig vorauszusagen.
Als ein Beispiel für viele Schätzungen mag der Ansatz des deutschen Umweltbundesamtes dienen, welches mit globalen Schäden von 80 Euro für jede heute emittierte Tonne CO_2 rechnet.[7] Klar ist, dass der Klimawandel die verschiedenen Weltregionen sehr unterschiedlich treffen wird. Ethisch besonders problematisch ist, dass gerade jene Regionen besonders stark betroffen sind, die wenig zum Klimawandel beigetragen und damit auch kaum vom vergangenen Energieverbrauch profitiert haben.
Es ist allerdings nicht nur das Klima, das durch die Nutzung fossiler Energieträger geschädigt wird. Ihre Verbrennung setzt eine ganze Reihe weiterer Schadstoffe frei, die Natur und Mensch belasten. Auch wenn die Emissionen von Stickoxiden und Schwefeldioxid, die beispielsweise sauren Regen verursachen, in Europa und Nordamerika stark zurückgegangen sind, gilt dies noch lange nicht für alle Regionen dieser Welt. Auch Feinstaub, der nach Auskunft der Europäischen Umweltagentur (EEA) jährlich zu über 400 000 frühzeitigen Todesfällen in Europa führt,[8] entsteht bei der Verbrennung fossiler Energieträger. Eine Minderung des Anteils von Kohle, Öl und Gas am globalen Energiemix würde entsprechend nicht nur langfristig gut für das Klima sein, sondern auch kurzfristig positive Effekte für die Natur und die menschliche Gesundheit haben.
Wie sich der Abbau fossiler Energieträger in der Zukunft entwickelt, wird aber nicht nur von den Abbautechnologien, sondern auch entscheidend von der Entwicklung der Preise für Kohle, Erdgas und Erdöl abhängen, die die Ressourceneigentümer erhalten. Steigende Preise für die Eigentümer machen den Abbau und die Erschließung neuer Vorkommen wirtschaftlich rentabler. Wie sich die Erzeugerpreise entwickeln, hängt wiederum in hohem Maße von klimapolitischen Maßnahmen und den Kosten alternativer Energiequellen ab.

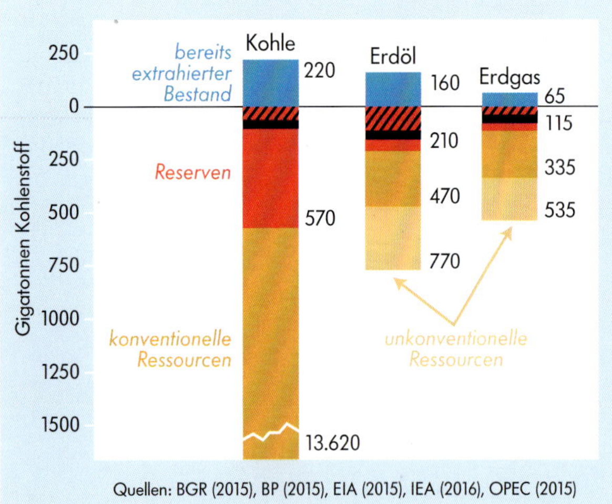

5 *Globale Reserven sowie konventionelle und unkonventionelle Ressourcen an Kohle, Erdöl und Erdgas, ausgedrückt in den enthaltenen Gigatonnen Kohlenstoff. Schwarz schraffierte Flächen: Mengen an Kohlenstoff in Erdöl, Kohle und Erdgas, welche noch bis 2050 verbrannt werden dürften, damit das 2-°C-Ziel mit zumindest rund 50-prozentiger Wahrscheinlichkeit erreichbar bliebe.*[9]

Fossile Energieträger und Klimapolitik

Klimapolitik, die CO_2-Emissionen mit einem Preis versieht, führt automatisch zu einer Verringerung des Preisanteils, den die Eigentümer der Energieträger erhalten. Dies kann über CO_2-Steuern oder auch CO_2-Zertifikate geschehen, wie sie beispielsweise in der EU, in Japan und in einigen US-Bundesstaaten und kanadischen Provinzen eingesetzt werden.[10] In vielen Ländern wird der Verbrauch fossiler Energieträger allerdings bis heute nicht über Emissionssteuern oder -zertifikate verteuert, sondern nach wie vor durch Subventionierung verbilligt. So flossen im Jahr 2011 weltweit knapp mit 492 Milliarden US-Dollar (zum Zeitpunkt der Entstehung dieses Beitrages circa 430 Milliarden Euro) in die Subventionierung fossiler Energieträger.[11]
Diese Zahlen verdeutlichen, wie lange es vermutlich noch dauern wird, bis CO_2-Preise international die Regel und nicht die Ausnahme sind. Das Klimaabkommen von Paris, welches 195 Staaten im Dezember 2016 auf den Weg gebracht haben, lässt zumindest hoffen. Eine Beschränkung des Klimawandels auf einen Anstieg der globalen Durchschnittstemperatur um 1,5 °C erfordert jedoch Maßnahmen, die weit über das hinausgehen, was in Paris beschlossen wurde. Da internationale Institutionen fehlen, bei denen die Einhaltung der Verpflichtungen eingeklagt werden kann, wird sich erst langfristig zeigen, wie ernst die Bemühungen um den Klimaschutz tatsächlich zu nehmen sind. Solange fossile Energieträger (zumindest bei Ausblendung der langfristigen Schäden durch Emissionen) günstiger sind als erneuerbare Energien, besteht für Staaten ein strategischer Anreiz, sich nicht am Klimaschutz zu beteiligen und auf kurzfristige Wettbewerbsvorteile zu hoffen.

6 Im deutschen Tagebau Garzweiler werden jährlich 35 bis 40 Millionen Tonnen Braunkohle gefördert.
Foto: Axel Fischer/ Shutterstock.com

Auch die Eigentümer fossiler Energieträger haben potenziell viel zu verlieren. Ihre Vermögen in Form von Erdöl-, Kohle- und Erdgasvorkommen würden bei einer Umstellung auf erneuerbare Energien langfristig entwertet. Klimaschutz kann damit immense globale Verteilungswirkungen mit weitreichenden geopolitischen Folgen auslösen. So stellen Erlöse aus dem Verkauf von Erdöl für Nigeria und Saudi-Arabien mit einem Anteil von 75 Prozent die mit Abstand wichtigste staatliche Einnahmequelle dar. Auch der russische Staat finanziert sich zur Hälfte aus Erdöl- und Erdgasverkäufen. Versiegen diese Einnahmen, drohen inner- und zwischenstaatliche Konsequenzen, die bisher von der internationalen Klimapolitik kaum adressiert werden.

Die Zukunft fossiler Energieträger

Eine Transformation des globalen Energiesystems ist unvermeidlich, wenn der Klimawandel und seine Folgen in Grenzen gehalten werden sollen. Wie schnell diese Transformation allerdings stattfinden wird, hängt essenziell von der Verfügbarkeit und den Kosten alternativer Energieträger ab. Die globalen Potenziale von Wasserkraft, Sonnen-, Wind- und Bioenergie scheinen vorhanden; die Kosten für erneuerbare Energien und Speicher sinken weiter. Aber auch wo technologische Lösungen für eine komplette Dekarbonisierung bereits existieren, wird der Weg nicht ohne Schwierigkeiten zu beschreiten sein. Wirtschaftliche, soziale und (geo-)politische Aspekte können die Transformation ebenso befördern wie behindern.
Was aber wird die Rolle fossiler Energieträger in einer solchen Zukunft sein? Zumindest mittelfristig können sie helfen, eine Brücke zu einem dekarbonisierten Energiesystem zu schlagen. In Abwesenheit von kostengünstigen Speichertechnologien können flexible Gasturbinen das Fehlen von Sonnen- und Windenergie ausgleichen. CO_2-Emissionen, die bei der Verbrennung von Kohle und Gas entstehen, könnten aufgefangen und gespeichert werden (CCS, *Carbon Capture and Storage*) und damit den Übergang zu einem neuen Energiesystem erleichtern. Langfristig wird der Abschied von Kohle, Erdgas und Erdöl allerdings nicht vermeidbar sein.

1 Jevons, Stanley Williams: An Inquiry Concerning the Progress of the Nation, and the Probable Exhaustion of Our Coal Mines. London 1865 [eigene Übersetzung].
2 Daten: Koppelaar, Rembrandt: World Energy Consumption – Beyond 500 Exajoules. 2012, www.theoildrum.com/files/Primary_Energy_to_GDP_1830_2010_Feb15.xls (Abruf: 10. 1. 2017), Madison, Angus: Historical Statistics for the World Economy: 1-2003 AD, www.ggdc.net/maddison/Historical_Statistics/horizontal-file_03-2007.xls (Abruf: 10. 1. 2017) (und darin angegebene Quellen). Fehlende Daten extrapoliert.
3 Daten: Siehe Fußnote 2.
4 British Petroleum: BP Statistical Review of World Energy June 2002, www.griequity.com/resources/industryandissues/Energy/bp2002statisticalreview.pdf (Abruf: 10. 1. 2017); British Petroleum: BP Statistical Review of World Energy June 2015, www.bp.com/content/dam/bp/pdf/energy-economics/statistical-review-2015/bp-statistical-review-of-world-energy-2015-oil-section.pdf (Abruf: 10. 1. 2017).
5 Intergovernmental Panel on Climate Change: Climate Change 2014: Mitigation of Climate Change. Contribution of Working Group III to the Fifth Assessment Report of the Intergovernmental Panel on Climate Change. Cambridge und New York 2014.
6 McGlade, Christophe; Ekins, Paul: The geographical distribution of fossil fuels unused when limiting global warming to 2°C. In: Nature 517 (2015), S. 187–190.
7 Umweltbundesamt: Schätzung der Umweltkosten in den Bereichen Energie und Verkehr Empfehlungen des Umweltbundesamtes. 2012, www.umweltbundesamt.de/sites/default/files/medien/378/publikationen/hgp_umweltkosten_0.pdf (Abruf: 10. 1. 2017).
8 European Environmental Agency: Air Quality in Europe – 2015 Report. Kopenhagen 2015.
9 ifo-Institut: Ressourcen-Datenbank. München 2016, www.cesifo-group.de/de/ifoHome/research/Departments/Energy-Environment-and-Exhaustible-Resources/RescourcenDB.html (Abruf: 10. 1. 2017).

10 In der Europäischen Union werden zurzeit circa 50 Prozent der CO_2-Emissionen durch das Europäische Handelssystem für CO_2-Zertifikate erfasst, darunter auch der Stromsektor. Die Gesamthöhe dieser Emissionen ist europaweit gedeckelt und wird kontinuierlich reduziert. Um zur Emission von CO_2 berechtigt zu sein, müssen Produzenten in diesem System sogenannte Zertifikate kaufen, von denen jeweils eins zur Emission einer Tonne CO_2 berechtigt. Je geringer dabei die erlaubte Gesamtemissionsmenge, desto höher ist der Zertifikatpreis. Im ersten Quartal des Jahres 2016 lag der Preis für ein Zertifikat allerdings nur bei circa fünf Euro und damit weit unter den geschätzten Schäden der Emissionen.

11 Coady, David u. a.: How Large Are Global Energy Subsidies? In: IMF Working Paper 15/105. Washington D.C. 2015.

Risikomündigkeit nach Fukushima

Zur ethischen Bewertung der Atomenergie

von Markus Vogt

1 *Deutschland hat das Ende der Atomkraft beschlossen. In vielen Nachbarländern werden die Kernkraftwerke noch Jahre laufen, auch wenn sie veraltet sind und teilweise als unsicher gelten.*
Foto: Thorsten Schier/Fotolia

Die Energiewende kann nur als Gemeinschaftswerk mit veränderten Kooperationen und Konfliktbewältigungsstrategien gelingen. Um hinreichend viele Akteure von ihrer Notwendigkeit sowie ihren Vorteilen zu überzeugen, ist eine umfassende, ehrliche und transparente Analyse der Chancen und Risiken einzelner Energieträger erforderlich. Aus ethischer Sicht besteht dabei die zentrale methodische Herausforderung in der Schwierigkeit, verschiedene Energieerzeugungsarten mit ihren spezifischen Chancen, Risiken und gesellschaftlichen Kontexten angemessen zu vergleichen. Es ergibt sich ein Abwägungsraum mit vielen Unbekannten, dessen verantwortliche Handhabung die Ausbildung einer ressortübergreifenden »Risikomündigkeit« als mentale und strukturelle Infrastruktur voraussetzt.

Die Reaktorunfälle und ihre Konsequenzen in Deutschland

Die Reaktorunfälle am 26. April 1986 in Tschernobyl und am 11. März 2011 in Fukushima sind bisher die einzigen nuklearen Katastrophen, die auf der internationalen Bewertungsskala für nukleare Ereignisse (INES) mit Stufe 7, also dem höchsten Wert, eingestuft wurden. In Deutschland haben diese beiden Ereignisse zu erheblichen politischen Konsequenzen geführt: Wenige Wochen nach Tschernobyl wurde 1986 das Bundesministerium für Umwelt, Naturschutz und Reaktorsicherheit gegründet. Als Reaktion auf Fukushima hat die deutsche Bundesregierung eine Ethikkommission einberufen, um den Ausstieg aus der Atomenergie verbindlich zu regeln und eine Strategie für eine umfassende Energiewende zu erarbeiten. Diese Reaktionen haben mit der Besonderheit der deutschen Atomdebatte als zivilgesellschaftlichem Mobilisierungsthema und Impulsgeber für die Umweltbewegung zu tun.[1,2,3]

Internationale Sicht auf die Atomenergie

In der deutschen Umweltbewegung gilt die Atomenergie seit Mitte der 1970er Jahre als Symbol für die Ambivalenz von Technik. In diesem Kontext wurden Tschernobyl und Fukushima in besonderer Weise zu politisch wirksamen Referenzpunkten ökologischer Kommunikation. Die überwiegende Mehrheit der Länder nahm die beiden Ereignisse anders wahr. Generell erschüttert scheint der Glaube an die Sicherheit und die Unverzichtbarkeit der Atomenergie keineswegs zu sein. Einige Beispiele:[4,5,6]

- Polen plant, trotz der Ereignisse in Japan, in die Atomenergie einzusteigen.
- Ausgerechnet die Ukraine steht mit der Absicht, zahlreiche neue Atomkraftwerke zu bauen, an der Spitze der Staaten, die unvermindert auf Atomenergie setzen.
- Frankreich setzt weiterhin auf günstigen Atomstrom und verweist auf die positiven Wirkungen auf die wirtschaftliche Entwicklung, die Kosten für die Bevölkerung und den Klimaschutz.
- Auch in Großbritannien ist unter Beteiligung mehrerer ausländischer Betreiberfirmen und Investoren der Neubau eines Atommeilers geplant, der sich allerdings aus Gründen finanzieller und rechtlicher Unsicherheit verschiebt.
- In der Türkei hingegen fand bereits der erste Spatenstich für den Neubau eines Atomkraftwerks statt, das unter russischer Beteiligung errichtet wird. Ähnlich wie in Großbritannien sind Mindestabnahmemengen und Garantiepreise für den erzeugten Strom geplant.

Allerdings gibt es weltweit seit Jahrzehnten warnende Stimmen hinsichtlich ungelöster Risiken der Atomenergie.[7] Aber der Energiehunger moderner Zivilisation ist so groß, dass die Mehrheit der gesellschaftlichen Verantwortungsträger in den Ländern, die Zugang zur energetischen Nutzung der Atomenergie haben, glaubt, nicht auf diese verzichten zu können.

Die Bewertung von Risiken

Fragt man nach rationalen Gründen für das Festhalten an der Atomenergie nach Tschernobyl und Fukushima, gibt es zwei mögliche Antworten:

1. Das Restrisiko wird weiterhin für so unwahrscheinlich gehalten, dass es vernachlässigt oder durch verbessertes Management hinreichend minimiert werden könne. Es wird darauf hingewiesen, dass die spezifischen Risiken von Japan nicht auf andere Länder übertragbar seien und sich somit nichts an der Risikoeinschätzung für diese geändert habe.

2. Das mit der Nutzung von Atomenergie verbundene Risiko wird im Vergleich zu den möglichen Alternativen (Klimawandel durch fossile Energien, wirtschaftlicher Niedergang, energiepolitische Abhängigkeit etc.) als das kleinere Übel bewertet.

Für die ethisch-wissenschaftliche Bewertung ist die entscheidende Frage, wie man die sehr unterschiedlich gearteten Risiken und Vorzüge der verschiedenen Energiesysteme gewichtet, und ob man sie überhaupt gegeneinander verrechnen kann.[8] Tschernobyl und Fukushima haben tiefgreifende Methodenprobleme der Technikfolgenabschätzung gezeigt. Notwendig ist eine neue »Risikomündigkeit« im Sinne umfassender Konzepte für den Umgang mit komplexen, nicht linear berechenbaren »systemischen« Risiken.[9,10,11,12] Dies betrifft gleichermaßen die Energiegewinnung wie den Umgang mit den Abfallstoffen: Da Kohlendioxid wie radioaktive Brennstäbe auf je ihre Weise ein Jahrtausend-, wenn nicht gar ein Jahrmillionen-Problem verursachen, ist der Umgang mit Energie das augenfälligste Merkmal des neuen »Menschenzeitalters«, in dem die Menschen zum prägenden geologischen Faktor geworden sind.[13]

S. 94 bis 99

2 (oben)
Am 26. April 1986 zerstörte eine Explosion den vierten Reaktorblock des Kernkraftwerks Tschernobyl. Enorme Mengen radioaktiver Strahlung wurden freigesetzt.
Foto: picture alliance / akg-images

3 (unten)
Ein »Sarkophag« aus Stahlbeton umgibt heute den zerstörten Reaktorblock des ehemaligen Kernkraftwerks Tschernobyl. Das marode Bauwerk bekam 2016 eine neue Hülle.
Foto: Reuters / Gleb Garanich

Atomenergie als Statussymbol

Neben rationalen Argumenten ist auch die symbolische Bedeutung von Energie zu beachten. So steht die Atomenergie beispielsweise in Russland seit den 1950er Jahren für Fortschritt und Weltmachtstellung. Gerade weil die marxistische Ideologie Mitte der 1980er Jahre bereits erheblich an Identifikationskraft verloren hatte, wirkte in der Sowjetunion die Erschütterung des technischen Selbstbewusstseins durch die Ereignisse in Tschernobyl in hohem Maße destabilisierend.[14] Die entscheidenden Konsequenzen der Havarie von Tschernobyl in den osteuropäischen Ländern sind also nicht unmittelbar an der Energiepolitik zu messen, sondern liegen auf der Ebene des Vertrauensverlustes gegenüber dem politischen System insgesamt.
In jeweils anderer Weise ist die Verknüpfung von Atomenergie mit Fortschrittssymbolik und Wirtschaftsmodellen auch in den USA, in Frankreich und anderen westlichen Industrienationen wirksam. Daher scheint der Ausstieg aus ihrer Nutzung für die politische, gesellschaftliche und wirtschaftliche Elite in diesen Ländern derzeit mehrheitlich undenkbar. In Deutschland dagegen ist die Atomenergie für viele Bürger zum Symbol etablierter Macht und abgelehnter Fortschrittsmodelle geworden, an dem sich mit erstaunlicher Zähigkeit immer wieder massive zivilgesellschaftliche Proteste entzünden.

4 *Im Mai 2015 erinnerten Bürger Tokyos an Fukushima und demonstrierten gegen die Kernenergie.*
Foto: TK Kurikawa / Shutterstock.com

Richtlinien für eine energiepolitische Risikomündigkeit

Eine verantwortliche Handhabung des hier beschriebenen Abwägungsraums mit vielen Unbekannten setzt die Ausbildung einer energiepolitischen »Risikomündigkeit« voraus. Ich schlage folgende zehn Merkposten als mentale und strukturelle Infrastruktur für diese Risikomündigkeit vor:

5 *Im Jahr 2011 demonstrierten hunderte Menschen in Günzburg gegen einen raschen Ausstieg aus der Atomenergie.*
Foto: dpa / T. Schmidt

1. Technik, die fehlerlose Menschen voraussetzt, ist nicht verantwortbar. Wir brauchen eine fehlerrobuste Technik. Bei der internationalen Verbreitung sind die unterschiedlichen politischen, kulturellen und ökologischen Kontexte, von denen eine zuverlässige Handhabung wesentlich abhängt, systematisch zu berücksichtigen.

2. Schon der Begriff »Restrisiko« ist ethisch unzureichend.[15] Auch hypothetische Risiken sind ernst zu nehmen und im Sinne des Vorsorgegebotes politisch zu berücksichtigen. Hierfür bedarf es Augenmaß, um abzuwägen und bloße Spekulationen zu vermeiden, was Max Weber als politische Grundtugend der Ethik der Verantwortung bestimmt.[16]

3. Das Vorsorgegebot ist unter anderem durch einen glaubwürdigen und einheitlichen Stresstest für alle Atomkraftwerke einzulösen.[17] Dies gilt insbesondere für die EU, wobei das Vorgehen auch mit der Ukraine, Weißrussland und Russland und langfristig weltweit abgestimmt sein sollte.

4. Es besteht erheblicher Forschungsbedarf in Bezug auf die Auswirkungen von Tschernobyl und Fukushima. Diese kann nur in internationaler und interdisziplinärer Kooperation geleistet werden. Über abstrakte Zahlen hinaus sind auch die betroffenen Menschen in den Blick zu nehmen. Hinsichtlich der solidarischen Erinnerung an die Opfer von Tschernobyl und Fukushima haben Medien, Zivilgesellschaft und Kirchen eine besondere Aufgabe.[18]

5. Risiken sind immer auch abhängig von gesellschaftlichen Wahrnehmungen und Prioritäten. Daher sind bei vielen Risiken – und so auch bei Strahlenrisiken – diskursive Strategien von vorrangiger Bedeutung.[19] Politik muss angesichts bleibender Differenzen ein möglichst transparentes und faires Konfliktmanagement ermöglichen und die Partizipationsmöglichkeiten an Entscheidungen besonders für die unmittelbar betroffenen Bürger erhöhen.

6. Statt des wechselseitigen Verdachts einer bloß populistischen Anpassung der energiepolitischen Risikobewertung nach Fukushima ist eine partei-, branchen- und länderübergreifende Vertiefung der ethischen Debatte notwendig. Nur auf der Basis differenzierter Analysen der vielschichtigen Zielkonflikte, die nicht nur die Anwendung, sondern auch die Grundlagenforschung sowie gesellschaftliche Strukturen betreffen und im besten Fall zu Kooperationen führen, kann die Energiewende gelingen.

7. Der Nutzen und die Lasten – bzw. die Risiken – der Atomenergienutzung sowie der Entsorgung des Atommülls müssen gerecht verteilt werden: hinsichtlich unterschiedlicher Akteure, Regionen, Bevölkerungsgruppen und Generationen. Dabei müssen die ethischen Implikationen von Werturteilen ebenso systematisch berücksichtigt werden wie ihre Bezüge zu den jeweils vorausgesetzten Wohlstandsmodellen.[20,21,22,23]

8. Aus Gründen marktwirtschaftlicher Gerechtigkeit sowie des Verursacherprinzips sollte die Deckungssumme der Versicherungspflicht für Atomkraftwerke drastisch erhöht werden.

9. Eine Abkehr von der Atomenergie ist nicht als isoliertes Projekt möglich, sondern erfordert zugleich eine umfassende Revision der Energie- und Wirtschaftspolitik. Dabei sollten Programme für erneuerbare Energien konsequent durch Strukturen und Bewusstseinsbildung für Energieeinsparung flankiert werden. Ein Menschenbild wie etwa das christliche, das zur Distanz gegenüber der Dynamik der ständigen Steigerung von Konsumwünschen ebenso befähigt wie zu kreativer Initiative in der Entwicklung und Durchsetzung neuer Techniken, ist die beste Voraussetzung für das Gelingen der Energiewende.

10. Die Vorreiterrolle, die Deutschland für die Energiewende übernommen hat, ist aufgrund der spezifischen Diskursgeschichte in Deutschland ethisch-politisch geboten, jedoch nur durchzuhalten, wenn sie konsequenter und transparenter umgesetzt und international fortgeführt wird.[24,25] Die internationale Kommunikation über Kriterien, Handlungsmaximen sowie über Strategien zum Umgang mit Überzeugungs- und Interessenkonflikten ist unverzichtbarer Bestandteil der energiepolitischen Risikomündigkeit im 21. Jahrhundert.

1 Vgl. Müller, Wolfgang: Die Kernenergiekontroverse in Deutschland. In: Michaelis, Hans; Salander, Carsten (Hrsg.): Handbuch Kernenergie. Kompendium der Energiewirtschaft und Energiepolitik. Frankfurt 1995, S. 777–815.
2 Kersten, Jens; Uekötter, Frank; Vogt, Markus: Europe after Fukushima. German Perspectives on the Future of Nuclear Power. München 2012, S. 12–21.
3 Zum internationalen Vergleich siehe Radkau, Joachim: Die Ära der Ökologie. Eine Weltgeschichte. München 2011, S. 209–229.
4 Vgl. Konrad-Adenauer-Stiftung: Atomunglück in Japan – Internationale Stimmungsbilder. Sankt Augustin, Berlin 2011.
5 Fischer, Severin: Das »Modell Deutschland« und die europäische Energiepolitik. In: Aus Politik und Zeitgeschichte (APuZ) 46–47 (2011), S. 15–22.
6 www.eurotopics.net/de/home/debatten/links-2011-03-japan (Abruf: 10. 1. 2017).
7 Vgl. Radkau, siehe Fußnote 3, S. 498–535.
8 Vgl. Die Bundesregierung: Deutschlands Energiewende – Ein Gemeinschaftswerk für die Zukunft. Abschlussbericht der Ethik-Kommission Sichere Energieversorgung. Berlin 2011, S. 29–34.
9 Vgl. Renn, Ortwin: Risk Governance. Coping with Uncertainty in a Complex World. London 2008.
10 Ostheimer, Jochen; Vogt, Markus: Risikomündigkeit – Rationale Strategien im Umgang mit Komplexität. In: Zichy, Michael; Grimm, Herwig (Hrsg.): Praxis in der Ethik. Zur Methodenreflexion der anwendungsorientierten Moralphilosophie. Berlin 2008, S. 185–219.
11 Renn, Ortwin: Wissen und Moral. Stadien der Risikowahrnehmung. In: APuZ 46–47 (2011), S. 5f.
12 Ostheimer, Jochen; Vogt, Markus (Hrsg.): Die Moral der Energiewende. Risikowahrnehmung im Wandel am Beispiel der Kernenergie. Stuttgart 2014.
13 Vgl. die Ausstellung Willkommen im Anthropozän im Deutschen Museum; Möllers, Nina; Schwägerl, Christian; Trischler, Helmuth (Hrsg.): Willkommen im Anthropozän. Unsere Verantwortung für die Zukunft der Erde. München 2015.
14 Siehe Fußnote 3, S. 512.
15 Siehe Fußnote 8, S. 31.
16 Vgl. Weber, Max: Politik als Beruf. Stuttgart 1993.
17 Siehe Fußnote 8, S. 111.
18 Vgl. Renovabis: 25 Jahre Tschernobyl. Ausstellung im Rahmen der Pfingstaktion. 2011, www.renovabis.de/veranstaltungen/pfingstaktion/pfingstaktion-2011 (Abruf: 10. 1. 2017).
19 Siehe Fußnote 9, S. 93–97 u. S. 201–351.
20 Vgl. Vogt, Markus: Climate Justice. München 2010.
21 Vgl. Vogt, Markus: Wohlstand neu denken. Ethische Bewertung der Kernenergie und der Ausstiegsoption. In: Herder Korrespondenz 1 (2010), S. 48–53.
22 Siehe Fußnote 11, S. 3–7.
23 Hillerbrand, Rafaela: Von Risikoabschätzungen zum »guten Leben« – oder umgekehrt? In: Aus Politik und Zeitgeschichte 46–47 (2011), S. 42–48.
24 Siehe Fußnote 5, S. 15–22.
25 Siehe Fußnote 12.

6 Das stillgelegte Eisenerzbergwerk Schacht Konrad (Niedersachsen) war 2015 das einzige nach Atomrecht genehmigte Endlager. In rund 1000 Metern Tiefe dürfen 303 000 Kubikmeter schwach- und mittelradioaktiver Atommüll entsorgt werden.
Foto: dpa / Ole Spata

Vielfalt mit Mengenbegrenzung

Nachwachsende Rohstoffe als Teil der globalen Energiewende

von Matthias Gaderer

Nachwachsende Rohstoffe umfassen alle Arten von Pflanzen, die im Rahmen der Land- und Forstwirtschaft und der industriellen Züchtung für eine energetische oder stoffliche Nutzung angebaut und geerntet werden. Sie werden in der Landwirtschaft entweder zusätzlich zu den Lebens- und Futtermitteln angebaut oder aus Reststoffen gewonnen, die bei der Verarbeitung von Waldholz, Lebens- und Futtermitteln anfallen. Eine industrielle Züchtung in technischen Anlagen von beispielsweise Algen stellt eine weitere Möglichkeit der Gewinnung dar. Alternativ wird für die nachwachsenden Rohstoffe auch der Begriff Biomasse verwendet. Bei einer energetischen Nutzung wird die in den chemischen Verbindungen gespeicherte Energie freigesetzt.

Die Rolle der Biomasse für die Energieversorgung

Heute basieren Kraftstoffe und Polymere zum größten Teil auf fossilen Kohlenstoffquellen, im Wesentlichen auf Rohöl. Auch Wärme und elektrischer Strom werden weltweit vor allem aus den nicht erneuerbaren fossilen Kohlenstoffquellen wie Erdgas und Kohle hergestellt. Deren Anteile an der Energiebereitstellung sind jedoch den regionalen Gegebenheiten entsprechend unterschiedlich hoch. So betrug der Anteil der Kohle an der weltweit eingesetzten Energie – sogenannte Primärenergie – für die Stromerzeugung 41 Prozent.
Die einzige erneuerbare Kohlenstoffquelle ist Biomasse mit einem Kohlenstoffanteil von bis zur Hälfte der gesamten Trockenmasse. An der heutigen Stromversorgung ist Biomasse im weltweiten Durchschnitt nur zu knapp drei Prozent beteiligt. Im Rahmen einer klimaschonenden Energieversorgung sollte dieser Wert weltweit langfristig auf fünf bis 7,5 Prozent erhöht werden. In Deutschland beträgt der Anteil der Biomasse an der Stromerzeugung etwas über acht Prozent. Bezieht man

S. 82 bis 87

neben Strom auch die Wärmeversorgung und Mobilität in die Bewertung mit ein, so deckt die Biomasse heute etwa zehn Prozent des weltweiten Energiebedarfs.[1] Um die international gesetzten Klimaziele zu erreichen, sollte dieser Wert langfristig allerdings auf 15 Prozent gesteigert werden. In Deutschland beträgt der Anteil der Biomasse an der Primärenergie für Strom, Wärme und Mobilität insgesamt 7,7 Prozent.[2]

Biomasse als traditioneller Brennstoff

Brennholz oder Feuerholz sind die Klassiker unter den Biobrennstoffen. Schon lange bevor Biomasse als alternativer Energieträger forciert wurde, war die Nutzung von Scheitholz und Holzkohle weit verbreitet. Ergänzt wurde die Palette der Holzbrennstoffe in den 1980er Jahren durch Hackschnitzel (Hackgut), welche vor allem aus Durchforstungs- und Waldrestholz gewonnen werden. Mitte der 1990er Jahre wurden Holzpellets – aus den USA kommend – in Europa eingeführt. Die Herstellung der Pellets erfolgt vor allem in Regionen mit einem hohen Restholzaufkommen wie Mittel-, Nord- und Osteuropa, die USA und Kanada. Diese aus Holz oder Sägeabfällen gepressten Stäbchen ermöglichen einen Transport mit der Eisenbahn oder Schiffen über weitere Entfernungen und werden daher mittlerweile weltweit in Feuerungen verwendet.

Neue Wege in der Nutzung von Biomasse

Neben festen Brennstoffen auf Holzbasis spielt die Biomasse aus Reststoffen aus der Landwirtschaft oder eigens angebauten Feldfrüchten eine zunehmende Rolle: Mais, Gülle, Gräser und Reste aus der Lebensmittelproduktion werden vor allem in Biogasanlagen durch eine anaerobe Vergärung in ein Gasgemisch aus Methan (CH_4) und Kohlenstoffdioxid (CO_2) umgewandelt. Dieses Gasgemisch wird in Gasmotoren verbrannt oder nach einer Abscheidung von Kohlenstoffdioxid ins Erdgasnetz als Biogas eingespeist. Da die meisten Biomassearten neben Spurenelementen vorwiegend aus Kohlenstoff, Sauerstoff und etwas Wasserstoff bestehen, entsteht bei jeder Vergärung und Verbrennung von Biomasse auch Kohlenstoffdioxid. Dieses wurde jedoch in gleicher Menge während des Pflanzenwachstums durch die Photosynthese aus der Atmosphäre entnommen und bei

1 *Biogasanlagen sind eine wichtige Einkommensquelle der Landwirte. Problematisch daran ist vor allem die Ausweitung der Anbauflächen für Mais, den wichtigsten Rohstoff dieser Anlagen.*
Foto: Wolfgang Jargstorff / Fotolia

2 *Die Rapsfelder liefern Material für Biokraftstoffe.*
Foto: Trevor Reeves / Shutterstock.com

den natürlichen Bildungsprozessen während der Wachstumsphase in Form von Zuckergruppen (Hemizellulose, Zellulose, Lignin, Stärke) in der Biomasse eingebunden. Die Nutzung von Biomasse kann somit nahezu CO_2-neutral sein und hat nur eine geringe klimaschädliche Wirkung. Klimaneutral sind nachwachsende Rohstoffe allerdings nur im Rahmen einer nachhaltigen Land- und Forstwirtschaft, bei der die genutzte Biomasse kontinuierlich in kurzen Zeiträumen (jährlich) nachwächst. Ein geringer Anteil von etwa fünf bis zehn Prozent der CO_2-Emissionen ist meist unvermeidbar, da bei Ernte, Verarbeitung und Transport der Biomasse vorwiegend fossile Energieträger zum Einsatz kommen. Bestandteile biogener Rohstoffe wie das Lignin oder die Zellulose kommen auch als Biopolymere für stoffliche Produkte zum Einsatz, etwa in der Papier-, der Zellstoff-, der Kraftstoff- und der chemischen Industrie. In Verbindung mit einer integrierten energetischen Nutzung spricht man von Bioraffinerie-Prozessen. So können aus Holz beispielsweise gleichzeitig Fasern wie Zellstoff und Viskose, Zuckerfraktionen, Lignin sowie Energie gewonnen werden.[3]

S. 112 bis 117

3 *Kleidung lässt sich vollständig aus pflanzlichen Rohstoffen herstellen, gewebt aus Naturfasern wie Baumwolle oder Leinen und gefärbt mit Pflanzenfarbe.*
Foto: adisa / istock

Biomasse als Kraftstoff der Zukunft

Aufgrund ihres Kohlenstoff- und Wasserstoffanteils eignen sich Biomassen auch sehr gut zur Herstellung von Kraftstoffen. Grundlage können alle Arten von Biomasse sein – Endprodukte sind beispielsweise Methanol, Ethanol, Kerosin, Rapsöl, Biodiesel, Biogas sowie Wasserstoff. Im Unterschied zur Strom- und Wärmebereitstellung gibt es als Basis für klimafreundliche Kraftstoffe nach derzeitiger Technik nur wenige Alternativen zur Biomasse.

So können alternative Kraftstoffe auch aus Kohlenstoffdioxid (CO_2) und aus Wasser gewonnenem Wasserstoff (H_2) mittels der Prozesse »Strom-zu-Kraftstoff« (Power-to-Fuel) oder »Strom-zu-Gas« (Power-to-Gas) gewonnen werden. Allerdings ist zur Herstellung eines solchen Kraftstoffs oder Gases Strom mit einer sehr hohen Leistung und in großer Menge erforderlich. Um beispielsweise die in Deutschland verbrauchte Menge fossilen Diesels über ein Produkt zu ersetzen, das aus CO_2 und H_2 mittels dieser Verfahren hergestellt wird, wäre eine zusätzliche elektrische Kraftwerksleistung von 80 Gigawatt und damit mehr als eine Verdoppelung der derzeitigen Stromerzeugerleistung notwendig. Diese Leistung müsste rund um die Uhr verfügbar sein. Eine möglichst klimaneutrale Bereitstellung auf Basis von Wind- oder Solarstrom wäre nur mit extrem großen Strom- oder Wasserstoffspeichern möglich.

Die Biomasse bleibt also langfristig betrachtet vor allem eine Ressource zur Herstellung von flüssigen oder gasförmigen Energieträgern, die am besten als Kraftstoffe eingesetzt werden können. Nachhaltig kann bis 2050 etwa ein Anteil von 15 bis 25 Prozent des weltweiten Kraftstoffbedarfs aus Biomasse gewonnen werden. Auch bezogen auf den gesamten Energiebedarf für Wärme, Strom und Kraftstoffe kann die Biomasse einen Wert von der Größenordnung 15 Prozent abdecken. Die Begrenzung nach oben erfolgt durch Herstellkosten, eine Nutzungskonkurrenz mit Anbauflächen für Lebensmittel und die Vermeidung von Monokulturen.

Auf Straße und Schiene kann es zukünftig eine Verschiebung zur Elektromobilität geben. Dadurch kann der Bedarf an flüssigen Kraftstoffen sinken oder zumindest konstant bleiben. In der Luftfahrt werden allerdings auch langfristig vorwiegend flüssige Kraftstoffe zum Einsatz kommen, bei denen Biomasse als Grundstoff einen wachsenden Anteil einnehmen kann.

Forschung für die Energiewende

Insgesamt leistet die Weiterentwicklung von Prozessen, mit denen Biomasse in Energieträger umgewandelt wird, einen sehr wichtigen Beitrag zu einer globalen Energiewende. Die Forschung arbeitet hier zum Beispiel an Pflanzensorten, die gezielt für die energetische Nutzung gezüchtet werden. Dazu gehören zum Beispiel Pappeln, Elefantengras (Miscanthus) und Eukalyptus. Auch Algen aus dem Meer oder in technischen Anlagen gezüchtet können ein wichtiger Rohstoff sein. Die Realisierung dieser Innovationen ist jedoch neben den technischen Aspekten immer an wirtschaftliche Randbedingungen gebunden. Die Möglichkeiten zur Umwandlung von Biomasse in Wärme, Strom, Kraftstoffe und Produkte sind vielfältig und die unterschiedlichen Technologien erfordern eine sehr spezielle Anpassung an die lokalen Gegebenheiten des Energiebedarfs und der Verfügbarkeit der jeweiligen Biomassen. Diese Randbedingungen lassen bei Biomasse nur in wenigen Bereichen eine klassische Standardisierung und damit verbundene Vereinfachung der Technologien zu. Daher sind die meisten Anlagen individuell zu planen und benötigen hohe interdisziplinäre Sachkenntnisse bei deren Auslegung und während des Betriebs. Das gelingt am besten mit gut ausgebildeten Ingenieuren, objektiven Betrachtungsweisen und einer sachlichen Diskussion und Wissensvermittlung in der Gesellschaft. Dazu trägt diese Sonderausstellung in sehr schöner Weise bei. Das Deutsche Museum und die Technische Universität München (TUM) pflegen außerdem diese Ziele seit mehreren Jahren durch verschiedene gemeinsame Kooperationen und Projekte.

1 International Energy Agency: World Energy Outlook. Paris 2015.
2 Bundesministerium für Wirtschaft und Energie: Zahlen und Fakten. Energiedaten. Nationale und Internationale Entwicklung. 2016, www.bmwi.de/DE/Themen/Energie/Energiedaten-und-analysen/energiedaten.html (Abruf: 10. 1. 2017).
3 Ausführlich zu diesem Thema: Kaltschmitt, Martin; Hartmann, Hans; Hofbauer, Hermann (Hrsg.): Energie aus Biomasse. Grundlagen, Techniken und Verfahren. Berlin, Heidelberg 2016.

4 *Im Algen-Science-Center des Forschungszentrums Jülich wird an der Entwicklung von Kerosin aus Algen geforscht.*
Foto: Forschungszentrum Jülich

5 *In Biogasanlagen wird pflanzliches Material zu Biokraftstoffen vergärt.*
Foto: Best Green Screen/Shutterstock.com

Wärme ohne Ende

Erneuerbare Energien aus Himmel und Erde

von Hans-Peter Ebert

Die Verfügbarkeit von Wärme ist für den Menschen lebenswichtig und in den modernen Industriegesellschaften selbstverständlich. Wir benötigen Wärme für das Heizen unserer Wohn- und Arbeitsstätten, für das Zubereiten von Nahrung, für die Herstellung und Verarbeitung von Werkstoffen und schließlich für die Produktion. Für viele Jahrtausende war Holz dabei der maßgebliche Energieträger. Wärme wurde nahezu zu 100 Prozent aus der erneuerbaren Energieressource Biomasse erzeugt – wenn auch nicht nachhaltig – durch das Abholzen der Wälder. Mit Beginn der industriellen Revolution und dem starken Wachstum der Industrienationen im 18. Jahrhundert wurde zunehmend Kohle als Brennstoff verwendet. Um die Jahrhundertwende setzte dann auch weltweit das Zeitalter der Ölförderung und später das der Gasförderung ein.

S. 88 bis 93

S. 82 bis 87

Heute wird rund die Hälfte der Endenergie in Deutschland zur Bereitstellung von Wärme – Raumwärme, Warmwasser und Prozesswärme – eingesetzt. Die Bereitstellung erfolgt überwiegend durch die Verbrennung von klimaschädlichen fossilen Energieträgern wie Öl, Gas und Kohle. So wurden im Jahr 2014 nur rund zehn Prozent der benötigten Wärmeenergie[1] mit erneuerbaren Energien gedeckt. Ziel der deutschen Bundesregierung ist es, bis zum Jahr 2020 den Anteil der erneuerbaren Energien am Endenergieverbrauch im Wärmesektor auf 14 Prozent zu erhöhen und damit eine Reduzierung der Emission von klimaschädlichen Treibhausgasen zu bewirken. Auch weltweit werden rund 40 bis 50 Prozent der Endenergie für Wärmeanwendungen in den unterschiedlichen Anwendungssektoren benötigt.[2] Der Anteil der erneuerbaren Energien davon liegt bei über 25 Prozent und ist damit deutlich höher als in Deutschland.[3] Allerdings wird bei näherer Betrachtung deutlich, dass davon insgesamt rund zwei Drittel durch die klassische Verbrennung von Holz oder holzähnlicher Biomasse gedeckt werden. Offensichtlich wird dies am Beispiel Afrikas. Nur die geringe industrielle Entwicklung und der niedrige Lebensstandard auf diesem Kontinent sorgen dafür, dass erneuerbare Energien rund die Hälfte des gesamten Endenergiebedarfs decken können. Zukünftiges wirtschaftliches Wachstum wird dort, wie man es bereits seit Jahrzehnten in Asien beobachten kann, zu einem kontinuierlichen Rückgang dieser Quote führen.
Hier gilt es, diesen Ländern frühzeitig technologische und wirtschaftlich tragfähige Alternativen für die Wärmeversorgung zur Verfügung zu stellen. Doch von welchen Möglichkeiten sprechen wir und warum fällt es uns so schwer, diese Technologien im großen Stil umzusetzen? Der nächste Absatz soll helfen, die Schwierigkeiten zu verstehen.

1 *Holzkohleproduktion im 18. Jahrhundert.*
Quelle: »Agriculture and Rural Economy – Charcoal.« The Encyclopedia of Diderot & d'Alembert Collaborative Translation Project. Ann Arbor: Michigan Publishing, University of Michigan Library, 2010

Die besonderen Eigenschaften der Wärme

Wärme ist eine Form der Energie, die aufgrund eines Temperaturunterschiedes zwischen zwei Orten transportiert wird, und zwar immer von warm nach kalt. Wärme ist aber auch der eigentlich korrekte Begriff für den

umgangssprachlich verwendeten Begriff der Kälte: Bei dieser handelt es sich um Wärme niedrigerer Temperatur. Soll Wärme transportiert werden, braucht es Temperaturunterschiede. Auf der Transportstrecke kommt es allerdings – gerade wegen dieser Unterschiede – zu unerwünschten Wärmeverlusten. Hier ist im Übrigen ein großer Unterschied zu dem elektrischen Analogon: Während Strom sich über weite Entfernungen mit geringen Verlusten übertragen lässt, sind dem Transport von Wärme enge Grenzen gesetzt. Dies wird deutlich, wenn man die Fernwärmenetze in Deutschland betrachtet. Auf einer mittleren Trassenlänge von nur rund 15 Kilometern treten Wärmeverluste von 13 Prozent auf. Diese versucht man durch den Einsatz von Wärmedämmungen zu minimieren. Doch selbst mit guter Wärmedämmung können die Verluste nicht vollständig unterbunden werden. Wärmetransport und -nutzung sind räumlich mehr oder weniger lokalisiert und liegen in effizienten Systemen nahe beisammen. Die »Wärmewende« muss daher im Ort, am Industriestandort und im Haus stattfinden.

Erneuerbare Wärmequellen

Betrachtet man die wesentlichen Quellen der erneuerbaren Energien, die zur Wärmebereitstellung beitragen (vgl. Abbildung 3), kann man im Wesentlichen vier Gruppen unterscheiden:

- die Nutzung von unterschiedlichen Arten von Biomasse,
- die Verwendung von Umweltwärme – also von Wärme aus der unmittelbaren Erdoberfläche (<400 Meter Erdtiefe) oder der Umgebungsluft und Gewässern,
- die tiefe Geothermie und
- die Nutzung von Solarwärme.

Die zeitliche Entwicklung dieser Anteile am Wärmeendenergiebedarf für Deutschland ist in Abbildung 5 dargestellt. Man erkennt die überragende Bedeutung der Biomasse.

2 *Am Geysir-Feld El Tatio in Chile tritt heißes Wasser aus dem Erdinneren an die Oberfläche. Solche heißen Quellen bieten auch die Möglichkeit zur klimafreundlichen Energieerzeugung.*
Foto: olgasunnyday/Shutterstock.com

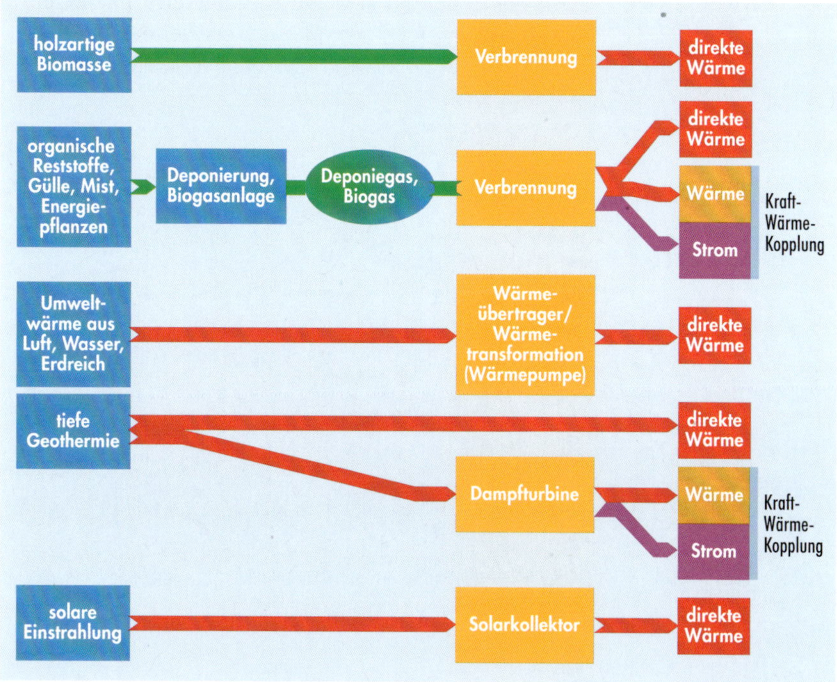

3 *Die Möglichkeiten der Wärmebereitstellung durch erneuerbare Energien.*
Quelle: Eigene Darstellung auf Basis von Daten der IEA

4 Eine Frau sammelt mit ihren Kindern Feuerholz in Namibia. In Afrika dominiert noch heute Holz als Energieträger.
Foto: picture alliance/rp-images

Biomasse ist der wichtigste erneuerbare Energieträger, wenn es sich um die Bereitstellung von Wärme handelt. Sie ist kontinuierlich verfügbar und daher eine wichtige Komponente eines zukünftigen Energiesystems, welches bedeutende Anteile schwankender Energiequellen, wie Solar- und Windenergie, beinhaltet. Im Jahr 2015 betrug der Biomasseanteil am durch die erneuerbaren Energien gedeckten Wärmeendenergiebedarf in Deutschland 88 Prozent. Man unterscheidet bei der Biomasse feste, flüssige und gasförmige Bioenergieträger.[4] Beispiele hierfür sind Holz, Bioethanol oder -diesel und Deponie- oder Biogas. Ihre Energie zum Wachstum erhält pflanzliche Biomasse von der Sonne. Allerdings liegt der durchschnittliche Wirkungsgrad für die Umwandlung des Sonnenlichts in Pflanzenwachstum bei unter 0,01 Prozent[5] und ist damit denkbar gering im Vergleich zu technischen Systemen, wie beispielsweise Solarzellen oder Solarkollektoren zur Warmwasserbereitstellung. Daher sind große Flächen zum nachhaltigen Anbau pflanzlicher Biomasse notwendig. Diese Flächennutzung kann in bestimmten Regionen auch in Konkurrenz zu anderen Landnutzungskonzepten stehen – etwa zur Nahrungsproduktion, zum Erhalt der Biodiversität, zum Anbau von Biomasse für industrielle Produkte oder auch zu Siedlungsflächen.[6] Grundsätzlich ist das Potenzial biogener Ressourcen beim Energiebedarf eher beschränkt, wenn man von lokalen Anwendungen absieht.[7] So schätzen Experten[8] das weltweite Potenzial für die Nutzung von Biomasse zur Deckung des Gesamtenergiebedarfs auf maximal drei bis acht Prozent.

S. 100 bis 105

S. 106 bis 111

Wie die Biomasse ist auch die Geothermie eine – nach menschlichen Maßstäben – kontinuierlich verfügbare Energiequelle. Die Erdwärme hat ihren Ursprung im rund 6000 °C heißen Erdkern und im Zerfall von langlebigen Nukliden im Erdmantel. Damit handelt es sich bei der Erdwärme faktisch um Atomenergie. Aus dem Erdinneren fließt ein geothermischer Wärmestrom an die Erdoberfläche.[9] Die Wärmequelle Erde lässt sich durch Wärmetauscher, wie Erdsonden oder Erdregister, nahe der Erdoberfläche einfach erschließen. Man spricht bei dieser Nutzung bis zu einer Tiefe von 400 Metern von oberflächennaher Geothermie und setzt beispielsweise Wärmepumpen ein, um die moderaten Erdtemperaturen von um die 10 °C auf nutzbare Temperaturen für Heizsysteme zu heben. Mit Wärmepumpen gelingt es auch, andere Umweltwärmequellen, wie die Luft oder oberflächennahes Grundwasser, zu erschließen. Die Nutzung der Erdwärme in tieferen Regionen beschränkt sich auf Bereiche geothermischer Anomalien. Hier erschließt man vor allem das hydrothermale Potenzial (das Vorkommen von Thermalwässern) und heißes, meist nicht wasserführendes Tiefengestein (petrothermales Potenzial). Neben der direkten Nutzung der Thermalwässer wird der heiße Wasserdampf bei der tiefen Geothermie auch für den Antrieb von Turbinen zur Stromerzeugung genutzt. Idealerweise nutzt man die gleichzeitig verfügbare Wärme zum Beispiel auch für die Speisung von Fernwärmenetzen. Man spricht dann von einer Kraft-Wärme-Kopplung. Ein Vergleich aktueller Nutzung und vorhandener Möglichkeiten offenbart die großen Wachstumspotenziale der Geothermie. Im Jahr 2015 hatte dies (inklusive Umweltwärme) einen Anteil von knapp einem Prozent (rund zehn Terawattstunden) an der Deckung des deutschen Wärmebedarfs. Dieser Beitrag könnte bis 2050 um das Zwanzigfache steigen. Es besteht jedoch Klärungsbedarf hinsichtlich der technischen, ökologischen und rechtlichen Risiken, die einer weitreichenden Nutzung dieser Energiequelle noch entgegenstehen.[10] Das weltweite Geothermie-Potenzial wird auf sagenhafte 5000 Exajoule (= 1 Trillion Joule) pro Jahr für die nächsten 40 bis 50 Jahre geschätzt.[11] Zum Vergleich: Der Gesamtenergiebedarf der Welt betrug im Jahr 2014 nur rund ein Zehntel davon!

Eine für uns alle direkt erfahrbare – und unendlich große – erneuerbare Energiequelle ist die *Sonne.* Sie liefert in Deutschland im Mittel rund 1000 Kilowattstunden Strahlungsenergie pro Jahr auf jeden Quadratmeter. Bereits 1767 erbaute der Schweizer Naturforscher Saussure wahrscheinlich den ersten funktionierenden Solarofen, der im Wesentlichen schon die Grundprinzipien moderner Solarkollektoren aufzeigte. Heute verwendet man überwiegend Flach- oder

5 Zeitliche Entwicklung der erneuerbaren Energien, die in Deutschland Wärme liefern.[12]

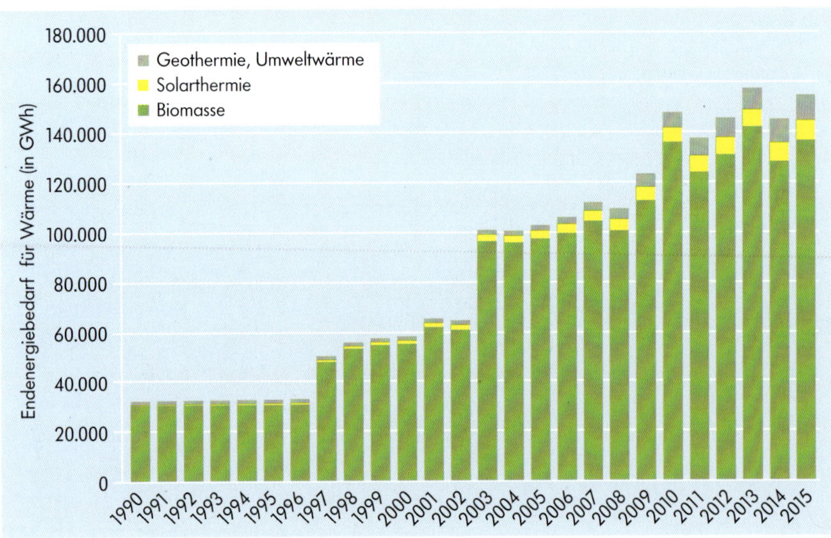

Vakuumröhrenkollektoren zur Erzeugung von Wärme. Ziel ist es, durch geeignete Maßnahmen, wie die Verwendung von selektiven Beschichtungen und effizienten Wärmedämmungen, möglichst viel Solarstrahlung zu absorbieren und Wärmeverluste zu vermeiden. Im Jahr 2015 wurden rund 7,8 Terawattstunden Wärme über die direkte Nutzung von Solarenergie mittels Sonnenkollektoren gewonnen[12] und hatten damit einen Anteil von 0,6 Prozent am deutschen Endenergiewärmebedarf. Weltweit betrug 2013 der Beitrag solarthermischer Anlagen zum Endenergiebedarf über 300 Terawattstunden.[13] Bis zum Jahr 2050 soll dieser Beitrag auf jährlich nahezu 28 000 Terawattstunden ansteigen.

Effizienzsteigerung als wichtiger Bestandteil der Wärmewende

Welche zukünftige Bedeutung die erneuerbaren Energien im Bereich der Wärmebereitstellung haben werden und ob sich dies als entscheidender Beitrag für die Reduzierung klimaschädlicher Treibhausgase darstellt, wird auch davon abhängen, in welchem Ausmaß wir die Effizienz unseres Energiesystems steigern können. Gelingt es nicht, den Energiebedarf wachsender Volkswirtschaften zu dämpfen, so dass steigender Wohlstand nicht gleichzeitig steigenden Energiekonsum bedeutet, werden erneuerbare Energie nur einen kleinen Anteil am Energiemix einnehmen und weiterhin Öl, Gas und Kohle die Hauptenergieträger sein. Genauso lassen sich viele erneuerbare Energiequellen, wie Solarenergie, Wärme aus oberflächennaher Geothermie und Umweltwärme, nur dann optimal einsetzen, wenn Wärme bei relativ niedrigen Temperaturen genutzt werden kann. Ein gutes Beispiel sind hier Niedrigtemperaturheizsysteme in gut wärmegedämmten Gebäuden. Energieeffizienz bedeutet zum einen Effizienz bei der Bereitstellung und Wandlung von Energie, zum Beispiel durch den Einsatz von Wärmepumpen und Wärmespeichern, und zum anderen Effizienz bei der Nutzung der Energie. Hier denkt man an gut wärmegedämmte Gebäude, Wärmespeicher und Transportleitungen mit geringsten Wärmeverlusten, optimierte und gekoppelte Prozesse in Industrie, Gewerbe und Haushalten, die ein Minimum an Wärme benötigen, die Wärme in »Kälte« wandeln oder gleichzeitig Strom und Wärme bereitstellen. Damit wird deutlich, dass der Ausbau der erneuerbaren Energien und die Steigerung der Energieeffizienz Hand in Hand gehen müssen. Nur so wird es gelingen, die gesteckten Klimaziele innerhalb der nächsten Jahrzehnte zu erreichen und ein in jeder Beziehung nachhaltiges Energiesystem für die nächsten Generationen aufzubauen.

1 Summe der Endenergie für Raumwärme, Warmwasser und Prozesswärme. Quelle: Arbeitsgemeinschaft Energiebilanzen, 2015.
2 International Energy Agency: Renewables for Heating and Cooling. Untapped Potential. Paris 2015, www.iea.org/publications/freepublications/publication/renewable_heating_cooling_final_web.pdf (Abruf: 10. 1. 2017).
3 REN21: Renewables 2015 Global Status Report. Paris 2015, www.ren21.net/wp-content/uploads/2016/06/GSR_2016_Full_Report_REN21.pdf (Abruf: 10. 1. 2017).
4 Rönsch, C.; Sauter, P.; Bienert, K.; Schmidt-Baum, T.; Thrän, D.: Biomasse zur Wärmeerzeugung – Methoden zur Quantifizierung des Brennstoffeinsatzes. DBFZ Report 24. Leipzig 2015, www.dbfz.de/fileadmin/user_upload/Referenzen/DBFZ_Reports/DBFZ_Report_24.pdf (Abruf: 10. 1. 2017).
5 Schulze, E.-D.; Canadell, J. G.: Bioenergy. Potentials and Limitations. In: Cifarelle, L.; Wagner, F.: EPJ Web of Conferences 98. Bologna 2015, http://pubman.mpdl.mpg.de/pubman/item/escidoc:2236974/component/escidoc:2236973/BGC2362.pdf (Abruf: 10. 1. 2017).
6 Deutsches Zentrum für Luft- und Raumfahrt; Fraunhofer Institut für Windenergie und Energiesystemtechnik; Ingenieurbüro für neue Energien: Langfristszenarien und Strategien für den Ausbau der erneuerbaren Energien in Deutschland bei Berücksichtigung der Entwicklung in Europa und global. 2012, www.dlr.de/dlr/Portaldata/1/Resources/bilder/portal/portal_2012_1/leitstudie2011_bf.pdf (Abruf: 10. 1. 2017).
7 Purr, K. u.a.: Climate Change 2014 – Treibhausgasneutrales Deutschland im Jahr 2050. 2014, www.umweltbundesamt.de/publikationen/treibhausgasneutrales-deutschland-im-jahr-2050-0 (Abruf: 10. 1. 2017).
8 Siehe Fußnote 6.
9 Barbier, Enrico: Geothermal energy technology and current status: an overview. Renew Sustain Energy Rev 6 (2002), 3–65.
10 Sandrock, M.; Westholm, H.; Kunz, C.: Metastudie Energiewende im Wärmesektor. 2015, http://www.forschungsradar.de/fileadmin/content/bilder/Vergleichsgrafiken/meta_waerme_2015/AEE_Metaanalyse_Waermewende_jul15.pdf (Juli 2015).
11 Bjornsson, J.; Fridleifsson, B.; Helgason, T.; Jonatansson, H.; Mariusson, J.; Palmason, G.; Stefansson, V.; Thorsteinsson, L.: The Potential Role of Geothermal Energy and Hydropower in the World Energy Scenario in Year 2020. 1998. Proc. 17th World Energy Congress, Houston (Texas), Vol. 5, 69–87.
12 Bundesministerium für Wirtschaft und Energie: Zeitreihen zur Entwicklung der erneuerbaren Energien in Deutschland, https://www.erneuerbare-energien.de/EE/Redaktion/DE/Downloads/entwicklung_der_erneuerbaren_energien_in_deutschland_im_jahr_2015.pdf?__blob=publicationFile&v=12 (Abruf: 10. 1. 2017).
13 Mauthner, F.; Weiss, W.; Spörk-Dür, M.: IEA Solar Heat Worldwide. Markets and Contribution to the Energy Supply 2013, www.iea-shc.org/data/sites/1/publications/Solar-Heat-Worldwide-2015.pdf (Abruf: 10. 1. 2017).

6 *Geothermiekraftwerke (hier bei Taupo in Neuseeland) nutzen heißes Wasser aus dem Untergrund, um Haushalte mit Wärme zu versorgen.*
Foto: Chrisbo / Shutterstock.com

Energie-versorgung

Verteilen, Nutzen und Einsparen von Energie

Strom und Strukturwandel

Wie Elektrifizierung die Energiewende voranbringt

von Isa Ryspaeva und Jens zum Hingst

Aus technischer Sicht wäre eine Stromversorgung, die weitgehend auf erneuerbaren Energien beruht, längst möglich. In vielen Staaten wie beispielsweise Norwegen und Costa Rica ist dies bereits in hohem Maße realisiert. Auch für die Wärmeversorgung sowie den Verkehr ist eine Energieversorgung auf Basis regenerativer Energiequellen aus technischer Sicht realisierbar; allerdings wäre hierfür zunächst eine Elektrifizierung dieser Bereiche nötig.[1] Wie wissenschaftliche Berechnungen zeigen, ist eine weitgehend regenerative Energieversorgung über alle Sektoren hinweg langfristig sogar wirtschaftlich günstiger.[2] Ausschlaggebend für eine erfolgreiche Umstellung auf eine nachhaltige Energieversorgung sind also letztlich die politischen Rahmenbedingungen sowie die gesellschaftliche Akzeptanz dieser Transformation.

Notwendigkeit einer treibhausgasneutralen Energieversorgung

S. 88 bis 93

Ob und wie lange fossile Energiequellen verfügbar sind, lässt sich nicht genau voraussagen. Deutlich wird aber, dass neben klassischen Kohle-, Erdöl- und Erdgasvorkommen immer wieder neue Funde – beispielsweise in Form sogenannter unkonventioneller Erdgasquellen – aufgetan werden. Die fossilen Energiequellen werden also in näherer Zukunft nicht versiegen. Aber das ist heute ohnehin nicht mehr das eigentliche Problem, denn nicht die künftige Verfügbarkeit von Kohle, Öl und Gas ist maßgebend dafür, wie zukunftsfähig die Energieversorgung sein wird, sondern die bodennahe mittlere Temperatur auf der Erde, die das Leben auf unserem Planeten bestimmt.

Schon zu Anfang des 20. Jahrhunderts wurde der Einfluss der vom Menschen verursachten Kohlendioxidemissionen auf das Klima erkannt. Der bereits heute messbare Temperaturanstieg hat ab einer bestimmten Dimension verheerende Folgen, zu denen extreme Witterungsereignisse wie Starkregen und Überschwemmungen, Hitzewellen und Trockenheiten oder Wirbelstürme gehören. Daraus resultiert wiederum eine örtliche Verschärfung von Wasser- sowie Nahrungsmittelknappheiten.[3] Abbildung 1 stellt die Entwicklung der Temperatur und der Treibhausgasemissionen zwischen dem Jahr 1880 und heute dar. Hieraus wird die Korrelation zwischen den beiden Parametern ersichtlich.

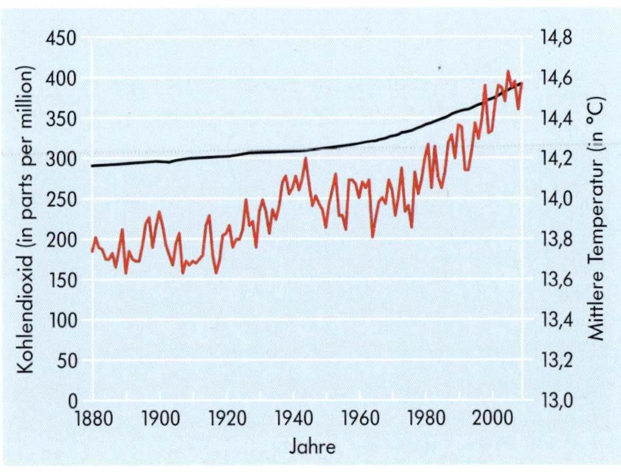

1 Korrelation zwischen Treibhausgasemissionen und mittlerer Temperatur auf der Erde. Kohlendioxidemissionen in Schwarz und Temperaturanstieg in Rot.[4]

Im Zuge der 21. UN-Klimaschutzkonferenz in Paris Ende 2015 haben sich die Mitgliedsländer der Klimarahmenkonvention der Vereinten Nationen (UNFCCC) darauf geeinigt, die weltweiten Treibhausgasemissionen zu mindern und damit die globale Erderwärmung auf deutlich unter 2 °C, möglichst sogar unter 1,5 °C gegenüber dem vorindustriellen Niveau zu begrenzen. Für die Industrieländer resultiert daraus eine vollständig treibhausgasfreie Energieversorgung, eine sogenannte Dekarbonisierung, bis zum Jahr 2050.[5] Dieses Ziel ist mit einem umfassenden Strukturwandel in der Energieversorgung in Richtung regenerativer Energien und Energieeffizienz verbunden. Hierzu ist unter anderem ein abgestimmter Kohleausstiegspfad notwendig. Dieser

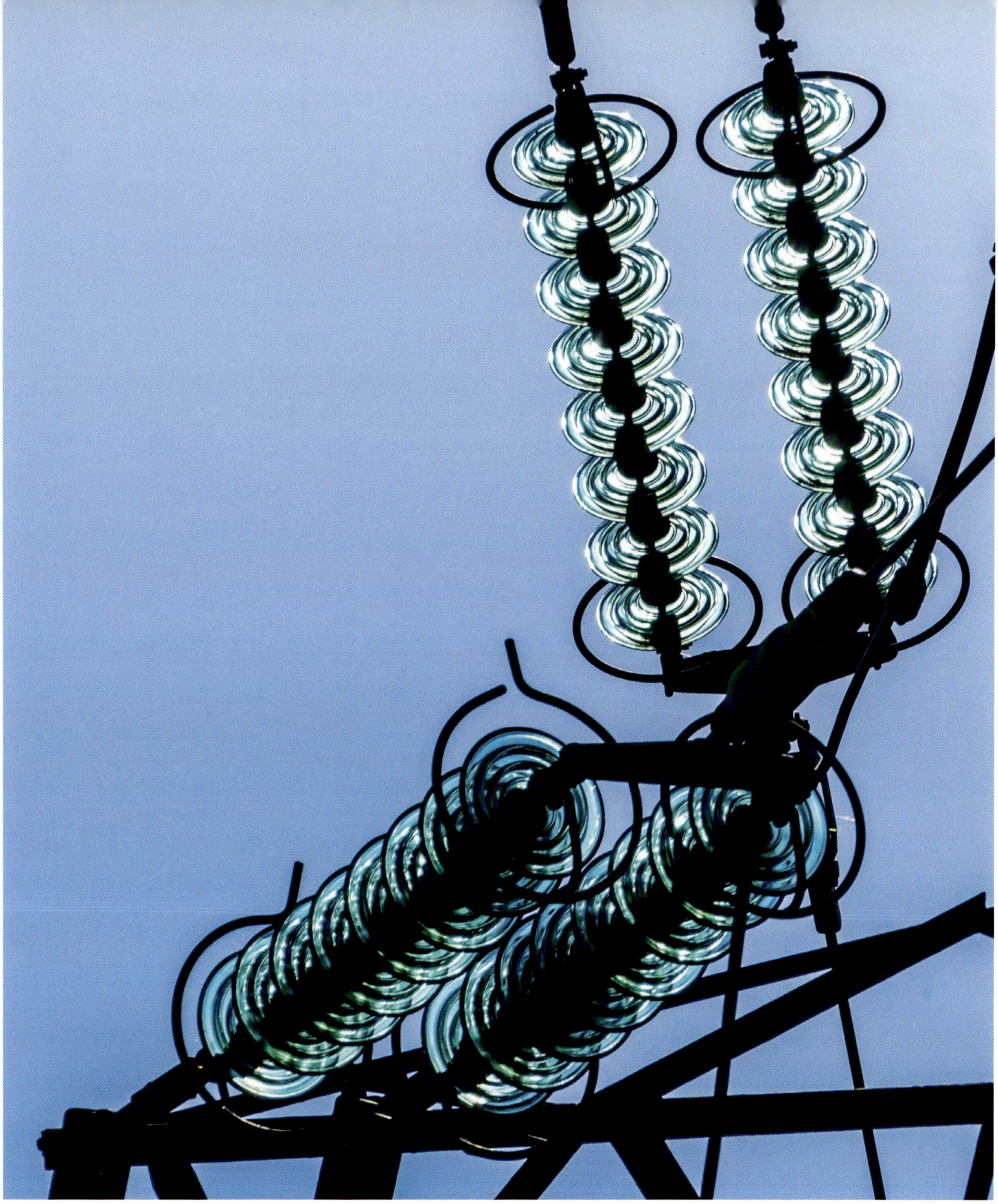

2 *Aus technischer Sicht wäre eine Stromversorgung, die weitgehend auf erneuerbaren Energien beruht, längst möglich.*
Foto: Gina Sanders / Fotolia

kann nur im Konsens mit Unternehmen, Gewerkschaften und Politik verhandelt und muss von Gesellschaft und Wissenschaft getragen werden.[6]

Strom aus erneuerbaren Energien

Gegenwärtig machen Stromanwendungen etwa ein Fünftel des gesamten deutschen Energieverbrauchs aus. Zu einem überwiegenden Anteil von 87 Prozent beruht die Stromerzeugung bislang auf fossilen Energierohstoffen. Da diese zunächst in Kraftwerken verbrannt werden, treten Umwandlungsverluste – vor allem in Form von Abwärme – auf. Hinzu kommen Übertragungsverluste beim Transport über Netzleitungen bis hin zum Verbraucher. Daher beträgt der Anteil der fossilen Energien an der letztlich vom Verbraucher bezogenen Endenergie nur etwa 65 Prozent. Bei erneuerbaren Energien wie dem Strom aus Wind- und Photovoltaikanlagen entfallen die Umwandlungsverluste des Kraftwerksprozesses. So sind erneuerbare Energien in Deutschland zwar mit nur 13 Prozent an der Stromerzeugung (Primärenergie) beteiligt, tragen aber zu 30 Prozent zur bezogenen Endenergie bei.[7]
Schon 2015 deckten die regenerativen Energien knapp ein Drittel des Stromverbrauchs in Deutschland. Dabei bilden hier besonders Windenergieanlagen an Land (Onshore-Anlagen) sowie Solarenergie- und Biomasseanlagen die wichtigsten Säulen der Stromversorgung. In Indien wurden 2015 etwa 18 Prozent des Endenergieverbrauchs durch erneuerbare Energien erzeugt.

S. 106 bis 111

S. 82 bis 87

3 *Aufgrund des Wirtschaftswachstums in Ländern wie Indien und China wird der weltweite Energiebedarf weiter steigen.*
Foto: Reuters / Danish Siddiqui

S. 100 bis 105

S. 130 bis 135

S. 136 bis 141

S. 124 bis 129

Auch hier waren die Windenergieanlagen, gefolgt von Biomasse- und Wasserkraftanlagen, die größten erneuerbaren Stromerzeuger.[8] Der Ausbau erneuerbarer Energien verändert somit den bisherigen Strommix, also den Beitrag einzelner Energieträger zur Stromerzeugung. Einen wichtigen Punkt gilt es bei allen Planungen zu berücksichtigen: Der Energieverbrauch wird weltweit weiter steigen. Schon heute lebt in China und Indien jeweils ein Sechstel der Weltbevölkerung.[9] Trotzdem beträgt Indiens Energiebedarf nur ein Zwanzigstel der weltweiten Menge.[10] Europa verbraucht fünfmal so viel.[11] Dieses Ungleichgewicht wird sich allerdings mittelfristig relativieren. Dazu tragen das zu erwartende Wirtschaftswachstum Indiens, der zunehmend verbesserte Zugang zur Elektrizität für die Bevölkerung, der ansteigende Stromanteil am Energieverbrauch sowie die fortschreitende Urbanisierung[12] bei.[13]

Elektrische Energie für Wärme und Verkehr

In Deutschland entstehen bei der Deckung des Wärmebedarfs die meisten CO_2-Emissionen. Zum Beispiel werden im Industriesektor zwei Drittel der benötigten Energie zur sogenannten Prozesswärmeerzeugung genutzt. In privaten Haushalten werden drei Viertel für die Raumwärme benötigt. Zudem wird seit 1990 ein steigender Energiebedarf in privaten Haushalten aufgrund der zunehmenden Wohnfläche pro Person und der damit steigenden zu beheizenden Fläche beobachtet.[14] Eine klimaschonende Wärmeversorgung von Gewerbe und Haushalten setzt eine Elektrifizierung, also ein Umstieg auf Strom als Energielieferanten, voraus. Hierdurch wird beispielsweise in Deutschland bis 2050 das Sechsfache der heutigen Strommenge benötigt werden.[15] Um den Wärmesektor mit erneuerbaren Energien zu versorgen, sollten zunächst alle Energiesparmöglichkeiten ausgeschöpft werden. Hierdurch kann eine Halbierung des Energiebedarfs erzielt werden. Momentan wird die klassische Raumwärme meist durch Öl- und Gasheizungen oder Fernwärme bereitgestellt. Klimaneutrale Alternativen für private Haushalte wären Wärmepumpen und solarthermische Heizanlagen.[16] Im Industriesektor bietet der sogenannte Power-to-Heat-Ansatz die Möglichkeit, die benötigte Heizenergie mittels Strom bereitzustellen. Zum Beispiel stellt der Einsatz elektrischer Öfen eine ernstzunehmende Alternative dar – diese werden bereits heute zum Einschmelzen von Stahlschrott eingesetzt.
Nach dem Wärmesektor ist der Verkehr weltweit mit einem Anteil von einem Fünftel der zur Energieerzeugung emittierten CO_2-Emissionen der zweitgrößte Treibhausgasemittent.[17] Zur Minderung dieser Emissionen ist eine teilweise Elektrifizierung des Verkehrs notwendig: Statt der Verbrennungsmotoren können im Straßen- und Schienenverkehr Elektromotoren eingesetzt werden. Der Vorteil: Während Verbrennungsmotoren einen Energiewandlungsverlustanteil von etwa zwei Dritteln aufweisen, ermöglichen Elektromotoren eine fast wandlungsverlustfreie Nutzung des Stroms aus regenerativen Energien. Schiffe oder Flugzeuge, die nicht elektrifiziert werden, können mit synthetisch erzeugten Kraftstoffen betrieben werden. Hierbei kommen »Power-to-Gas«- und »Power-to-Liquid«-Verfahren zum Einsatz, bei denen in einem chemischen Prozess mittels Strom brennbare Gase und flüssige Brennstoffe erzeugt werden.[18]

4 *Neue Erzeugungsstandorte für Wind- und Solarkraftwerke erfordern auch den Ausbau der Energieinfrastruktur.*
Foto: picture alliance / Minden Pictures

Strom verteilen und speichern

Für eine Umstellung der Energieversorgung auf erneuerbare Energieträger ist auch die Energieinfrastruktur zu betrachten. Bislang ist es so, dass Kraftwerke, die fossilen Brennstoff zur Strom- und Wärmeerzeugung nutzen,

in der Nähe von großen Verbrauchszentren errichtet werden. Der Grund: Die Kernkraft-, Braunkohle-, Steinkohle- und Gaskraftwerke nutzen zur Stromerzeugung Ressourcen, die im Unterschied zu Wind und Sonneneinstrahlung bevorratet und von einem Ort zum anderen transportiert werden können. Der Bau von Anlagen zur Produktion regenerativer Energie ist dagegen direkt von den Gegebenheiten des Ortes abhängig. Mit einem steigenden Anteil der regenerativen Energiequellen an der Energiebedarfsdeckung ist mit einer Zunahme an dezentralen Erzeugungsstandorten zu rechnen.
Neben dem Energietransport gewinnt auch die Energiespeicherung in einem erneuerbaren Energiesystem an Bedeutung. Elektrische Energie lässt sich mechanisch, elektrisch und chemisch speichern: mechanisch mittels Pump-, Druckluft- und Schwungradspeichern, elektrisch mit Hilfe von supraleitenden magnetischen Energiespeichern, elektrochemisch durch Akkumulatoren/Batterien sowie durch Wasserstoff und andere Gasformen, als synthetische Brennstoffe mittels Power-to-Liquid sowie thermisch in Form von Heißwasser- und Latent-Wärmespeichern. Synthetisch erzeugte Kohlenwasserstoffe können darüber hinaus mittels vorhandener Erdgasnetze zum Verbraucher transportiert werden. Mit der wachsenden Anzahl an Solar- und Windenergieanlagen, die nicht in direkter Nähe von großen Versorgungsgebieten aufgestellt sind, müssen Stromtransportwege und Energiespeicherungsmöglichkeiten entsprechend ausgebaut werden. Technisch stellt der Speicherausbau kein Hindernis da, aber wirtschaftlich. Nach derzeitigen Preisentwicklungen sind die großen Gasspeicher erst ab einer 60- bis 80-prozentigen Durchdringung der erneuerbaren Energien notwendig. Kurzfristspeicher in der Form von Batterien zur Speicherung überflüssiger Energie in Privathaushalten sind bereits heute im Einsatz. Durch die fallenden Batteriepreise wird deren Anschaffung und Nutzung stetig attraktiver.
Der hier beschriebene notwendige Energie- und Infrastrukturwandel ermöglicht in unserer von Produktion und Export bestimmten Industriegesellschaft, die Fundamente für eine nachhaltige Industriegesellschaft aufzubauen. Dadurch werden neue Technologien und die dafür notwendigen Dienstleistungen entwickelt und in der Umsetzung erprobt. Die neue gesellschaftliche Wirklichkeit wird sich aufgrund der weltweiten Bekenntnisse zur Begrenzung der Erderwärmung und des Klimawandels global auch in anderen Ländern durchsetzen. Somit ist der Energie- und Strukturwandel nicht nur notwendig, sondern auch nicht aufzuhalten.

5 *Eine klimaschonende Wärmeversorgung setzt den Umstieg auf Strom als Energielieferanten voraus – im Industriesektor stellen elektrische Öfen schon heute eine Alternative dar.*
Foto: dpa

1 Faulstich, Martin u. a.: Szenarien zur Energieversorgung in Niedersachsen im Jahr 2050. Hannover: 2016, www.umwelt.niedersachsen.de/startseite/themen/energie/runder_tisch_energiewende/gutachten_energieszenarien_2050/runder-tisch-142928.html (Abruf: 10. 1. 2017).
2 Unterstellt wird hierbei ein Brennstoffkostenanstieg der fossilen Energieträger um zwei Prozent pro Jahr. Vgl. Fraunhofer-Institut für Solare Energiesysteme: Was kostet die Energiewende. Wege zur Transformation des deutschen Energiesystems bis 2050. 2015, https://www.ise.fraunhofer.de/de/veroeffentlichungen/veroeffentlichungen-pdf-dateien/studien-und-konzeptpapiere/studie-was-kostet-die-energiewende.pdf (Abruf: 10. 1. 2017).
3 Potsdam-Institut für Klimafolgenforschung, Climate Analytics: Der 4°-Bericht. Warum eine vier Grad wärmere Welt verhindert werden muss. 2012, www.bmz.de/de/zentrales_downloadarchiv/themen_und_schwerpunkte/klimaschutz/130523_4-grad-bericht-deutsche-zusammenfassung.pdf (Abruf: 10. 1. 2017).
4 Eigene Darstellung der Daten aus Earth Policy Institute: Climate and Weather Data from »World on the Edge«. 2010, www.earth-policy.org/datacenter/xls/book_wote_climate.xls (Abruf: 10. 1. 2017).
5 Bundesministerium für Umwelt, Naturschutz, Bau und Reaktorsicherheit: Klimaneutrales Deutschland 2050. 2015, www.bmub.bund.de/themen/klima-energie/klimaschutz/nationale-klimapolitik/klimaschutzplan-2050/ (Abruf: 10. 1. 2017).
6 Sachverständigenrat für Umweltfragen: 10 Thesen zur Zukunft der Kohle bis 2040. 2015, www.umweltrat.de/SharedDocs/Downloads/DE/05_Kommentare/2012_2016/2015_06_KzU_14.pdf?__blob=publicationFile (Abruf: 10. 1. 2017).
7 Bundesministerium für Wirtschaft und Energie: Energiedaten. Gesamtausgabe. November 2016. www.bmwi.de/BMWi/Redaktion/PDF/E/energiestatistiken-grafiken,property=pdf,bereich=bmwi2012,sprache=de,rwb=true.pdf (Abruf: 10. 1. 2017).
8 Ministry of statistics and program implementation government of India: Central statistics office national statistical organization. 2015, http://www.mospi.nic.in/sites/default/files/publication_reports/Energy_stats_2015_26mar15.pdf (Abruf: 10. 1. 2017).
9 Worldometers: Countries in the World by Population. 2016, www.worldometers.info/world-population/population-by-country/ (Abruf: 10. 1. 2017).
10 International Energy Agency (2015): World Energy Outlook 2015. 2015, www.iea.org/publications/freepublications/publication/WEO2015_ES_GERMAN.pdf (Abruf: 10. 1. 2017).
11 Siehe Fußnote 6.
12 Urbanisierung bedeutet nicht nur die städtebauliche Erschließung, sondern auch eine Verbreitung städtischer Lebens- und Verhaltensweisen. Betroffen sind demnach nicht nur die Raumstrukturen, sondern auch Haushaltsstrukturen, Konsummuster, Berufsbilder und Wertvorstellungen. Vgl. Duden.de: Urbanisieren. 2016, www.duden.de/rechtschreibung/urbanisieren (Abruf: 10. 1. 2017) sowie Gabler Wirtschaftslexikon: Urbanisierung. 2016, wirtschaftslexikon.gabler.de/Definition/urbanisierung.html (Abruf: 10. 1. 2017).
13 Siehe Fußnote 9.
14 Siehe Fußnote 1.
15 Umweltbundesamt: Treibhausgasneutrales Deutschland. 2014, www.umweltbundesamt.de/sites/default/files/medien/376/publikationen/treibhausgasneutrales_deutschland_im_jahr_2050_langfassung.pdf (Abruf: 10. 1. 2017).
16 Siehe Fußnote 1.
17 IPCC: Climate Change 2014. Mitigation of Climate Change. Contribution of Working Group III to the Fifth Assessment Report of the Intergovernmental Panel on Climate Change. New York 2014, S. 599–670.
18 Siehe Fußnote 1.

S. 118 bis 123

S. 112 bis 117

Mobilität und Nachhaltigkeit

Die Energiewende braucht eine Verkehrswende

von Barbara Lenz

1 *Jahr für Jahr nimmt die Menge transportierter Güter zu. Die Bahn transportiert Massengüter umweltfreundlicher als Lkw und Flugzeug.*
Foto: Marco2811/Fotolia

S. 124 bis 129

Der Verkehr ist weltweit zu fast einem Viertel für die CO_2-Emissionen verantwortlich[1] und trägt entsprechend zum Klimawandel bei. Angesichts der ungebrochenen Bedeutung des Straßenverkehrs für die Mobilität von Menschen und den Transport von Gütern hat dieser Anteil – trotz spritsparender Motorentechnik – in den vergangenen Jahren sogar weiter zugenommen.
Im Jahr 2014 wurde in Deutschland Energie im Umfang von 2629 Petajoule für den Verkehr eingesetzt; das sind über 30 Prozent des gesamten nationalen Endenergieverbrauchs. Ähnliches gilt für andere Industrieländer wie Frankreich oder die USA.[2] Der Großteil der im Verkehr verbrauchten Energie wird in Form von Kraftstoffen auf Mineralölbasis bereitgestellt.[3] Damit hat der Verkehr einen Anteil von rund 17 Prozent an den CO_2-Emissionen in Deutschland, der Löwenanteil davon stammt aus dem motorisierten Straßenverkehr.[4] Darüber hinaus ist der Verkehr Emittent von Luftschadstoffen wie Stickstoffoxiden und Feinstaub und eine wesentliche Lärmquelle. Besonders hoch ist die durch den Verkehr bedingte Belastung für Mensch und Umwelt in den Städten.[5] So sterben jedes Jahr weltweit

mehr als 160 000 Menschen durch vom Straßenverkehr verursachte Luftverschmutzung. Allein in Deutschland sind jährlich etwa 7000 Menschen Opfer der verkehrsbedingten Luftverschmutzung[6]; dieser Wert ist doppelt so hoch wie die Zahl der durch Unfälle Getöteten.

Hoffnung auf eine Mobilitätswende

Vor dem Hintergrund der offenkundigen Probleme, die insbesondere der Straßenverkehr verursacht, ist in den vergangenen Jahren das Bewusstsein für den Veränderungsbedarf im Verkehrssektor gewachsen – oft umschrieben mit der Forderung nach mehr »Nachhaltigkeit«. Meist zielt dies vorrangig auf die Reduzierung der negativen Umwelteinflüsse des Verkehrs ab, umfasst allerdings auch Erwartungen an den Verkehr, gesellschaftlichen und wirtschaftlichen Ansprüchen wie Teilhabe, Erreichbarkeit und Vernetzung zu genügen.
In den Städten kommt als spezifische Aufgabenstellung hinzu, den hohen Verbrauch an öffentlichem Raum für Autostraßen und Parkflächen zu begrenzen.
Veränderungen aber sind schwierig und langwierig, zumal wenn sie Verhaltensweisen und Gewohnheiten betreffen, mit denen jede und jeder Einzelne den Alltag strukturiert und gestaltet.
Ob sich die Hoffnungen auf eine »Mobilitätswende« dank neuer Verhaltensweisen bestätigen werden, ist derzeit noch ungewiss. Zwar nimmt die Autonutzung bei jungen Menschen in zahlreichen europäischen Ländern und auch den USA ab; Ursache dafür scheinen jedoch eher Veränderungen der Lebensumstände zu sein als tatsächlich die Zunahme von umweltbewusstem Handeln.[7] So ist gleichzeitig auch zu beobachten, dass insbesondere junge Menschen mehr Fernreisen unternehmen als dies in früheren Jahren der Fall war, was den geringeren Ressourcenverbrauch für die Alltagsmobilität überkompensiert.
In den meisten Industrieländern sind Autonutzung und Verkehrsleistung in den letzten zehn bis fünfzehn Jahren nur noch langsam gewachsen. Dabei variiert die Entwicklung zwischen unterschiedlichen Bevölkerungsgruppen erheblich: Während vor allem die Seniorinnen und Senioren immer mobiler werden, geht der Mobilitätsbedarf bei den jungen Erwachsenen eher zurück. Die nur noch geringe Zunahme der Alltagsmobilität löst allerdings nicht die Probleme, die der Verkehr vor allem in den Städten verursacht. Dort versucht man zunehmend, im Rahmen von längerfristigen Strategien, Wege zu finden, die den Druck auf die Umwelt reduzieren und gleichzeitig den Mobilitäts- und Transportbedürfnissen von Bevölkerung und Unternehmen Rechnung tragen. Einen wesentlichen Beitrag zur nachhaltigeren Gestaltung der Mobilität werden auch in Zukunft die Verkehrsträger des sogenannten Umweltverbundes leisten: der öffentliche Verkehr, der Radverkehr, aber auch der Fußverkehr. In den Schwellenländern dagegen nehmen Autobesitz und Autonutzung seit einigen

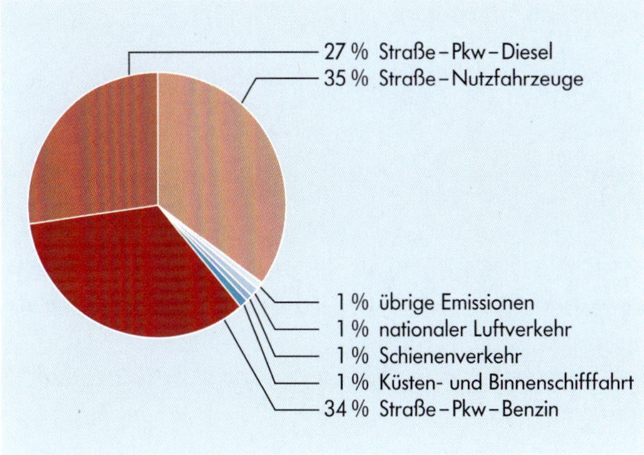

2 *Emissionsquellen im Verkehr 2013 (ohne CO_2 aus Biokraftstoffen).*
Quelle: Umweltbundesamt, Stand 2015

Jahren kontinuierlich zu. Mit Erreichen eines mittleren wirtschaftlichen Entwicklungsstandes (Bruttoinlandsprodukt pro Kopf circa 5000 bis 20 000 US-Dollar) wächst die Motorisierung überproportional im Vergleich zur Wirtschaftskraft eines Landes. Das Bedürfnis nach individueller motorisierter Mobilität rückt nunmehr in den Vordergrund.[8]

Alternativen zum Auto

Die Leistungsfähigkeit des öffentlichen Verkehrs in den Städten wächst seit Jahren kontinuierlich; in Berlin beispielsweise steigt täglich rund drei Millionen Mal ein Fahrgast in die U-Bahn, den Bus, die Straßenbahn oder die S-Bahn. Im Gebiet des Münchner Verkehrsverbundes sind es jeden Tag fast zwei Millionen Fahrgäste. In der Megacity Tokyo werden allein von der U-Bahn täglich neun Millionen Fahrgäste befördert.[9] In den größeren, aber auch den mittleren und kleineren Städten Deutschlands wachsen seit Jahren die Fahrgastzahlen im öffentlichen Verkehr – gerade auch im Alltagsverkehr.[10] Dahinter verbirgt sich eine laufende Qualitätsverbesserung des öffentlichen Verkehrs in städtischen Räumen ebenso wie der vereinfachte Zugang zum öffentlichen Verkehr mittels dynamischer, mobil verfügbarer Informationen. Allerdings geht die Nutzung des öffentlichen Verkehrs nicht unbedingt mit einer Reduzierung der Anzahl der Privatfahrzeuge einher. Vielmehr nimmt auch in den größeren Städten die Zahl der Autos eher zu.[11]
Für kürzere Distanzen wird vor allem das Fahrrad immer wichtiger: Zwei Drittel der Wege, die in Deutschland mit dem Fahrrad zurückgelegt werden, sind nur bis zu zwei Kilometer lang.[12] Zieht man in Betracht, dass auch 15 Prozent der 164 Millionen täglich mit dem Auto zurückgelegten Wege nicht länger als zwei Kilometer sind, ist das Potenzial des Fahrrads sicher noch lange nicht ausgeschöpft. Berechnungen zeigen, dass – wie zu erwarten – vor allem die intensive Nutzung der Verkehrsmittel des Umweltverbundes den Verbrauch an fossiler Energie und damit den individuellen CO_2-Fußabdruck vergleichsweise gering halten.
Ganz neue Möglichkeiten ergeben sich durch die Elektrifizierung, die das Fahrrad für längere Strecken und höhere Geschwindigkeiten auch im Alltag nutzbar macht. Der »elektrische Rückenwind« des Pedelec reicht in der Regel aus, um Strecken zwischen 20 und 50 Kilo-

meter komfortabel zurückzulegen. Trotz des starken Marktwachstums für Pedelecs und Elektrofahrräder sind jedoch im Jahr 2014 erst rund zwei Prozent der radfahrenden Deutschen elektrisch unterwegs.[13, 14] Oft fehlt es noch an Infrastrukturen, um die wachsende Zahl an Radfahrerinnen und Radfahrern mit teilweise deutlich leistungsfähigeren Fahrzeugen aufzunehmen. Gleichzeitig aber gibt es in vielen Städten und Stadtregionen umfangreiche Anstrengungen zur Verbesserung der Fahrradnutzung im Alltag. Vorzeigebeispiel ist Kopenhagen, das als Fahrradhauptstadt Europas gilt. Grund dafür ist das weitreichende und zugleich engmaschige Radwegenetz. Die mehrspurigen Radwege verlaufen meist abseits der großen Straßen; dank ihrer Breite ist das Radfahren besonders sicher, gleichzeitig ist es möglich zu überholen und es entsteht das, was Verkehrsplaner eine »hohe Fließgeschwindigkeit« nennen. Zu den besonderen Attraktionen des Fahrradnetzes in Kopenhagen gehört seit 2014 die »Cykelslangen«, die »Fahrradschlange«, eine eigens für Radfahrer gebaute Brücke zur Hafenquerung.

3 *Die gute Infrastruktur macht Kopenhagen zur Fahrradhauptstadt Europas.*
Foto: William Perugini/Shutterstock.com

Leihen statt besitzen

Ein künftig wachsender Beitrag zu einer nachhaltigen Mobilität wird von den »Neuen Mobilitätskonzepten« erwartet. Kern dieser Konzepte ist die Bereitstellung eines individuellen Verkehrsmittels – Fahrrad oder Auto – auf Zeit. Das klassische Carsharing wurde erstmals im Jahr 1987 in der Schweiz angeboten und bereits ein Jahr später auch in Deutschland, wo gemeinschaftlich genutzte Fahrzeuge heute in fast 500 Städten und Gemeinden verfügbar sind.[15] Mittlerweile ist Carsharing ein weltweites Phänomen, allerdings noch nicht in Afrika. Auch in China entwickelt sich ganz allmählich ein Markt für Carsharing.[16] Fahrradleihsysteme oder Bikesharing übertragen die Idee auch auf das Zweirad. Als »Call-a-Bike« wurde dieses Mobilitätsangebot im Jahr 2000 in Deutschland erstmals von der Deutschen Bahn aufgesetzt. Heute gibt es zahlreiche städtische Leihradsysteme in Deutschland, aber auch weltweit.
Die neuen Mobilitätskonzepte zeichnen sich vor allem dadurch aus, dass nutzerseitig der Planungsbedarf für die Fahrzeugnutzung ausgesprochen gering bleibt – dies betrifft sowohl Zeitpunkt und Ort des Nutzungsbeginns als auch die Ausleihdauer; die Fahrzeuge können an beliebiger Stelle oder an einer der vielen Stationen im Geschäftsgebiet abgestellt werden. Der grundlegende Ermöglicher für die neuen Mobilitätskonzepte ist die Digitalisierung: Dank Smartphone sind die Informationen zur Fahrzeugverfügbarkeit einfach zur Hand, gleichzeitig ist das Smartphone der digitale Schlüssel zum Öffnen des Fahrzeugs. Mit den neuen Mobilitätskonzepten verknüpft sich die Erwartung, dass immer mehr Menschen multimodal unterwegs sind, also einen Verkehrsmittelmix nutzen. Zum anderen erhoffen sich die Städte von den neuen Konzepten einen Beitrag zur Reduzierung des Autobesitzes in den Haushalten und damit des Stellplatzbedarfs im öffentlichen Raum. Erste Anzeichen dafür, dass dies tatsächlich Realität werden könnte, sind durchaus vorhanden.[17]
Insgesamt ist die Palette an Möglichkeiten zur Reduzierung der individuellen Autonutzung im Alltag bunt und vielfältig. Nachhaltigere Alltagsmobilität ist also durchaus möglich. Dabei gilt nach wie vor: Weniger Automobilität und mehr Umweltverbund sind der Königsweg zu diesem Ziel. Dazu gehört allerdings auch eine Siedlungspolitik, die einen verkehrssparsamen Alltag möglich macht. Durch die fortdauernde und mancherorts noch wachsende räumliche Trennung von Wohnen, Arbeiten, Ausbildung und Einkaufen ist es aber für viele Menschen kaum machbar, den Alltag ohne Auto zu bewältigen. Technische Entwicklungen, wie beispielsweise die Elektromobilität, können grundsätzlich in nennenswertem Umfang zu weniger Emissionen und einer besseren Luftqualität beitragen. Das eigentliche Potenzial an Emissionsminderung wird sich jedoch nur erreichen lassen, wenn Elektromobilität mit einer Energiewende einhergeht, die ein Höchstmaß an Strom aus erneuerbaren Energien bereitstellt. Solange der Strommix sich nicht signifikant ändert, können Elektrofahrzeuge keinen Beitrag zur CO_2-Reduktion leisten.[18]
Anders verhält es sich mit lokal wirkenden Emissionen wie Stickstoffoxiden und Schwefeldioxid. Das Potenzial zur Reduktion dieser Schadstoffe ist beim Einsatz im öffentlichen Verkehr, beispielsweise durch das Ersetzen von Dieselfahrzeugen durch batteriebetriebene oder Oberleitungsbusse, besonders hoch. In chinesischen Megastädten werden derzeit mehr als 4000 batterieelektrische Busse eingesetzt, um die lokale Luftqualität zu verbessern.[19] Gleichzeitig wird in China der private Einsatz von Elektrofahrzeugen massiv mittels finanzieller Kaufanreize, einem Erlass von Kfz-Steuer und Fahrzeugregistrierungsgebühren gefördert. So konnten allein im Jahr 2015 207 000 Elektrofahrzeuge neu zugelassen werden. Damit ist China der größte Markt für Elektrofahrzeuge weltweit.[20]

Güterverkehr im Hintertreffen

Deutlich langsamer geht die Umstellung auf Elektrofahrzeuge im Güterverkehr voran: Die Technik und die Konzepte stecken erst in der Erprobungsphase. Elektromobilität im Güterverkehr bietet sich vor allem für im städtischen Umfeld fahrende Nutzfahrzeuge an. Diese sind in der Regel kleiner als die schweren Lkw im Güterfernverkehr und legen nur kürzere Fahrstrecken zurück. Unternehmen der Transportbranche haben angefangen, erste Fahrzeug-Prototypen auf ihre Praxistauglichkeit hin zu testen. Für schwere Lkw bietet sich die Elektrifizierung mit Batterien allerdings nicht an, da das Batteriegewicht für die üblicherweise gefahrenen täglichen Fahrstrecken zu hoch wäre (aktuell etwa 800 Kilogramm Batterien für 100 Kilometer Reichweite) und die Nutzung der Fahrzeuge zu stark einschränken würde. Hier könnten mittelfristig alternative Ideen zum Einsatz kommen, etwa Oberleitungs-Hybrid-Lkws. In Kalifornien und Schweden gibt es dazu bereits Pilotprojekte auf sogenannten E-Highway-Teststrecken.[21] Für einen breiteren oder gar flächendeckenden Einsatz von Oberleitungs-Nutzfahrzeugen müsste allerdings die elektrische Infrastruktur ähnlich wie im Schienenverkehr erst aufgebaut werden. Eine innovative Alternative könnte eine berührungslose Energieübertragung via Induktion sein – dies ist allerdings noch Zukunftsmusik ohne konkrete Planungen. Wie stark sich letztlich das elektrische Fahren in den kommenden Jahren bei Nutzfahrzeugen entwickeln wird, hängt vor allem von den Kosten für die Nutzer und den politischen Rahmenbedingungen ab.

Fazit

Insgesamt wird es nicht genügen, allein auf die technische Entwicklung zur Lösung der Verkehrsprobleme zu setzen. Zusätzlich bedarf es einer Neubestimmung von Rolle und Bedeutung der verschiedenen Verkehrsmittel als Teil eines nachhaltigen, multimodalen Verkehrssystems für die Mobilität von Menschen ebenso wie für den Transport von Gütern. Auf jeden Fall braucht die Realisierung eines nachhaltigeren Verkehrssystems das Zusammenspiel von Veränderungsbereitschaft, technischen Innovationen, neuen Organisations- und Geschäftsmodellen und politisch-gesellschaftlichem Willen.

1 Intergovernmental Panel on Climate Change: Climate Change 2014. Synthesis Report. Summary for Policymakers, http://www.ipcc.ch/pdf/assessment-report/ar5/syr/AR5_SYR_FINAL_SPM.pdf (Abruf: 10. 1. 2017).

2 US Energy Information Administration: Use of Energy in the United States. Energy Use for Transportation, www.eia.gov/Energyexplained/?page=us_energy_transportation (Abruf: 10. 1. 2017).

3 Arbeitsgemeinschaft Energiebilanzen: Auswertungstabellen zur Energiebilanz 1990 bis 2014, www.ag-energiebilanzen.de/10-0-Auswertungstabellen.html (Abruf: 10. 1. 2017).

4 Bundesministerium für Verkehr und digitale Infrastruktur: Verkehr in Zahlen. Hamburg 2015.

5 Umweltbundesamt: Daten zum Verkehr. Ausgabe 2012, www.umweltbundesamt.de/publikationen/daten-verkehr (Abruf: 10. 1. 2017).

6 Max-Planck-Gesellschaft: Mehr Tote durch Luftverschmutzung, www.mpg.de/9404032/sterberate-luftverschmutzung-todesfaelle (Abruf: 10. 1. 2017).

7 Institut für Mobilitätsforschung: Mobilität junger Menschen im Wandel – multimodaler und weiblicher, www.ifmo.de/tl_files/publications_content/2011/ifmo_2011_Mobilitaet_junger_Menschen_de.pdf (Abruf: 10. 1. 2017).

8 Kuhnimhof, Tobias; Lenz, Barbara: Entwicklung des globalen Personenverkehrs und verkehrspolitische Implikationen. Handbuch Verkehrspolitik. Wiesbaden 2014.

9 Union Internationale des Transports Publics: Statistics Brief. World Metro Figures. 2014, www.uitp.org/sites/default/files/cck-focus-papers-files/Metro%20report%20Stat%20brief-web_oct2014.pdf (Abruf: 10. 1. 2017).

10 Verband Deutscher Verkehrsunternehmen e.V.: 2014 Statistik. Köln 2015, www.vdv.de/jahresbericht---statistik.aspx (Abruf: 10. 1. 2017).

11 Ließke, Frank; Wittwer, Rico: Alles bleibt anders. Aktuelle Erkenntnisse zur Entwicklung des Verkehrsverhaltens auf Basis des Projektes »Mobilität in Städten – SrV«. 41. Verkehrsplanerisches und Verkehrsökologisches Kolloquium Dresden, 4. Februar 2015, https://tu-dresden.de/die_tu_dresden/fakultaeten/vkw/ivs/vip/dateien/downloads/SrV2013_Liesske_Wittwer_Verkehrsverhalten_2015_02_04.pdf (Abruf: 10. 1. 2017).

12 infas; DLR: Alltagsverkehr in Deutschland. Struktur – Aufkommen – Emissionen – Trends. Abschlussbericht zum Projekt »Mobilität in Deutschland 2008«. Bonn, Berlin 2010.

13 Bundesministerium für Verkehr und digitale Infrastruktur: Radverkehr in Deutschland. Zahlen, Daten, Fakten, www.fahrradland-bw.de/fileadmin/user_upload_fahrradlandbw/Downloads/Radverkehr_in_Deutschland_2014.pdf (Abruf: 10. 1. 2017).

14 Rose Versand GmbH (Hrsg.): Fahrradfahren in Deutschland 2014, http://media1.rosebikes.de/cms/rose_studienband_fahrradfahren_2014.tlo2owg5il.pdf (Abruf: 10. 1. 2017).

15 Loose, Willi: Vom Solidarhandeln zur Marktorientierung – 25 Jahre CarSharing im Überblick. In: Bundesverband CarSharing e. V. (Hrsg.): Eine Idee setzt sich durch – 25 Jahre CarSharing. Brühl 2014, S. 17–28.

16 Jung, Alexander: Fewer Cars, More Mobility – Can Carsharing Work in China? In: Internationales Verkehrswesen 67 (2015), Special Edition 1, S. 26–29.

17 DLR; Bundeswehr-Universität München; BMW; Deutsche Bahn: Wirkung von E-Carsharing-Systemen auf Mobilität und Umwelt in urbanen Räumen. Halbzeitkonferenz zur Nutzung von E-Carsharing-Systemen am Beispiel car2go, DriveNow und Flinkster. Berlin 3. Juli 2014; Öko-Institut, Institut für sozial-ökologische Forschung ISOE: Forschung zum neuen Carsharing. Wissenschaftliche Begleitforschung zu car2go. Zwischenergebnisse: Stand Juni 2014.

18 Deutsches Zentrum für Luft- und Raumfahrt; Wuppertal Institut: Begleitforschung zu Technologien, Perspektiven und Ökobilanzen der Elektromobilität. Abschlussbericht. Berlin 2015.

19 www.sustainabletransport.org (Abruf: 10. 1. 2017).

20 Center of Automotive Management: AutomotiveINNOVATIONS. Elektromobilität im internationalen Vergleich. Bilanz 2015 und Prognose. Bergisch Gladbach 2016.

21 Oberleitungs-Lkw. Aus der Luft gegriffen, www.spiegel.de/auto/aktuell/e-highway-schweden-und-usa-testen-oberleitungs-lkw-a-1037691.html (Abruf: 10. 1. 2017).

4 *Auch Lastenfahrräder können Teil neuer Mobilitätskonzepte sein und Autos ersetzen.*

Foto: Amac Garbe/DLR

Zum Fenster hinaus geheizt

Warum eine energetische Gebäudesanierung entscheidend ist

von Karsten Voss

Etwa ein Drittel des Energieverbrauchs und der Klimagasemissionen gehen in Deutschland zulasten der Gebäude. Dabei dominieren aufgrund ihrer großen Zahl die Wohnhäuser. Obwohl die Diskussion über die Energiewende in Deutschland stark auf den Stromsektor fokussiert, liegt der Schlüssel zum Erfolg im Wohnungsbau zunächst bei der Heizung.

Bestandsgebäude und -quartiere in den Fokus nehmen

Die Herausforderungen einer Energiewende im Wohnungsbau lassen sich am Beispiel Deutschlands sehr gut zeigen. 70 Prozent des hiesigen Gebäudebestands sind älter als 30 Jahre und befinden sich überwiegend in Privateigentum. In den letzten Jahren lag die Sanierungsquote bei nur 0,8 Prozent und damit weit unter den angestrebten zwei Prozent für eine konsequente Klimaschutzstrategie. Das ist auch in anderen Industrieländern kaum anders. Dabei liegt die Problemstellung weniger in der technologischen Herausforderung als in der Motivation der Gebäudebesitzer, der wirtschaftlichen Attraktivität und der qualitätsvollen Umsetzung.[1] Wirtschaftlich besonders zielführend ist die energetische Sanierung bei baulichen Instandhaltungsmaßnahmen oder Veränderungen wie beispielsweise einer Wohnraumerweiterung durch einen Dachausbau, eine Aufstockung oder einen Anbau.

Dabei ist der Effekt einer energetischen Sanierung im Bestand enorm: Eine Untersuchung der Deutschen Energieagentur (dena) zeigt, dass der Energieverbrauch im Durchschnitt um 76 Prozent sank, rechnerisch hätten es 80 Prozent sein sollen.[2] Gleichzeitig wurde ein höherer Wohnkomfort erreicht. Dass die erwarteten Einsparungen nicht in Gänze erreicht werden, ist keine neue Erkenntnis: Meist verhalten sich die Menschen in sanierten Gebäuden etwas weniger sparsam als vorher.

S. 130 bis 135

Den Grundstock der Einsparung und Komfortverbesserung erbringen die Wärmedämmung und neue Fenster. Dass dabei überwiegend Wärmedämmverbundsysteme zum Einsatz kommen, und zwar vorwiegend solche mit Hartschaumplatten, zeigt, dass die Auswahl der

Dämmmaterialien vor allem anhand der Kosten getroffen wird – neben dem Streben nach Erhalt des architektonischen Charakters eines Gebäudes: Mineralische Dämmstoffe wie beispielsweise Steinwolle sind teurer als Polystyrol, ökologische Dämmstoffe noch kostspieliger. Wärmedämmverbundsysteme erhalten die Optik verputzter Fassaden, welche bei Häusern in Deutschland vorherrschen. Wird eine architektonische Neudefinition gesucht, bieten vorgehängte Fassaden mit Baustoffen wie beispielsweise Holz oder Faserzement die Chance für langlebige, vollständig recyclingfähige Wandaufbauten. Aufgrund von baurechtlichen, geometrischen, baukonstruktiven und baukulturellen Aspekten (Denkmalschutz) können nicht alle Gebäude und alle Teilflächen wärmetechnisch hochwertig ertüchtigt werden. Man nennt das »Dämmrestriktionen«. Das betrifft allerdings nur einen kleinen Teil der Gebäude im Bestand.

Ansonsten spricht – entgegen vielfältigen Vorurteilen – wenig gegen eine konsequente, richtig ausgeführte Wärmedämmung: Luftdichtheit, Feuchteverhalten und Brandschutz bieten keine bauphysikalischen Hindernisse. Der Energieaufwand zur Herstellung der Dämmstoffe amortisiert sich durch die Einsparungen in der Regel nach weniger als zwei Jahren. Je nach Konstruktion und Dämmmaterial kann es weniger oder mehr sein. Obwohl der erste Zentimeter Dämmung mehr einspart als jeder weitere, erweist sich in einer Lebenszyklusbetrachtung auch eine dicke Wärmedämmung von beispielsweise 30 Zentimetern in unserem Klima als sinnvoll.[3]

Angenehmer Nebeneffekt der energetischen Gebäudesanierung ist, dass das notwendige Temperaturniveau für die Beheizung abnimmt. Das bietet verbesserte Möglichkeiten zur Wärmeversorgung mit erneuerbarer Energie durch Wärmepumpen, Solarthermie oder zukünftige Niedertemperaturwärmenetze, da nur unter solchen Bedingungen hohe Wirkungsgrade erreicht werden. Ist der Heizwärmebedarf gering, steigt die Relevanz des Wärmebedarfs zur Warmwasserbereitung und damit

1 *Das in den 1970er Jahren gebaute Studentenwohnheim »Neue Burse« der Universität Wuppertal wurde 2003 saniert. Der Heizenergieverbrauch sank um 80 Prozent bei gleichzeitig wesentlich verbessertem Wohnkomfort.*

Foto: Tomas Riehle

2 *Effektive Wärmedämmung kann den Energieverbrauch von Gebäuden deutlich senken. Momentan geht rund ein Drittel des Energieverbrauchs und der Klimagasemissionen in Deutschland zulasten der Gebäude.*

Foto: Jürgen Fälchle / Fotolia

3 *Die energiesparenden Gebäude im Ökodorf BedZED südlich von London helfen den Bewohnern, ihren CO_2-Fußabdruck zu reduzieren.*
Foto: Tom Chance/flickr

auch die Chance zur solaren Deckung des Bedarfs, denn dieser Bedarf fällt in die sonnenreichen Sommermonate. Werden Häuser energetisch effizienter, können größere Anteile durch erneuerbare Energien gedeckt und damit die Energieversorgung dekarbonisiert werden, also ohne kohlenstoffhaltige, fossile Energieträger auskommen. Voraussetzung ist aber eine viel höhere Energieeffizienz und eine wirkungsvolle energetische Sanierung des Gebäudebestands. Der Grund liegt auf der Hand: Es ist unrealistisch und vor allem nicht wünschenswert, große Flächen außerhalb der Städte durch Energiepflanzenanbau oder solare Freiflächenanlagen in »Energielandschaften« zu verwandeln, um die Energieversorgung wenig effizienter Gebäude sicherzustellen. Dies soll hier am Beispiel von Holz, Solarenergie und Wärmepumpen erläutert werden.

1. *Beispiel Holz:* Der jährliche Holzertrag aus einer nachhaltigen Forstwirtschaft liegt in der Größenordnung von acht Kubikmetern pro Hektar. Ein schlecht oder wenig gedämmtes Haus benötigt zur Wärmeversorgung eine Waldfläche in der Größe der 80- bis 100-fachen Wohnfläche, während bei einem Passivhaus bereits die sechsfache Fläche ausreicht. In dicht besiedelten Gebieten würden die Feinstaubemissionen aus Holzfeuerungen zudem zur Umweltbelastung. Holz sollte davon abgesehen vorrangig als umweltfreundlicher Baustoff genutzt werden.

S. 82 bis 87

S. 106 bis 111

2. *Beispiel Sonne:* Um den Stromertrag einer heute üblichen Windkraftanlage im Binnenland mit Solarstromanlagen bereitzustellen, würde eine Modulfläche von rund vier Fußballfeldern gebraucht. Wichtig sind daher Solarmodule an Gebäuden. Hier sind allerdings einige Restriktionen zu beachten: Solaranlagen werden bei Sanierungen meist als Teilflächenbelegung von Dächern realisiert. Dabei werden gestalterische Aspekte zu wenig beachtet, wodurch der Nachahmungseffekt vielfach ausbleibt. In vielen Städten unterstützen Solarkataster die Einschätzung der Solarpotenziale einzelner Gebäude. Die Kataster zeigen die möglichen Solarerträge auf Häusern in einem Stadtplan an. Vergleichsweise neu sind Werkzeuge für integrierte Solarpotenzialanalysen als Bestandteil von Stadt- und Quartiersenergiekonzepten.

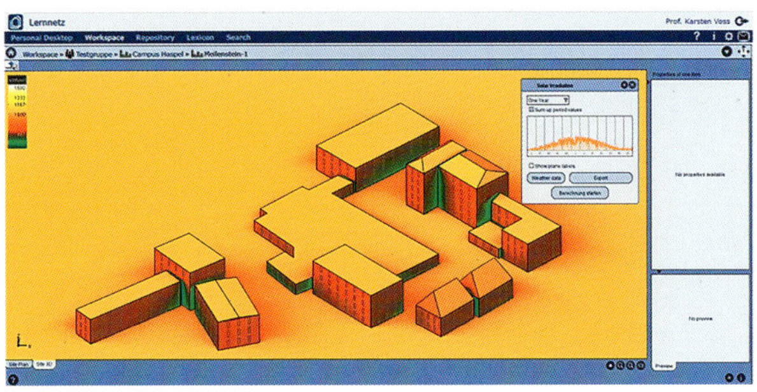

4 *Solarstrahlungsverfügbarkeit als Grundlage der Planung für Solaranlagen in einem Quartier.*
Quelle: Universität Wuppertal

3. *Beispiel Wärmepumpen:* Wärmepumpen machen – mit Hilfe von meist elektrisch angetriebenen Kompressoren – Umweltwärme aus dem Boden, dem Grundwasser oder der Umgebungsluft für die Heizung nutzbar. Dies ist nur bei Niedertemperaturheizungen sinnvoll, was einen Neubau oder eine umfassende energetische Sanierung des Gebäudes voraussetzt. Die Erfahrungen zeigen, dass trotz des technischen Fortschritts viele Anlagen in der Praxis unter ihren Möglichkeiten bleiben.[4] Mehr als bei den bisher üblichen Heizkesseln sind die Systemtechnik und die Hydraulik entscheidend für die Energieeffizienz.

Gesetzliche Instrumente wie das Erneuerbare-Energien-Gesetz (EEG) und das Erneuerbare-Energien-Wärme-Gesetz (EE WärmeG), Förderinstrumente sowie Marktanreizprogramme zielen in Deutschland darauf ab, durch Verbesserung der Wirtschaftlichkeit den Anteil der erneuerbaren Energien bei der Gebäudeenergieversorgung zu steigern. Andere Länder gehen andere Wege zu einer postfossilen Wärmeversorgung: Beispielsweise sind in Dänemark bei Neubauten bereits seit Anfang 2013 Öl- und Gaskessel verboten, ab 2016 gilt das Verbot auch für Ölkessel in Bestandsgebäuden, wenn ein Fernwärme- oder Gasnetzanschluss möglich ist.[5]

Weniger kann mehr sein

Die Veränderungen in der Bevölkerungsstruktur (demografischer Wandel) sowie die Haushaltsgrößen- und Wohlstandsentwicklungen haben bewirkt, dass wir heute in Europa gegenüber der Nachkriegszeit pro Person viel mehr Wohnfläche in Anspruch nehmen; in Deutschland beispielsweise hat sich der Wert verdreifacht! Daher steigt der Energiebedarf pro Person trotz energetischer Sanierung der Gebäude in vielen Fällen an. Diese Entwicklung wird sicherlich nicht einfach fortgeschrieben, aber auch nicht einfach umzukehren sein. Ein Bewusstsein für Qualität statt Quantität zu schaffen, ist eine langfristige Aufgabe.
In der Schweiz wurde vor diesem Hintergrund das Modell der sogenannten 2000-Watt-Gesellschaft entwickelt.[6] Die 2000 Watt entsprechen der (global) durchschnittlichen Leistung von 2000 Watt pro Person im Jahr 2005. Das entspricht etwa einer jährlichen Emission von einer Tonne an Klimagasen pro Person. In Europa liegt der Durchschnitt aktuell zwischen 5000 und 6000 Watt, also fast beim Dreifachen. Der Bereich Wohnen hat daran einen wesentlichen Anteil. Ein individueller Klimaschutzplan beim Wohnen braucht eine Kombination von Energieeinsparung, Dekarbonisierung der Energieversorgung und Verringerung der Wohnfläche. Die drei Bausteine eröffnen einen vielfältigen Handlungsraum.

Passiv-, Nullenergie- und Plusenergiehäuser

Bei den sogenannten Null- und Plusenergiegebäuden wird ein Ausgleich des Energieverbrauchs durch eine mindestens ebenso hohe lokale Energiebereitstellung aus erneuerbaren Energien angestrebt. Die Energie- oder Emissionsbilanz wird nicht zu jedem Zeitpunkt, sondern in der Jahressumme betrachtet.[8] Methodisch besteht eine Nähe zu den im Jahr 2010 mit der EU-Gebäuderichtlinie thematisierten »nearly zero energy buildings« (Gebäude, die fast energieneutral sind)[9]: Neben einer sehr hohen Gesamtenergieeffizienz ist ein signifikanter Anteil des verbleibenden Energiebedarfs durch erneuerbare Energien zu decken. Nationale Energiestandards für Neubauten müssen bis 2020 auch in ganz Europa diesen Gebäudestandard definieren und einführen. Dabei bedarf eine ausgeglichene Bilanz ohne vorherige Verringerung des Energiebedarfs zunächst sehr hoher Gutschriften (über ins Netz eingespeisten Strom). Erst durch eine konsequente Energieeinsparung und die Eigenbedarfsdeckung durch erneuerbare Energien reichen die Dachflächen für die benötigten Solaranlagen aus.
In Deutschland gibt es bereits zahlreiche Gebäude dieser Art, allerdings praktisch nur bei Neubauten und überwiegend bei Einfamilienhäusern. Das liegt daran, dass es bei diesen Gebäuden durch die großen Dachflächen in Relation zur Wohnfläche vergleichsweise einfach ist, hinreichend große Solaranlagen zu realisieren. Gleichzeitig werden viele Neubauten als sogenannte Passivhäuser[10] erstellt und bieten damit durch einen sehr geringen Energiebedarf beste Voraussetzungen. Das fällt bei Bestandsgebäuden schwerer. Trotz aller Ambitionen beim Neubau und neuen Energiestandards ist aber eines klar: Die Energiewende muss in erster Linie den Gebäudebestand adressieren!

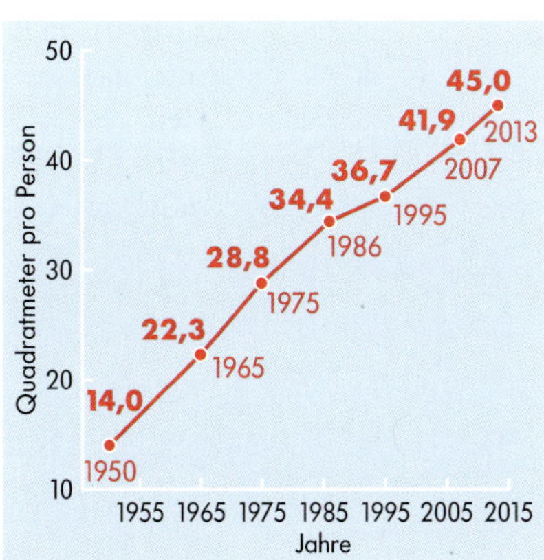

5 *Anstieg des Wohnflächenbedarfs pro Person.*[7]

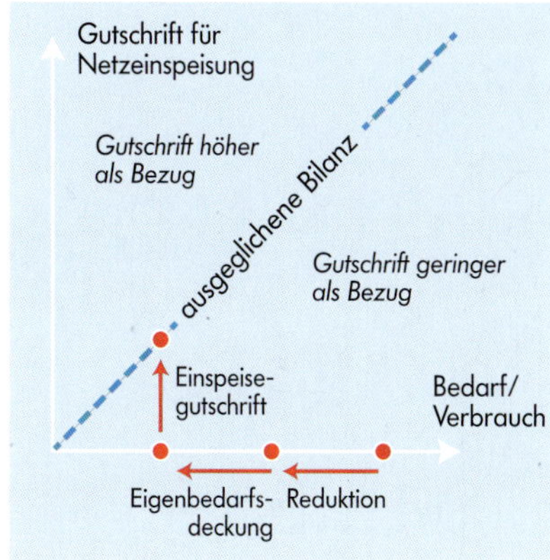

6 *Prinzip der Jahresbilanz für Null- und Plusenergiegebäude. Die Diagonale im Diagramm kennzeichnet Gebäude mit ausgeglichener Jahresenergiebilanz. Bilanzergebnisse für Plusenergiegebäude liegen darüber, herkömmliche Gebäude darunter.*

Quelle: Universität Wuppertal

1 Stiftung deutsche Baukultur: Baukulturbericht 2014/15, https://www.bundesstiftung-baukultur.de/sites/default/files/medien/78/downloads/bbk_auflage_4.pdf (Abruf: 10. 1. 2017).
2 Institut für Energie- und Umweltforschung Heidelberg: Auf dem Weg zum Niedrigstenergiehaus im Bestand, www.ifeu.de/index.php?bereich=ene&seite=100_prozent_eewaerme (Abruf: 10. 1. 2017).
3 Klimaschutz- und Energieagentur Baden-Württemberg: Über den Sinn der Wärmedämmung. Argumente zur Überwindung von Missverständnissen. Karlsruhe 2015.
4 BINE Informationsdienst: Elektrisch angetriebene Wärmepumpen. BINE-Themeninfo I/2013. www.bine.info/publikationen/themeninfos/publikation/elektrisch-angetriebene-waermepumpen (Abruf: 10. 1. 2017).
5 Danish Ministry of Climate, Energy and Building, Copenhagen (Denmark) (Hrsg.): DK Energy Agreement, March 22 2012. www.energie-experten.org/uploads/media/DK_Energy_Agreement_March_22_2012.pdf (Abruf: 10. 1. 2017).
6 Fachstelle 2000-Watt-Gesellschaft: 2000-Watt-Gesellschaft: eine Einführung, www.2000watt.ch/die-2000-watt-gesellschaft/ (Abruf: 10. 1. 2017).
7 Siehe Fußnote 1.
8 Voss, Karsten; Musall, Eike: Klimaneutrales Wohnen und Arbeiten im internationalen Vergleich. München 2011.
9 Directive 2010/31/EU of the European Parliament and of the Council of 19 May 2010 on the Energy Performance of Buildings. In: Official Journal of the European Union L 153 (2010), S. 13–35.
10 Passivhaus Institut Darmstadt (Hrsg.): Gebäudeplanungstool zur Umsetzung der Energiewende stark erweitert, www.ig-passivhaus.de/upload/2015_04_08_Energiebilanzierungstool_PHPP-9_Pressemitteilung.pdf (Abruf: 10. 1. 2017).

»Mit unseren technischen Möglichkeiten vorangehen«

Ein Interview mit Professor Clemens Hoffmann und Professor Ulrich Wagner

Das Interview führte Dr. Claus Hecking

Herr Professor Hoffmann, Herr Professor Wagner, der Ausbau der erneuerbaren Energien geht rasanter voran, als alle erwartet haben: 2015 kam schon fast jede dritte Kilowattstunde Strom aus regenerativen Quellen wie Wind- und Solarparks, Biomasse- und Wasserkraftwerken. Umweltschützer jubeln. Sie auch?

Prof. Ulrich Wagner: Dieser Erfolg war in den kühnsten Träumen nicht vorstellbar. Hier bahnt sich ein Systemumschwung an: Die erneuerbaren Energien werden bald Deutschlands wichtigste Stromquelle sein.
Zu bestimmten Zeiten, wie etwa sonntagmorgens, wenn der Elektrizitätsbedarf niedrig ist, können Wind- und Solarstrom bei guten Wetterbedingungen schon jetzt die gesamte Nachfrage decken. Aber das ist noch nicht immer so, die Schwankungen beim Angebot können extrem sein. Ist es dunkel oder bedeckt und weht wenig

Wind, wird kaum Solar- und Windstrom erzeugt. Dann müssen Gas-, Kohle- oder Kernkraftwerke den Bedarf decken.

Bis spätestens 2050 soll nach Plänen von Bundesumweltministerin Barbara Hendricks das letzte Kohlekraftwerk abgeschaltet werden. Dann soll unsere Stromversorgung fast komplett auf erneuerbaren Energien beruhen. Kann das gelingen, bei diesen Schwankungen?
Prof. Clemens Hoffmann: Die Erzeugungsschwankungen sind in der Tat das Charakteristikum eines erneuerbaren Energiesystems. Beim Solarstrom sind es der Tag- und Nachtwechsel und die wechselnde Bewölkung und bei der Windenergie der Wechsel zwischen starken Windphasen und Flauten. Um damit umzugehen, haben wir die Systemintegration weiterentwickelt. Dabei erhöhen wir die Flexibilität zukünftiger Ausgleichskraftwerke sowie des zukünftigen Verbrauchs und passen damit Angebot und Nachfrage besser an die Schwankungen der Erzeugung an. Am Ende entsteht so eine stabile Versorgung.

Klingt nach einer Menge Aufwand. Sind 100 Prozent Erneuerbare im Stromsektor überhaupt sinnvoll?
Prof. Wagner: Rein technisch wäre es schon jetzt theoretisch möglich, den deutschen Strombedarf jederzeit aus Regenerativen zu decken. Wohl aber gibt es ökonomische Grenzen. Würden wir die Menge der Anlagen zur Erzeugung erneuerbarer Energien so auslegen, dass sie an einem trüben, windarmen Wintertag Deutschlands Stromerzeugung decken könnten, hätten wir zu anderen Zeiten drastische Überkapazitäten. Das ist auch ökologisch fragwürdig, denn die Herstellung von Solarmodulen oder Windkraftwerken verschlingt enorme Mengen von Ressourcen. Vielleicht läge der optimale Anteil eher bei etwa 70 Prozent Erneuerbaren, der Rest würde durch vergleichsweise kohlendioxidarme Gaskraftwerke gedeckt. Das Geld, das man dabei spart, ist besser investiert in den Gebäude- und Verkehrsbereich – da sind wir mit den Erneuerbaren noch lange nicht so weit.

1 *Es gibt einige technische Möglichkeiten, Energie umzuwandeln. Dazu gehören auch Brennstoffzellen, welche die chemische Energie eines Brennstoffs in elektrischen Strom umwandeln.*
Foto: science photo / Shutterstock.com

Prof. Hoffmann: So furchtbar kostspielig sind die 100-Prozent-Szenarien doch gar nicht. Wir denken, dass die Fälle, in denen tatsächlich zu wenig Leistung im System ist, nur etwa zehn Prozent des gesamten Strombedarfs eines Jahres ausmachen. Zugleich erwarten wir, dass der Rückkehr-Wirkungsgrad künftiger Großspeichertechnologien auf 40 Prozent steigerbar ist. Das heißt: Bei der Umwandlung von Strom zu einem Speichermedium wie Wasserstoff und bei dessen Rückverwandlung in Strom bleiben 40 Prozent der ursprünglichen Energie übrig. Also muss man die fehlenden zehn Prozent an Strom mit dem Zweieinhalbfachen multiplizieren, um immer genug Elektrizität zu haben. Man müsste die gesamte erneuerbare Erzeugungskapazität damit nur um 25 Prozent gegenüber den Normalwerten steigern, also 125 Prozent Kapazität aufbauen. Natürlich kommen da auch noch Kosten für die Speichertechnologien hinzu. Wir halten es aber für wichtig, dass Deutschland eines Tages seinen kompletten Strom mit regenerativen Quellen deckt. Wenn wir nicht nachweisen, dass eine komplette Dekarbonisierung möglich ist, werden wir nicht die übrige Welt überzeugen können, dass das der richtige Weg ist.

Zurzeit aber bremst die Bundesregierung selbst den Ausbau. Sie hat einen Korridor für die erneuerbaren Energien eingeführt. Das heißt, ihr Anteil an der Stromversorgung soll bestimmte Grenzen nicht überschreiten: 2025 beispielsweise 45 Prozent.
Prof. Wagner: Die Politik korrigiert eine Entwicklung, die sie selbst extrem erfolgreich angestoßen hat. Mit festgelegten Fördertarifen für Wind- und Solarstrom im Erneuerbare-Energien-Gesetz (EEG) hat sie hohe Installationszahlen erreicht und die technische Entwicklung vorangetrieben. Dies führt aber dazu, dass die Kosten für diese Förderung erheblich gestiegen sind – und für den Endverbraucher spürbar werden. Die Politik glaubt, das Wachstum der Umlage auf den Strompreis kann so nicht weitergehen, und hat die Notbremse gezogen.
Prof. Hoffmann: Ich halte diesen Ansatz für eine Katastrophe. Um eine vernünftige, komplette Energiewende in den nächsten dreieinhalb Jahrzehnten hinzubekommen, müssen wir die Kapazitäten für Solar-, Onshore- und Offshore-Windstrom um je etwa acht bis

S. 106 bis 111

S. 112 bis 117

zehn Gigawatt pro Jahr ausbauen. Das ist technisch wie auch finanziell möglich. Jetzt aber bauen wir Photovoltaik nur noch um etwa ein Gigawatt und Wind um zwei Gigawatt pro Jahr aus. Bei diesem Tempo dauert unsere Energiewende noch bis zum Ende des Jahrhunderts.

Andererseits steht es noch immer jedem Bürger frei, Wind- und Solarparks zu installieren. Nur muss er dann halt auf die staatlich festgelegten Garantietarife für seinen Grünstrom verzichten.
Prof. Hoffmann: Die Erzeugungskosten liegen bei etwa acht Cent je Kilowattstunde, am Großhandelsmarkt kostet Strom rund fünf Cent. Diese Differenz muss gedeckt werden, aber sie führt zu keinen großen Veränderungen der EEG-Umlage mehr. Wenn Sie diese Anlagen gegen ein neu zu bauendes Kohlekraftwerk antreten lassen, sind sie schon absolut wirtschaftlich. Im Vergleich zu einem neuen Atomkraftwerk sind sie noch preiswerter.
Prof. Wagner: Jetzt werden die erneuerbaren Energien ausgebremst. Dabei wäre es viel sinnvoller, die Nutzung des erneuerbaren Stroms in anderen Sektoren zu beschleunigen, etwa zur Wärmeversorgung. Da hapert es nämlich. Wir sparen Geld an der falschen Stelle.

Die Politik begründet die Begrenzung auch mit fehlender Infrastruktur. So hat der Chef der halbstaatlichen Deutschen Energieagentur Andreas Kuhlmann kürzlich gesagt: »Der Ausbau der erneuerbaren Energien kommt fünf Jahre eher als geplant, der Ausbau der Netze dafür Jahre später.«
Prof. Wagner: Ich bezweifle, dass wir bei den Netzen nur fünf Jahre hinterher sind. Wir laufen da in ein ganz großes Problem hinein. Die Netze stehen bald nicht mehr in dem Umfang zur Verfügung, in dem wir sie brauchen.
Prof. Hoffmann: Wir müssen die Netze weiter ausbauen, keine Frage. Ich werde aber misstrauisch, wenn ich den Eindruck gewinne, dass man versucht, hier wieder ein Argument zu finden, um den weiteren Ausbau der erneuerbaren Energien zu beschränken.

Als die Bundesregierung 2011 endgültig die Abschaltung der letzten Atomkraftwerke bis 2022 beschloss und einige Meiler direkt stilllegen ließ, gab es Warnungen vor großen Blackouts. Warum sind diese weitgehend ausgeblieben?
Prof. Wagner: Es gab schon vor zehn Jahren die Diskussion, dass wir in eine Stromlücke fallen könnten. Diese Stromlücke hat es nie gegeben, stattdessen aber eine Effizienzlücke. Wir haben mehr ältere, weniger effiziente Kraftwerken betrieben. Von denen haben wir noch eine ganze Menge herumstehen, vor allem Braunkohlekraftwerke.

Liegt die geringe Anzahl von Blackouts auch daran, dass unsere Ingenieure sehr gut die Netze steuern?
Prof. Hoffmann: Diese Leute bilden wir aus. Wir beherrschen dieses System, darauf können wir stolz sein. Deutschland hat einen Spitzenplatz in der Welt. Unsere Ausfallzeiten sind seit 2011 sogar gesunken: auf heute durchschnittlich nur noch etwa 16 Minuten pro Jahr und Endverbraucher. Es sieht nicht so aus, als ob wir diesen Komfort durch die Energiewende gefährden.
Prof. Wagner: Allerdings gibt es schon Situationen, wo es eng wird. Die Redispatch-Vorgänge häufen sich bedenklich.

Was heißt das?
Prof. Wagner: Das sind Fälle, in denen der Leistungsnetzbetreiber erkennt, dass die Verbraucher deutlich mehr oder weniger Strom benötigen, als er eingeplant hat. Dann muss er kurzfristig Leistung einkaufen von seinen Nachbarn – oder den Strom kurzfristig loswerden. Beides kann teuer werden. Vor zehn Jahren, als wir noch nicht so viele Erneuerbare im System hatten, gab es im Schnitt 100 bis 200 Redispatch-Maßnahmen im Jahr. 2014 waren es schon etwa 8000 und für 2015 gehen wir von etwa 12 000 Vorgängen aus. Die Gesamtkosten könnten 2016 bis zu einer Milliarde Euro betragen. Tragen muss sie der Stromverbraucher über höhere Netzentgelte.

Eines der Hauptprobleme im System ist die regionale Verteilung. So kommt ein beachtlicher Teil des erneuerbaren Stroms aus Wind, der vor allem im Norden und Osten Deutschlands weht. Im Süden hingegen stehen viele große Industrieanlagen. Wie kriegt man den Strom dahin, wo er gebraucht wird?
Prof. Wagner: Die Deutsche Energieagentur hat schon 2010 in einer Analyse festgestellt: Wir brauchen drei große Nord-Süd-Trassen. Doch dann wurde der Netzausbau jahrelang verzögert – vor allem wegen des Widerstands der bayerischen Landesregierung und besonders vieler Bürgerinitiativen in diesem Bundesland. Da hat man sich geeinigt, aber gerade gibt es eine neue Diskussion, ob die Trassen durch Niederbayern oder die Oberpfalz laufen sollen. Beides würde Entlastung bringen. Wenn die Politik noch länger drüber nachdenkt, ob es nicht doch eine noch schönere Lösung gibt, ist das meines Erachtens Zeitverschwendung. Jetzt muss gebaut werden.

Obwohl vor allem in Bayern Hunderte betroffene Bürger entlang der geplanten Trassenverläufe sich dagegenstellen?
Prof. Hoffmann: Wir alle müssen uns darüber klarwerden: Warum haben wir die Energiewende beschlossen? Wenn sich die Menschen darüber Gedanken machen und die Vor- und Nachteile abwägen, wird die Akzeptanz der Energiewende vor Ort steigen. Insofern halte ich den Ansatz des Deutschen Museums für wichtig, über die Energiewende aufzuklären und sie zu diskutieren. Aber ich verstehe auch diejenigen, die protestieren.

S. 118 bis 123

2 *Dr. Hecking (Mitte) im Gespräch mit Prof. Wagner (rechts) und Prof. Hoffmann, der per Videokonferenz zugeschaltet war (links).* Foto: Deutsches Museum

Die Landschaft um sie herum wird verändert, manchmal verlieren ihre Grundstücke an Wert. Einen Vorteil haben die Anwohner aber bisher nicht von der Trasse. Diese Akzeptanzfragen müssen so gelöst werden, dass der Anwohner eine finanziell messbare Gegenleistung erhält.
Prof. Wagner: Viele Diskussionen haben mir gezeigt: Die Menschen fühlen sich nicht angehört, ja sogar ausgeschlossen. Man sollte den Menschen die Möglichkeit eröffnen, an solchen Projekten zu partizipieren, vielleicht auch finanziell davon zu profitieren. Das löst nicht alle Probleme, aber viele.

Wie wichtig ist der Ausbau der transnationalen Stromnetze quer durch Europa?
Prof. Hoffmann: Sehr wichtig – aus verschiedenen Gründen: Erstens hängt die Fluktuation der Einspeisung sehr stark von der Natur unseres Wettergeschehens ab. Und dieses wird in unseren europäischen Breiten sehr stark von Hochdruck- und Tiefdruckgebieten bestimmt. Das bedeutet: Irgendwo stürmt es, aber irgendwo anders herrscht Flaute. Irgendwo scheint die Sonne und irgendwo anders gibt es Wolken. Die Ausdehnung dieser Wettergebiete liegen im Bereich von bis zu 500 Kilometern. Das heißt: Legt man eine Leitung über diese Distanz hinweg, kann man Unterschiede in der Wind- oder Solarstromeinspeisung ausgleichen. Zweitens kann eine Vernetzung auch zu Staaten hinführen, die große Speicher haben. Schon jetzt nutzen deutsche Versorger Pumpspeicher in Österreich, Luxemburg oder der Schweiz. Und in Planung ist ein großes Seekabel nach Norwegen, das mit seinen großen Wasserkraftwerken ein Vielfaches der deutschen Speicherkapazität hat.
Prof. Wagner: Auch die Nachfrage kann gleichmäßiger werden – allein durch die Zeitverschiebung, die wir über die Längengrade hinweg haben. Die Mittagsspitze, in der besonders viel Strom nachgefragt wird, ereignet sich im grenzüberschreitenden Netz zu verschiedenen Zeiten.

Die Bundesregierung hat im Sommer 2015 beschlossen, sogenannte Reservekraftwerke zu fördern. Mehrere Kohlekraftwerke sind außer Betrieb gegangen, bleiben aber in Bereitschaft, falls doch Engpässe auftreten sollen. Die Stromverbraucher sollen den Betreibern dafür mehr als 1,6 Milliarden Euro Prämien bezahlen. Ist das sinnvoll?
Prof. Hoffmann: Ich halte das für notwendig. In der Zukunft, wo wir einen noch höheren Anteil von erneuerbaren Energieträgern an der Stromerzeugung haben, brauchen wir eine Ausgleichsinfrastruktur, möglichst eine Mischung von großen und kleinen Gaskraftwerken. Diese Kraftwerke sind Teil einer Sicherungsstruktur für unsere Stromversorgung, so wie das Stromnetz. Und ihre Betreiber müssen auch ähnlich vergütet werden.
Prof. Wagner: Ich sehe auch keinen Weg, wie man derzeit Zahlungen für die Bereitstellung solcher Reservekraftwerke vermeiden kann. Aber ich habe ein ziemlich mulmiges Gefühl dabei, denn das widerspricht allen marktwirtschaftlichen Regeln. Das ist ein Zustand, den man zeitlich limitieren muss.

3 *Deutsche Verbraucher zahlen den Betreibern von Kohlekraftwerken 1,6 Milliarden Euro Prämie, damit die Kraftwerke als Reserve bereitgehalten werden.*
Foto: Reuters / Wolfgang Rattay

Was nur gelingt, wenn Strom künftig besser gespeichert wird, als es bisher möglich ist. Welcher Technologie räumen Sie die besten Chancen ein?
Prof. Wagner: Aus heutiger Sicht stehen die konventionellen Pumpspeicher ganz vorne. Dabei wird Wasser mit Hilfe überschüssiger Elektrizität in die Höhe gepumpt. Wenn man den Strom dann benötigt, lässt man das Wasser durch eine Turbine zurück nach unten fließen. Der Aufwand ist gering, die Technologie bewährt. Leider sind die Ausbaupotenziale für Pumpspeicherkraftwerke hierzulande sehr begrenzt. Geht man nach dem derzeitigen Stand der Kenntnis und der Kosten, kommt man dann schnell zu Power-to-Gas, also der Umwandlung von Elektrizität in gasförmige Energieträger wie Wasserstoff und Methan. Bei diesem Prozess verliert man allerdings etwa die Hälfte der ursprünglichen Energie. Andererseits kann man für Transport und Aufbewahrung des Methans die bestehenden Erdgasnetze und -speicher nutzen. Wasserstoff wäre ideal für den Einsatz in der Mobilität, als Ersatz für erdölbasierte Kraftstoffe.
Prof. Hoffmann: Wir brauchen jetzt noch gar nicht unbedingt so viele Speicher, um den Ausbau von Wind- und Solarenergie weiter voranzutreiben. Im Notfall können immer fossile Reservekraftwerke einspringen. Zugleich reduzieren wir unseren Ausstoß von Kohlendioxid in dem Maße, in dem wir Wind- und Solarstrom erzeugen. Jede Gigawattstunde, die wir so produzieren, stellen wir nicht aus Kohle oder Gas her. Daher darf man keinesfalls das Fehlen großtechnischer Speichertechnologien zum Anlass nehmen, den Ausbau der Erneuerbaren zu stoppen. Klar ist aber auch, wenn wir eines Tages 100 Prozent erneuerbare Energien haben wollen, geht es nicht ohne Speicher, die wir jetzt anfangen müssen zu entwickeln.

S. 112 bis 117

An welchen Speichertechnologien forschen Sie gerade?
Prof. Hoffmann: Unter anderem an Kugelpumpspeichern im Wasser. Dabei installiert man eine Betonkugel von etwa 30 Metern Durchmesser auf dem Meeresboden. In dieser Betonkugel herrscht Überdruck wegen der Tiefe und in ihrer Öffnung befindet sich eine Wasserturbine. Will man überschüssige Energie speichern, pumpt die Turbine das Wasser aus der Kugel heraus. Braucht man Energie, so lässt man in die entleerte Kugel Wasser einströmen, das dieselbe Turbine antreibt. Besonders attraktiv ist diese Technologie für Hochsee-Windparks. Man kann damit Schwankungen bei der Stromerzeugung dieser Windparks ausgleichen.
Prof. Wagner: Vergessen wir nicht die Batterien, da gibt es vor allem bei Haushaltsanwendungen viel Dynamik. Man kann heute mit sehr kleinen Speichern, vergleichbar mit der Kapazität von vier bis sechs Autobatterien, den Selbstversorgungsgrad eines Gebäudes über Solarstrom vom Dach deutlich steigern.

Im Stromsektor sieht die Bilanz der Energiewende insgesamt gut aus. Aber was ist mit anderen Sektoren wie Wärme oder Verkehr?
Prof. Wagner: Hier besteht enormer Handlungsbedarf. Im stationären Wärmebereich haben erneuerbare Energien nur einen Anteil von etwa zehn Prozent.

Dabei liegen gerade im Gebäudebereich viele Technologien schon auf dem Tisch – nein, wortwörtlich sogar im Baumarkt. Mit Fenstererneuerung oder kluger Wärmedämmung kann man eine Menge Energie und Geld einsparen. Und noch immer passiert es abends in Millionen Haushalten, dass der Heizkessel auf Nachtabsenkung umschaltet – die Thermostate im Haus aber aufdrehen und versuchen, die Temperatur oben zu halten, obwohl sie es gar nicht sollen. Intelligente Thermostate, die nur ein paar Dutzend Euro kosten, vermeiden diese Verschwendung.
Prof. Hoffmann: Der größte Treibhausgas-Emittent ist der Wärmesektor – und der wäre am leichtesten CO_2-frei zu gestalten. Schließlich wird er von Niedrigtemperatur-Anwendungen dominiert. Die häusliche Heizung muss ja nur 20 oder 21 Grad liefern. Die Wärmepumpe hat hier großes Potenzial. Denn sie benutzt ja im Prinzip auch solare Energie: Wärme, die im Erdboden vorhanden ist. Mit der Wärmepumpe hebe ich die dortige Wärme auf die Temperatur, die im Haus gebraucht wird. Wir bei Fraunhofer können aufzeigen, dass der Primärenergieeinsatz im Wärmebereich um 90 Prozent schrumpfen kann.

Woran hapert es in der Praxis?
Prof. Wagner: Zum Beispiel an der Mieter-Eigentümer-Problematik. Der Eigentümer sagt: Ob eine Anlage effizient arbeitet oder nicht, ist mir egal, denn der Mieter zahlt ja die Kosten.
Prof. Hoffmann: Das große Problem ist aber doch das Haus selbst. Denn im Vergleich zu den Baukosten des Gebäudes sind die Energiekosten klein. Wenn ich also anfange, die Hülle des Hauses ernsthaft zu verbessern – mit neuen Fenstern, mit Isolierung, mit Flächenheizung –, dann wird es teuer. Die Installation einer Wärmepumpe mitsamt Bohrung hat da den kleineren Anteil.
Prof. Wagner: Man darf bei diesem Thema nicht allein über die Energiekosteneinsparung reden. Viel besser funktioniert es, wenn wir mit der Wertsteigerung des Gebäudes, Komfortgewinn, Lärmschutz durch dichtere Fenster oder eine schönere Optik argumentieren. Die energetische Amortisationsdauer des Austausches eines alten Zwei-Scheiben-Fensters durch ein Drei-Scheiben-Fenster beträgt bei heutigen Energiepreisen schnell 40, 50 Jahre. Aber ein schönes neues Fenster, das den Lärm besser dämmt und Strahlungsverluste mindert, das macht sofort etwas her.

Kommen wir zum Verkehr: Keine sechs Prozent Anteil haben die regenerativen Energieträger, Biokraftstoffe sind hoch umstritten und die Elektromobilität kommt nicht voran. Sieht düster aus, oder?
Prof. Wagner: Das sehe ich anders. Im Verkehr gibt es zwei wesentliche Pfade. Erstens die direkte Nutzung von Elektrizität in batteriebetriebenen Fahrzeugen, mit den bekannten Grenzen: Reichweiten von um die 150 Kilometer, Ladedauern von einigen Stunden. Aber ansonsten sind diese Elektromobile schon sehr praxistauglich. Außerdem sind sie potenziell große Speicher für überschüssigen Wind- oder Solarstrom. Zweitens setze ich auf Brennstoffzellen, die synthetischen Wasserstoff nutzen, der zuvor mittels Strom aus erneuerbaren Energiequellen erzeugt wurde. Da besteht das Reichweitenproblem nicht so sehr. Allerdings ist die Energieausbeute auch geringer, als wenn wir die elektrische Energie in Batterien speichern und ohne weiteren Umwandlungsschritt wieder losfahren können.

Bislang verkaufen sich die Elektrofahrzeuge hierzulande aber ziemlich schleppend. Wie kann man sie für Autofahrer attraktiver machen?
Prof. Hoffmann: Der Break-even-Point für Elektroautos steht schon jetzt vor der Tür. Ich fahre selbst ein Elektroauto. Und mein Fahrprofil ist nicht untypisch für einen deutschen Arbeitnehmer: zehn Kilometer hin und zehn zurück. Alles läuft reibungslos. Es ist wie so oft bei neuen Technologien: Viele Menschen unterschätzen zunächst das Marktwachstum. Aber ich bin überzeugt, dass wir in den nächsten Jahren eine Marktexplosion bei Elektro-Mobilen sehen werden …
Prof. Wagner: … zumal auch die Umweltbilanz der Elektroautos immer besser wird. Ich erwarte, dass 2020 etwa 250 000 Elektrofahrzeuge in Deutschland fahren werden.

Aber bislang fehlt es noch überall an Ladesäulen. Muss der Staat den Aufbau dieser Infrastruktur finanzieren?
Prof. Wagner: Nein. Der Bedarf an Ladesäulen wird stark überschätzt. Wir haben ein Verhältnis von 1:10 zwischen Ladesäulen und Fahrzeugen und unsere Berechnungen zeigen, dass es keine Engpässe gibt, wenn Fahrzeuge einen Aktionsradius von 150 bis 200 Kilometern haben. Man muss aber darauf achten, wo man diese Stromtankstellen intelligent positioniert: Zum Beispiel an öffentlichen Parkplätzen, Flughäfen oder Bahnhöfen – und vor allem bei Arbeitgebern, wo man das Fahrzeug untertags aufladen kann, während wir im Büro sitzen.
Prof. Hoffmann: Und untertags, während der Arbeitszeit, korreliert das Laden mit dem Höhepunkt der Stromerzeugung durch Photovoltaik.

Die Kraftstoffpreise sind auf langjährige Tiefstände gefallen. Macht billiger Sprit nicht das Elektroauto unattraktiv?
Prof. Hoffmann: Keine Frage, das ist nicht förderlich. Elektroautos bieten aber auch eine Menge anderer Kaufanreize. Ich habe Freude am Fahren, die Beschleunigung ist einzigartig. Und mit dem Elektroauto muss man überhaupt nicht mehr zur Tankstelle.

S. 130 bis 135

S. 124 bis 129

4 *China hat Deutschland beim Ausbau der erneuerbaren Energien in absoluten Zahlen schon überholt.*
Foto: picture alliance / Photoshot

Sie beide klingen optimistisch, dass die Energiewende in Deutschland gelingen kann. Was muss dazu noch geschehen?
Prof. Hoffmann: Die Schlüsselfaktoren heißen Optimismus, Aufklärung und politische Zuverlässigkeit. Die Energiewirtschaft tätigt Investitionen mit langen Zeithorizonten. Dafür braucht man Rechtssicherheit und Verlässlichkeit, dass einmal vorgegebene Rahmenbedingungen eingehalten werden.
Prof. Wagner: Wir brauchen einen umfassenden Gesamtplan, der sich nicht nur auf den Stromsektor konzentriert, sondern auch den Wärme- und Gebäudesektor sowie den Verkehr umfasst. Definitiv nicht passieren darf es, dass der Staat in irgendeiner Weise zurücktritt vom Ziel der Dekarbonisierung.

Aber wie sieht es jenseits unserer Grenzen aus mit der Energiewende?
Prof. Hoffmann: In unserer nächsten Umgebung gibt es einen Club der Willigen und Bereiten: Dänemark, Norwegen, Schweiz, Österreich. Aber wenn man nach Osten geht, wird es schwierig. Die Polen zum Beispiel sagen: »Ihr Deutschen könnt euch die Energiewende leisten, wir nicht.« Die ignorieren, dass die erneuerbaren Energien schon wettbewerbsfähig sind.

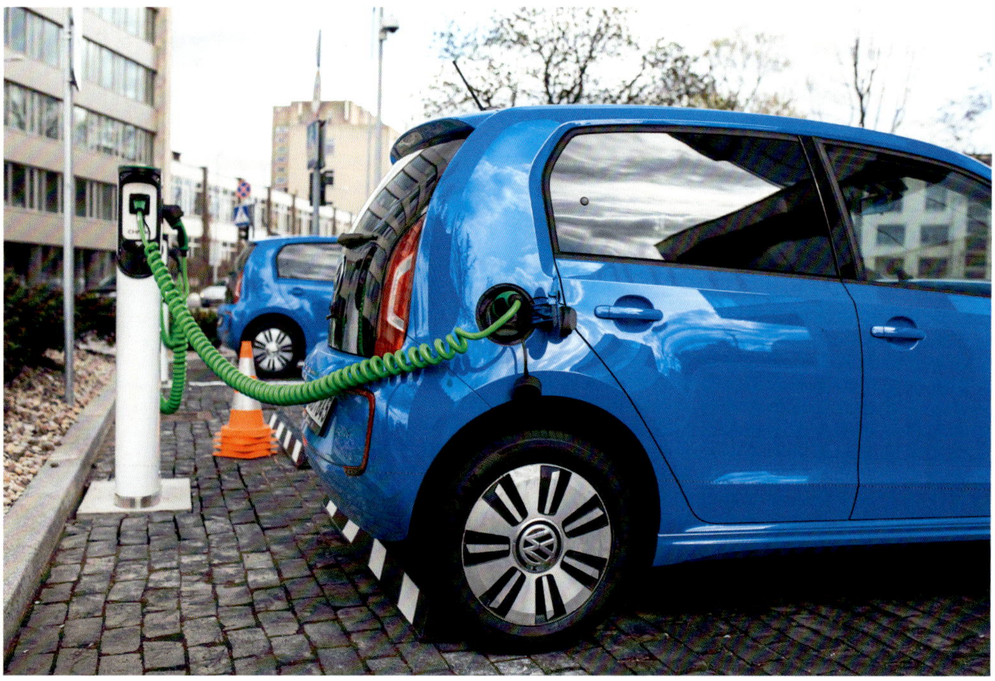

5 *Im Verkehrssektor haben die regenerativen Energien heute einen Anteil von weniger als sechs Prozent, Biokraftstoffe sind hochumstritten und die Elektromobilität kommt nicht voran.*
Foto: J. Lekavicius / Shutterstock.com

Und außerhalb Europas?
Prof. Hoffmann: In den USA ist die Energiewende weniger ideologisch, dafür aber sehr stark ökonomisch getrieben. Jetzt, wo die Break-even-Points erreicht werden, ist die Basis für enormes Wachstum gegeben. China hat uns beim Ausbau der erneuerbaren Energien in absoluten Zahlen auch schon überholt. Andererseits setzt Japan trotz Fukushima die Energiewende nicht um, im arabischen Raum und in Afrika geschieht noch viel zu wenig, Südamerika ist sehr heterogen und Australien ist ein schlimmes Kohleland.

Trotzdem haben sich Vertreter von 195 Staaten beim Pariser Klimagipfel Ende 2015 auf ein großes Abkommen geeinigt.
Prof. Hoffmann: Aber was geschieht wirklich, wenn es zum Schwur kommt und die Vorsätze umgesetzt werden? In vielen Ländern gibt es oft noch kein gesellschaftliches Verständnis über die Notwendigkeit einer nachhaltigen Energiepolitik wie in Deutschland.
Prof. Wagner: Ich teile diese Einschätzung. Umso wichtiger wird es, dass wir in Deutschland mit unseren technischen Möglichkeiten jetzt vorangehen. Und dass wir den anderen Staaten zeigen, dass die Energiewende möglich ist.

◆ Der Physiker **Prof. Dr. Clemens Hoffmann** ist seit 2012 Leiter des Fraunhofer-Instituts für Windenergie und Energiesystemtechnik in Kassel. Zuvor baute er bei Siemens federführend den Schwerpunkt Erneuerbare Energien aus.

◆ Der Elektrotechniker **Prof. Dr.-Ing. Ulrich Wagner** ist seit 1995 Ordinarius am Lehrstuhl für Energiewirtschaft und Anwendungstechnik der Technischen Universität München. Von 2010 bis 2015 war er neben seiner Forschungstätigkeit für die Bereiche Energie und Verkehr des Deutschen Zentrums für Luft- und Raumfahrt in Köln als Vorstand zuständig.

Heraus-forderungen

Der gesellschaftliche Prozess der Energiewende

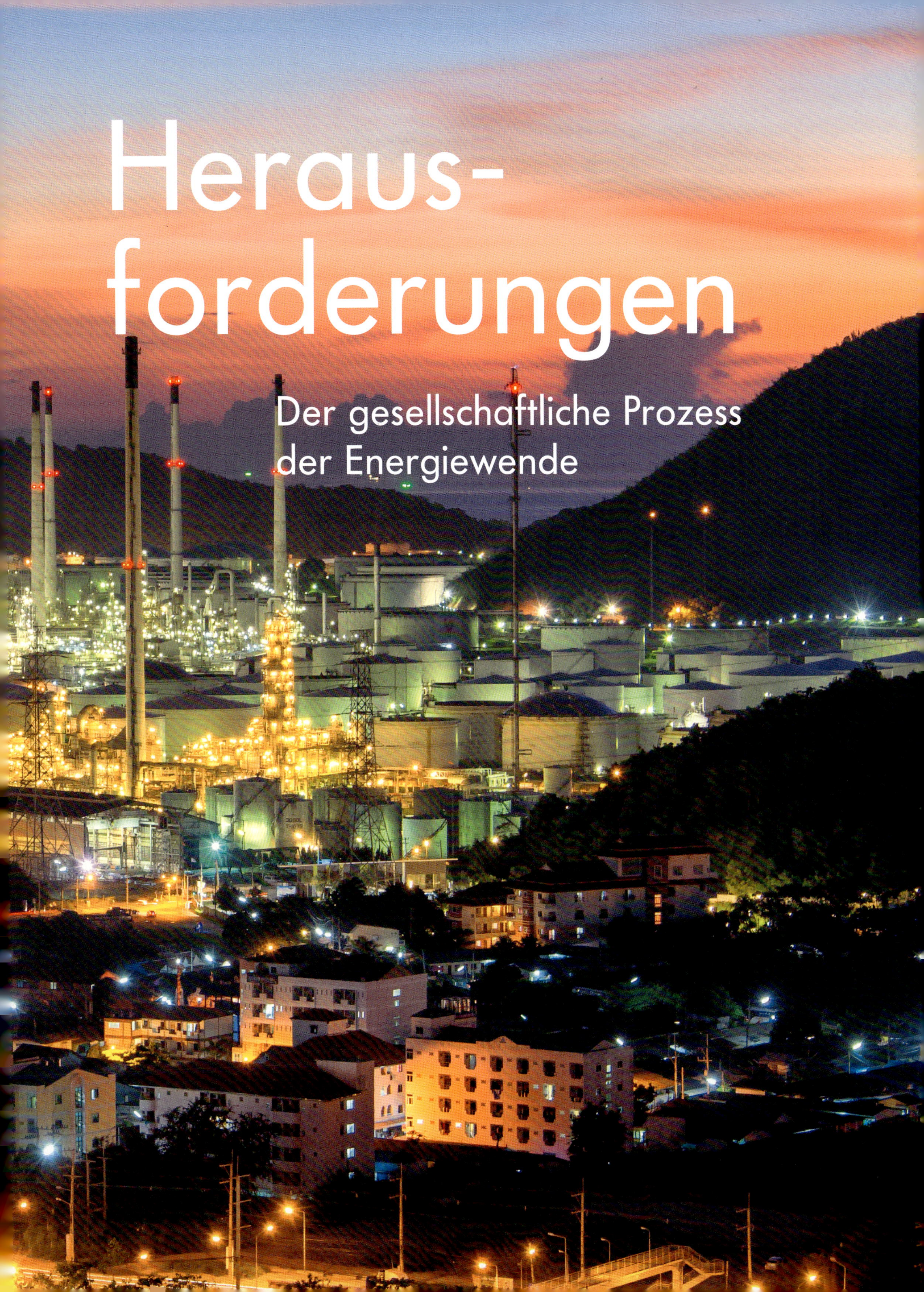

Keine Energiewende ohne ausreichende Akzeptanz

Warum die Bevölkerung in die Prozesse der Energiewende eingebunden werden muss

von Ortwin Renn

Die Akzeptanz von Maßnahmen oder Planungen im Rahmen einer Energiewende hängt von vier wesentlichen Faktoren ab: von der Einsicht in die Notwendigkeit, von der positiven Nutzen-Risiko-Bilanz, von der Sicherstellung von Selbstwirksamkeit und vom Potenzial emotionaler Identifikation mit dem Vorhaben. Nicht alle vier Bedingungen müssen vollständig erfüllt sein, aber nur wenn die betroffenen Menschen den Eindruck haben, dass alle vier in ausreichendem Maße gegeben sind, kann man mit Zustimmung oder zumindest Toleranz rechnen. Energiepolitik ist daher darauf angewiesen, durch entsprechende Politikgestaltung, durch adressatenbezogene Kommunikation und vor allem durch mehr Chancen zur aktiven Mitwirkung der Bürgerschaft an öffentlichen Planungen die Voraussetzungen für Akzeptanz zu verbessern.

Energiewende und ihre Akzeptanz in der Gesellschaft

Mit dem Beschluss, aus der Kernenergie auszusteigen und die Treibhausgasemissionen deutlich zu drosseln, steht Deutschland vor der Herkules-Aufgabe, eine Reduktion der fossilen Energieversorgung von heute rund 80 auf unter 20 Prozent bis zum Jahre 2050 herbeizuführen. Die mit diesen Zielen verbundenen Änderungen erfordern hohe Investitionen, organisatorisches Geschick, Kooperationsbereitschaft unter den Beteiligten und innovative politische Initiativen. Das wird schon schwer genug werden, aber das Ganze kann nur gelingen, wenn die Nutzer der Energie und die Anwohner von neuen infrastrukturellen Anlagen aktiv mitmachen. In der Theorie sind 86 Prozent der Befragten für den Ausbau der erneuerbaren Energien. 31 Prozent gaben an, der Ausbau solle konstant vorangetrieben werden, 55 Prozent sprachen sich gar für einen schnelleren Ausbau aus. Nur zwölf Prozent sagten, es sollen weniger

Anlagen gebaut werden.[1] Gleichzeitig hat sich aber der Glaube breitgemacht, dass diese Wende schon von Politik und Wirtschaft geleistet und gemeistert werden könne – und zwar mit voller Versorgungssicherheit, mit annehmbaren Preisen und ohne weitere Umweltbelastungen. Wenn aber einmal klar wird, dass die Umstellungen, die mit der Energiewende verbunden sind, auch Kosten verursachen und leicht zu Ungleichgewichten in der Verteilung von Belastungen und Vergünstigungen führen werden, wird der Enthusiasmus schnell in Enttäuschung und Skepsis umschlagen. Das war schon an den ersten Reaktionen auf die Erhöhung der Strompreise und in dem Widerstand gegen den Ausbau von Stromnetzen zu beobachten.

In Folge ist eine neue Welle von Akzeptanzproblemen vorprogrammiert. Immer dann, wenn neue Netze verlegt werden, wenn Windanlagen gebaut, wenn zu neuen Smart-Modellen in der Elektromobilität und in der Stromversorgung Vorleistungen bei der Infrastruktur getätigt werden müssen, bei denen auch die Autonomie des Verbrauchers ein Stück weit eingeschränkt wird, kann man mit Widerständen der betroffenen Bevölkerung rechnen.

Bedingungen für Akzeptanz

Akzeptanz bei Großprojekten erfordert nicht unbedingt eine positive Einstellung oder Befürwortung der geplanten Vorhaben. Die meisten Infrastrukturprojekte werden nicht mit Begeisterung angenommen. Für die politische Umsetzung von Planungen reicht es in der Regel aus, wenn die davon betroffenen Menschen die damit verbundenen Maßnahmen und Anlagen in ihrem Lebensumfeld tolerieren. Allerdings ist es für die Dynamik der Diskussion und für die Initiierung von Lernprozessen in einer Kommune von zentraler Bedeutung, dass es dort auch Vertreter und Vertreterinnen mit einer positiven Einstellung sowie engagierte Bürgerinnen und Bürger gibt, die sich für die Umsetzung der geplanten Maßnahmen einsetzen. Damit eine einschneidende Veränderung im eigenen Lebensumfeld in diesem Sinne Akzeptanz erhält, sind vier Voraussetzungen zu erfüllen[2]:

1. *Orientierung und Einsicht:* Liegt eine Einsicht in die Notwendigkeit der Maßnahmen vor und steht man hinter den mit den Maßnahmen angestrebten Zielen und Mitteln, dann ist eher mit Akzeptanz zu rechen. Damit sich Menschen aber eine Vorstellung davon machen können, was sie bei Planungsvorhaben erwartet, brauchen sie Informationen über die Planungsoptionen und den Planungsprozess. Jeder will wissen, was er von den Planungen in Zukunft zu erwarten hat und was auf ihn zukommt. Dazu gehört auch die Frage, ob Alternativen verfügbar sind und, wenn ja, warum diese nicht gewählt wurden. Gleichzeitig verlangen die Bürgerinnen und Bürger eine transparente, das heißt nachvollziehbare Argumentation, wenn es um die Begründung von Entscheidungen geht.

2. *Selbstwirksamkeit:* Menschen neigen dazu, Eingriffe in ihre Lebenswelt abzulehnen, wenn sie damit die Vorstellung assoziieren, dass ihr Freiheitsspielraum und ihre Souveränität über ihre Lebensgewohnheiten negativ beeinträchtigt werden könnten. Beispielsweise empfinden Menschen einen Eingriff in ihre Nutzungsgewohnheiten von Haushalts- oder Unterhaltungsgeräten im Rahmen einer Smart-Grid-Lösung (etwa Abschaltung bei zu hoher Stromnachfrage) als eine unzulässige Beeinträchtigung ihrer Souveränität. Auch die zeitweise Überlassung ihres Elektrofahrzeugs als Strompuffer wird von den meisten Bürgerinnen und Bürgern als unzumutbarer

1 *Windräder sind das sympathische Sinnbild einer klimafreundlichen, erneuerbaren Energiequelle.*
Foto: aodaodaodaod / Shutterstock.com

2 *Der tanzende Strommast Zauberlehrling ist Teil der Emscherkunst-Ausstellung.*
Foto: Tuxyso / Wikimedia Commons / CC-BY-SA 3.0

Eingriff in ihre Privatsphäre empfunden. Je mehr also eine Maßnahme den Eindruck vermittelt, den Freiheitsspielraum einzuengen, desto eher ist mit mangelnder Akzeptanz zu rechnen.

Das Argument der Selbstwirksamkeit gilt aber auch für den Entscheidungsprozess selber. Nur hier verkehrt sich das Argument: Hat man nämlich den Eindruck, dass die eigenen Handlungsmöglichkeiten zur Veränderung oder sogar Verhinderung der unerwünschten Großvorhaben nicht ausreichen, um politisch etwas bewegen zu können, dann werden die Maßnahmen auf der Basis einer fatalistischen Grundeinstellung toleriert. Erst wenn man daran glaubt, dass das eigene Handeln an dem Planungsvollzug etwas zu ändern vermöge, greift man zu einer öffentlich wirksamen Form der Akzeptanzverweigerung. Daraus kann sich ein paradoxer Zustand ergeben: Je mehr Menschen durch öffentliche Zugeständnisse und Partizipationsangebote die Möglichkeit erhalten, an den Planungen mitzuwirken, desto mehr wächst das Zutrauen in die eigene Selbstwirksamkeit und desto mehr müssen die Planungsträger mit öffentlich wirksamer Akzeptanzverweigerung rechnen. Allerdings sollte dies nicht als eine Einladung zu Einschüchterung der Standortbevölkerung oder hoheitlicher Durchsetzung von Planungsoptionen gewertet werden. Fatalismus zerstört Vertrauen und vergrößert die Politikverdrossenheit. Von daher ist es im Interesse der Planungsbehörden, die Selbstwirksamkeit der betroffenen Menschen zu stärken.

3 *Demonstranten in Brandenburg treten für die Umsetzung der Energiewende ein.*
Foto: dpa

3. *Positive Risiko-Nutzen-Bilanz:* Akzeptanz ist umso eher zu erwarten, je mehr die geplanten Maßnahmen einem selbst oder den Gruppen und Individuen zugutekommen, die man besonders schätzt. Auch wenn durch Maßnahmen das Allgemeinwohl gestärkt wird, ist mit einer höheren Akzeptanz zu rechnen. Bei allen Informationen ist es den Anwohnern wichtig zu erfahren, ob sie selber oder andere, die ihnen nahestehen, eine positive Risiko-Nutzen-Bilanz mit der Realisierung des Vorhabens erfahren werden. Ohne Informationen über Nutzen und Risiko kann man auch schwer die Wünschbarkeit der Planungsvorhaben beurteilen.

Bei der Risiko-Nutzen-Bilanz sind beide Komponenten, Risiko und Nutzen, von besonderer Bedeutung. In der Regel versuchen die Menschen, kognitive Dissonanz, also widersprüchliche Argumente und Gegensätze, zu vermeiden. Von daher zeigen empirische Untersuchungen auf, dass die meisten Menschen ein hohes Risiko gleichzeitig mit einem geringen Nutzen und umgekehrt einen hohen Nutzen mit einem geringen Risiko verbinden.[3] Sobald also eine Energiequelle in der Öffentlichkeit als riskant oder gefährlich eingestuft wird, wird automatisch auch der Nutzen für die Gesamtheit als weniger relevant eingestuft. Von daher ist die Risikowahrnehmung eine wichtige Größe bei der Bestimmung der Akzeptabilität einer Maßnahme.

4. *Identität:* Je mehr man sich mit einer Maßnahme auch emotional identifizieren kann, desto größer ist die Akzeptanzbereitschaft. Im Rahmen neuer Planungen sind Informationen bedeutsam, die den Anwohnern helfen, den Stellenwert des Vorhabens für die weitere Entwicklung des örtlichen Umfelds zu erfassen und die Passgenauigkeit des Vorhabens in das Selbst- und Fremdbild des eigenen sozialen und kulturellen Umfelds zu überprüfen. Hier sind besonders neue Betreibermodelle und Eigentumsoptionen zu nennen (wie Genossenschaften, Ausgabe von Anteilsscheinen, Gewinnbeteiligung etc.), die über eine emotionale Bindung an Eigentum oder Nutzungsrechten Identifikation schaffen können. Gleichzeitig hilft Vertrauen in die handelnden Akteure, sich mit der geplanten Veränderung im lokalen Umfeld zu identifizieren.

Will man diese vier Aspekte zugunsten einer größeren Akzeptanz der geplanten Vorhaben beeinflussen, dann ist zumindest erforderlich, dass die Informationen und Kommunikationsangebote auf alle vier Aspekte bezogen sind. Nur wenn man deutlich machen kann, wie die geplanten Vorhaben den Nutzen für einen selbst und andere verbessern und in welchem Ausmaß positive Identifikation ermöglicht wird, kann mit höherer Akzeptanz gerechnet werden.

Kombination von Kommunikation und Beteiligung

Die Wirksamkeit von Kommunikation zur Beeinflussung der Akzeptanz ist aber begrenzt. Vor allem wenn es um Vorhaben geht, die Belastungen für die Anwohner mit sich bringen und bei denen der Allgemeinnutzen gesellschaftlich umstritten ist, ist es nahezu unmöglich, allein durch Information und Kommunikation – auch wenn sie in Form eines Dialogs angeboten werden – eine Veränderung der Akzeptanz zu erreichen. Hinzu kommt, dass großflächige Veränderungen eher als Fremdkörper und weniger als Bereicherung des örtlichen Umfelds angesehen werden. Hier hat der Kommunikator schlechte Karten.
Insofern ist es schon aufgrund der mangelnden Effektivität von Kommunikation angebracht, den betroffenen Menschen größere Beteiligungschancen einzuräumen, so dass sie selbst anhand von unterschiedlichen Varianten entscheiden können, in welchem Maße die vier Akzeptanzkriterien erfüllt sind.[4] Die Perspektive der Beteiligung verändert den politischen Entscheidungsprozess. Kommunikation ist darauf ausgerichtet, den betroffenen Menschen eine einmal legal gefällte Entscheidung zugunsten einer bestimmten Option nahezubringen in der Hoffnung, dass sie diese Sicht auch anerkennen oder zumindest tolerieren. Dagegen geht die Perspektive der Beteiligung von offenen Willensbildungsprozessen aus und überlässt es innerhalb der gesetzlichen Grenzen den in den Prozess einbezogenen Bürgerinnen und Bürgern, auf der Basis der eigenen Vorstellungen und Bewertungen neue Optionen zu schaffen und bestehende zu bewerten. In dem Moment, wo Entscheidungsbetroffene zu Entscheidungsträgern werden, wird Identität schon allein durch das Verfahren geschaffen.[5]

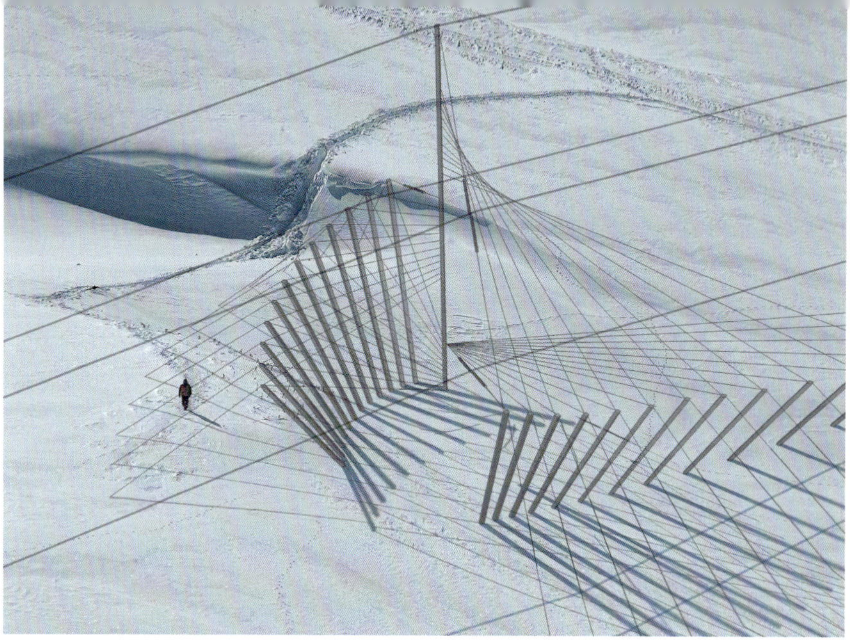

4 *Um die Akzeptanz von Strommasten zu erhöhen, werden diese ansprechend und an ihre Umgebung angepasst gestaltet.*

Foto: Centipede Snow Field, Copyright 2015, Choi + Shine Architects

Resümee

Eine Energiewende kann nur gelingen, wenn gesellschaftliche Strukturen, Entscheidungsprozesse und Entwicklungen von Anfang an mitgedacht werden. Um diese gesellschaftlichen Wandlungsprozesse ausreichend zu berücksichtigen, bedarf es der frühzeitigen Einbindung der Bevölkerung bei der Problemdefinition, Problemanalyse und Entscheidungsfindung. Denn nur wenn Bürgerinnen und Bürger von Beginn an in die Prozesse zur Umsetzung der Energiewende einbezogen werden, kann es gelingen, diese Transformation als gesamtgesellschaftliche Aufgabe wahrzunehmen und erfolgreich umzusetzen.

1 www.check24.de/strom-gas/news/umfrage-deutsche-wollen-energiewende-60364/ (Abruf: 10. 1. 2017).
2 Eine ähnliche Zusammenstellung, wie sie oben vorgenommen wurde, findet sich bei Susan T. Fiske (vgl. Fiske, Susan T.: Social Beings. Core Motives in Social Psychology. Hoboken (NJ): 2010, S. 89–92). Susan T. Fiske benennt die folgenden Grundmotive: Understanding (entspricht Orientierung), Controlling (kommt dem Konzept der Selbstwirksamkeit nahe) und Self-Enhancing (Identitätsentfaltung). Allerdings kommt bei ihr der Nutzen nicht vor, der zweifellos ein wichtiges Motiv darstellt. Für kollektive Handlungen vgl. Zomeren, Martijn van; Postmes, Tom; Spears, Russell: Toward an Integrative Social Identity Model of Collective Action: A Quantitative Research Synthesis of Three Socio-Psychological Perspectives. In: Psychological Bulletin 134 (2008), S. 504–535.
3 Slovic, Paul: Perceived Risk, Trust and Democracy. In: Risk Analysis 13 (1993), S. 675–682.
4 Renn, Ortwin: Bürgerbeteiligung bei Öffentlichen Vorhaben. Aktueller Forschungsstand und Folgerungen für die praktische Umsetzung. UVP-Report 27 (2013), H. 1 & 2, S. 38–44.
5 Leggewie, Claus; Nanz, Patrizia: Die Konsultative: Mehr Demokratie durch Bürgerbeteiligung. Berlin: 2016.

Kann Energiekonsum nachhaltig sein?

Über die Rolle der Bürgerinnen und Bürger bei der Energiewende

von Armin Grunwald

Energiekonsum ist in Industrieländern selbstverständlicher Teil des Lebens, jedoch bislang nur ein kleines Thema der Energiewende. Dahinter steht scheinbar die Annahme, dass die großen Probleme der Energieversorgung (Umwelt- und Klimaverträglichkeit, Risiken, Versorgungssicherheit und Wirtschaftlichkeit) auf der Seite der Energiebereitstellung gelöst werden müssten: von Ingenieuren, Ökonomen und Managern – nicht aber vom Konsumenten. Dies ist jedoch einseitig. Wenn die hohen Ambitionen der Energiewende erreicht werden sollen, wird der Konsum nicht ungeschoren bleiben.

Strom kommt aus der Steckdose

S. 136 bis 141

In Deutschland sind hohe Standards der Energieversorgung erreicht. Ausfälle im Stromnetz kommen praktisch nicht vor. Strom kann dem Netz jederzeit in (praktisch) beliebiger Menge in gleichbleibender Qualität entnommen werden. Unterschiedliche Nachfrage, abhängig vom Konsum, wird vom System abgefedert. Für Treibstoffe für die automobile Mobilität und Gas für Raumwärme gilt ähnliches. Dass einmal Sprit an einer Tankstelle ausverkauft war, dürfte man in Deutschland in den letzten Jahrzehnten kaum je erlebt haben. Dieses hohe Maß an Zuverlässigkeit der Energieversorgung ermöglicht den Konsumenten hohe individuelle Autonomie: Wir können unsere Energiebedürfnisse jederzeit befriedigen und müssen keinerlei Rücksicht auf Einschränkungen durch das Versorgungssystem nehmen. Das ist verglichen mit großen Teilen der Welt eine ausgesprochen komfortable Situation.

Sprichwörtlich ist der Satz geworden: »Der Strom kommt aus der Steckdose.« Ist dieser zwar kritisch in der Richtung gemeint, dass man auch daran denken solle, wie denn der Strom in die Steckdose »hineinkommt«, so drückt er doch auf geniale Weise den erwähnten Komfort aus. Im Idealzustand haben Konsumenten zum Energiesystem nur zwei Schnittstellen: die Steckdose zum Konsumieren der Leistung (bzw. die Zapfsäule bei Treibstoffen) und das Bankkonto zur Begleichung der Rechnung. Wie Strom oder Treibstoffe an den Ort kommen, an dem sie verbraucht werden können, ist den Konsumenten verborgen und muss sie nicht

1 *Der Strom kommt aus der Steckdose.*
Foto: NorGal / Shutterstock.com

interessieren, sondern spielt sich in den Technologien und Systemen hinter Steckdose und Zapfsäule ab.[1] So steckt in dem erwähnten Sprichwort ein ganzes Stück Wahrheit. Denn als Konsumenten benötigen wir weder Kraftwerke noch Solarzellen noch Hochspannungsleitungen, sondern Steckdosen und Tankstellen, aus denen sicher, verlässlich und zu vernünftigen Preisen Energie in der gewünschten Form konsumiert werden kann. Die komplexen, vor allem technischen, logistischen und organisatorischen Systeme hinter den Steckdosen und Tankstellen interessieren die Verbraucher in der Regel nicht, solange die gewünschten Dienst- und Versorgungsleistungen störungsfrei erhältlich sind. Die Versorgungssysteme mit ihren Technologien sind nur *Mittel zum Zweck*, nicht der Zweck selbst. Wir bemerken ihr Vorhandensein oft erst dann, wenn sie entweder nicht funktionieren oder in irgendeiner Form »stören«, das heißt, wenn sie Emissionen verursachen, zum Klimawandel beitragen, die Landschaft verschandeln oder Umweltschäden und Gesundheitsrisiken verursachen. Solange wir uns die Energieversorgung als ein technisches System vorstellen, und so wurde vielfach in Politik und Medien argumentiert, würde sich die Energiewende nur im Hintergrund abspielen. Die Konsumenten würden sie im Idealfall gar nicht bemerken, weil sich an Steckdose und Zapfsäule nichts ändern sollte. Die Energiewende könnte Ingenieuren und Managern anvertraut werden, die die Sache schon meistern würden und von der Politik nur zielführende Rahmenbedingungen benötigten. Wenn sich das so verhielte, könnte der Essay an dieser Stelle enden, denn die Konsumenten könnten weitermachen wie bisher.

Die Intensivierung der Verflechtungen

Die Trennung der Energiewelt in einen Bereich des Konsums vor der Steckdose bzw. Zapfsäule und in das technisch-ökonomische Feld der Bereitstellung dahinter stellt jedoch eine für die Energiewende irreführende Vereinfachung dar. Denn das Energiesystem funktioniert nur, wenn technische, organisatorische, wirtschaftliche und soziale Faktoren einigermaßen aufeinander abgestimmt sind. Konsumenten stehen nicht außerhalb des Energiesystems, sondern sind ein konstitutiver Teil desselben.[2] Galt dies auch schon vor der Energiewende, so werden sich die Verflechtungen jedoch in einem bislang nicht

2 *Städte sind die Orte mit dem größten Energiekonsum. Die Konsumenten haben viele Möglichkeiten, das Energiesystem der Zukunft nachhaltiger zu gestalten.*

Foto: cozyta / Shutterstock.com

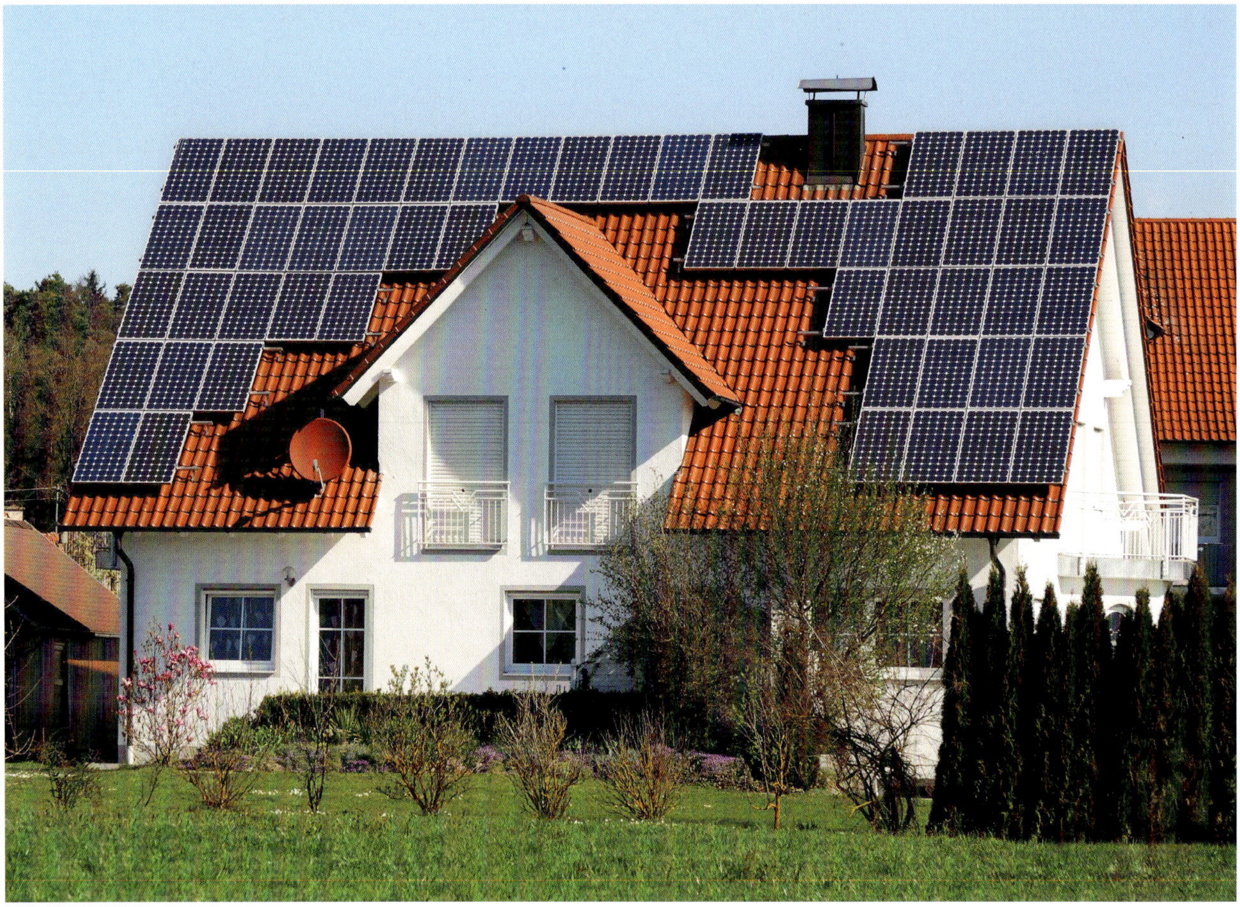

3 *Durch Photovoltaikanlagen auf dem Dach werden Konsumenten zu Produzenten.*
Foto: manfredxy / Shutterstock.com

gekannten Maß intensivieren. Beispielsweise werden viele Konsumenten nicht in der rein passiven Rolle als Abnehmer und Zahler von Energiedienstleistungen verbleiben. Wer Solarzellen auf dem Dach hat und Sonnenenergie ins Netz einspeist, ist bereits jetzt nicht nur Verbraucher, sondern auch Anbieter, nicht nur Konsument, sondern auch Produzent. Auch werden Verbraucher möglicherweise in die Steuerung des Gesamtsystems einbezogen werden. Technisch wird dies als *Demand Side Management* bezeichnet: Um dem teils stark wechselnden Stromangebot (weil eben Wind und Sonne als Energielieferanten nur recht unterschiedlich zur Verfügung stehen) zu begegnen, reichen Speicher und der Transport von Strom über weite Entfernungen möglicherweise nicht aus – in diesem Fall müssten die Konsumenten ihren Beitrag leisten. Stichworte wie *Smart Grid*, *Smart Home* oder *Internet der Energie* zielen auf eine aktive Beeinflussung der Stromnachfrage. Was sich so sachlich anhört, läuft aber auf eine Einschränkung der Autonomie der Konsumenten hinaus.
Veränderungen warten auch im Bereich der Mobilität. Wenn es zu einer starken Expansion der Elektromobilität kommt, benötigen Konsumenten neue Handlungsmuster im Alltag, da E-Mobile auch bei weiterem Fortschritt der Speichertechnologien sich nicht in wenigen Minuten betanken lassen und auch vollgetankt nicht 600 oder 1000 Kilometer weit fahren können. An vielen Stellen also werden die Karten neu gemischt, wenn neue und komplexere sozio-technische Systeme der Energieversorgung entstehen.[3]

S. 106 bis 111

S. 112 bis 117

S. 124 bis 129

Beiträge der Konsumenten zur Energiewende

Keineswegs also findet die Energiewende hinter der Steckdose statt, sondern mitten im gesellschaftlichen Leben, und selbstverständlich sind hier auch die Konsumenten gefragt. Wie kann ein nachhaltiger Energiekonsum aussehen bzw. was können die Energiekonsumenten zur Nachhaltigkeit im Energiebereich beitragen?
Eine *erste* Anforderung ist die Bereitschaft der Konsumenten zur konstruktiven Mitwirkung an der Energiewende. Überall dort, wo die Transformation des Energiesystems neue Rollen für Konsumenten mit sich bringt oder neue Verhaltensmuster erfordert, ist eine entsprechende Offenheit gefragt. Ein bequemes Beharren auf den Annehmlichkeiten oder auch nur Gewohnheiten der bisherigen Energiewelt wäre Sand im Getriebe oder sogar Boykott einer Entwicklung hin zu mehr Nachhaltigkeit. Persönliche Bequemlichkeit ist kein Argument gegen Neuerungen.
Eine *zweite* Anforderung erwächst daraus, dass Energiekonsumenten allein dadurch, dass sie konsumieren, für Folgen des Konsums mitverantwortlich sind.[4] In der öffentlichen Meinung hat sich die Auffassung durchgesetzt, die Verantwortung für nachhaltige Entwicklung ganz überwiegend in unserem Konsum und Lebensstil zu sehen.[5] Das ist sicher nicht ganz falsch, denn mit Ressourcen verantwortungsvoll umzugehen, ist ethisch grundsätzlich geboten. Und es sind nun einmal die konsumierenden Menschen, die Auto fahren, Strom verbrauchen oder Fernreisen unternehmen. Mit Energie,

ob nun Strom, Treibstoff oder Raumwärme, sparsam umzugehen, gehört demzufolge zur Verantwortung der Energiekonsumenten. Hier gibt es offenkundig viel zu tun, und hier können jeder und jede in seinem oder ihrem Haushalt unmittelbar beginnen.

Eine *dritte* Anforderung ergibt sich daraus, dass wir Energie nicht nur direkt über Steckdose und Zapfsäule konsumieren, sondern auch indirekt, indem wir Produkte kaufen oder Dienstleistungen in Anspruch nehmen, zu deren Bereitstellung ebenfalls Energie verbraucht wurde. Hier ist also ein entsprechendes Energiebewusstsein auch in anderen Feldern des Konsums gefragt – was freilich oft schwer umzusetzen ist, weil vielfach die eingesetzte Energiemenge (die sogenannte *graue Energie*) nicht transparent ist.

Es ist allerdings zu einfach, dem Konsum bzw. den Konsumenten die ganze Last der Verantwortung aufzubürden.[6,7] Denn Konsum findet nicht in einem abstrakten Raum, sondern inmitten einer realen Gesellschaft mit ganz realen Rahmenbedingungen und externen Einflüssen statt. Diese sind zum einen Lebensstile, Gewohnheiten, Wertmuster und Anerkennungsstrukturen, soziale Verhaltensmuster und ungeschriebene Regeln, die Einfluss darauf haben, wie die Konsumenten ihren Konsum ausgestalten. Zum anderen beeinflussen politische Bedingungen, Steuern, die Rechtslage, Wirtschaftsstrukturen, Anreizsysteme und weitere nationale und internationale Faktoren das Konsumverhalten. Diese politisch gestaltbaren Rahmenbedingungen beinhalten ein gehöriges, allerdings schwer messbares Maß an Verantwortung für den Konsum – und führen damit zu einer vierten Anforderung an das nachhaltige Handeln der Energiekonsumenten: Politische Rahmenbedingungen, Systemzwänge und Anreizsysteme müssen so gestaltet werden, dass sie in Konsum und Lebensweise nachhaltige Handlungsmuster unterstützen. Dafür jedoch sind nicht die Konsumenten als Konsumenten verantwortlich, sondern als Staatsbürgerinnen und Staatsbürger. Denn nachhaltigkeitsförderliche Rahmenbedingungen für den Konsum müssen Gegenstand einer öffentlichen Debatte sein und mittels transparenter und demokratisch legitimierter Verfahren für alle verbindlich gemacht werden, damit sie ihre Kraft entfalten können. Das rückt die Bedeutung der Rolle der Bürgerinnen und Bürger als politische Akteure in den Mittelpunkt. Sie können Druck auf Institutionen aufbauen oder vergrößern, gesellschaftliche Bereiche ökologisch umzubauen. Hierfür gibt es viele Beispiele vor allem aus dem kommunalen Bereich, wo Bürgerinnen und Bürger durch eigene Initiative vieles erreicht haben, etwa in der Mobilität.

4 *In San Diego demonstriert eine Installation aus Essensresten, die im Abfall gefunden wurden, wie verschwenderischer Konsum zum Klimawandel beiträgt.*

Foto: picture alliance / ZUMA Press

Die Mühen der Ebene

Nachhaltiges Handeln im Energiebereich macht Mühe und erfordert Einsatz. Auch wenn alle ethischen Argumente dafürsprechen, sind doch ansonsten die Anreize eher gering. Einsparungen sind angesichts des kleinen Anteils der Energiekosten an den Gesamtausgaben von Haushalten oft kein ausreichendes Argument, um Verhaltensänderungen zu erreichen. Genauso wenig wie der aktuell niedrige Treibstoffpreis die Deutschen zu mehr Autofahren verleitet, führen hohe Spritpreise zu weniger Autoverkehr. Und die ethischen Argumente und gute Vorsätze allein reichen häufig nicht, um substanzielle Verhaltensänderungen zu veranlassen. Der große Wurf ist in dieser Frage noch niemandem gelungen. Eher kann man mit Bert Brecht von den Mühen der Ebene sprechen.

Um auf die Überschrift dieses Essays zurückzukommen: Nicht der Energiekonsum kann für sich nachhaltig sein, aber die Konsumenten haben viele Möglichkeiten, an der Nachhaltigkeit eines zukünftigen Energiesystems mitzuwirken – sowohl vor als auch hinter Steckdose und Zapfsäule.

S. 136 bis 141

1 Das ist im Übrigen in vielen Bereichen der Gesellschaft strukturell ähnlich: Dem Käufer eines Schnitzels im Supermarkt sind die Vorgänge in Tierhaltung und Schlachthaus nicht transparent und dem Käufer von Textilien nicht die Umstände ihrer Herstellung in Vietnam oder Bangladesch. Das Ausblenden der Vorgänge hinter dem Konsum scheint ein Kennzeichen moderner Gesellschaften zu sein.

2 Grunwald, Armin; Schippl, Jens: Die Transformation des Energiesystems als gesellschaftliche und technische Herausforderung. In: Radtke, Jörg; Hennig, Bettina (Hrsg.): Die deutsche »Energiewende« nach Fukushima. Der wissenschaftliche Diskurs zwischen Atomausstieg und Wachstumsdebatte. Marburg 2013, S. 21–35.

3 Büscher, Christian; Schippl, Jens: Die Transformation der Energieversorgung: Einheit und Differenz soziotechnischer Systeme. In: Technikfolgenabschätzung. Theorie und Praxis 22 (2013), Heft 2, S. 11–19.

4 Heidbrinck, Ludger; Schmidt, Imke: Das Prinzip der Konsumentenverantwortung – Grundlagen, Bedingungen und Umsetzungen verantwortlichen Konsums. In: Heidbrinck, L.; Schmidt, I.; Ahaus, B. (Hrsg.): Die Verantwortung des Konsumenten. Über das Verhältnis von Markt, Moral und Konsum. Frankfurt/New York 2011, S. 25–56.

5 Scherhorn, Gerhard; Weber, Christoph (Hrsg.): Nachhaltiger Konsum. Auf dem Weg zur gesellschaftlichen Verankerung. München: 2002; Busse, T.: Die Einkaufsrevolution. Konsumenten entdecken ihre Macht. München 2006.

6 Geden, Oliver: Strategischer Konsument statt nachhaltiger Politik? Ohnmacht und Selbstüberschätzung des »klimabewussten Verbrauchers«. In: Transit 36 (2009), S. 132–141.

7 Grunwald, A.: Ende einer Illusion. Warum ökologisch korrekter Konsum die Umwelt nicht retten kann. München 2012.

Das Klimaabkommen von Paris

Der Weg zur Dekarbonisierung im internationalen Vergleich

von Miranda A. Schreurs

Die Eindämmung der steigenden Treibhausgasemissionen und eine mit mehr CO_2-Neutralität einhergehende Energiewende sind bedeutende Herausforderungen, für die ein wachsendes globales Bewusstsein entsteht. Dieses beruht nicht zuletzt auf dem im Dezember 2015 in Paris unterzeichneten Klimaschutzabkommen, das eine neue Phase internationaler Bemühungen eingeleitet hat. Mit diesen sollen Umsetzungs- und Anpassungsmaßnahmen zum Klimaschutz gefördert und der Weg in Richtung Dekarbonisierung eingeschlagen werden.

Drei Volkswirtschaften sind für mehr als die Hälfte der globalen Treibhausgasemissionen verantwortlich: China (30 Prozent), die Vereinigten Staaten (15 Prozent) und die Europäische Union (EU-28) (10 Prozent).[1] Die betreffenden Nationen bestimmen daher maßgeblich den Erfolg der globalen Bemühungen zur Reduktion der Emissionen. Der vorliegende Artikel untersucht die politischen Strategien Chinas, der USA und der EU, ihre Ökonomien von fossilen Energieträgern wegzuführen und ihre Treibhausgasemissionen zu reduzieren.

Dekarbonisierung und das Pariser Klimaabkommen

Die Energieversorgung ist ein Herzstück moderner Ökonomien und steht im Mittelpunkt der Klimaschutzanliegen. Die Europäische Union, die Vereinigten Staaten und China verfolgen unterschiedliche Ansätze zu Energiewende und CO_2-Reduktion: In Europa vollzieht sich gerade ein Wandel hin zu einem größeren Anteil erneuerbarer Energien. Zahlreiche Länder arbeiten zudem daran, weniger abhängig von der Kernkraft zu werden. In den Vereinigten Staaten hat der Fracking-Boom zu einem starken Anstieg der Erdgasproduktion geführt und damit einhergehend zum Rückgang der Kohlenutzung. Zugleich sind Ansätze für eine Steigerung der Brennstoffeffizienz und des Anteils erneuerbarer Energien spürbar. Hinzu kommen Bestrebungen, die Verschmutzung durch Kohlekraftwerke zu verringern. In China befördern gravierende Umweltprobleme und Sorgen um die Energiesicherheit den Ausbau erneuerbarer Energien, Investitionen in die Energieeffizienz und Ziele, Treibhausgasemissionen zu reduzieren. Nationale Entwicklungen wie diese veranlassten die drei genannten Volkswirtschaften, dem Pariser Klimaschutzabkommen beizutreten. In diesem haben sich die Teilnehmerstaaten darauf geeinigt, den Anstieg der globalen Temperaturen auf höchstens 2 °C zu beschränken und möglichst eine Eindämmung auf 1,5 °C über dem vorindustriellen Niveau anzustreben. Um dieses Ziel zu erreichen, müssen sowohl die großen Treibhausgasemittenten als auch die Schwellenländer ihre Abhängigkeit von fossilen Brennstoffen drastisch reduzieren – in der Stromproduktion, für Heizung und Kühlung wie auch im Transportsektor.

1 *Der Slogan »DECARBONIZE« wurde am 11. Dezember 2015 im Rahmen der internationalen Klimakonferenz COP 21 auf den Eiffelturm projiziert.*
Foto: picture alliance / AP Photo / Francois Mori

Die Vereinigten Staaten

Die Vereinigten Staaten sind mit die weltweit größten Produzenten und Konsumenten von fossilen Brennstoffen. Gegenwärtig sind sie der global führende Erdgas- und Erdölförderer und stehen in der Kohleproduktion an zweiter Stelle hinter China. Die hohe Abhängigkeit von fossilen Energieträgern in den Bereichen Stromgewinnung, Heizung und Mobilität machte die USA zum weltweit größten Treibhausgasemittenten, bis sie 2006 von China überholt wurden.

Die Regierung von Bill Clinton unterzeichnete 1997 das Kyoto-Protokoll, aus dem George W. Bush 2001 jedoch wieder ausstieg. Unter der Regierung Bush wurde in den USA eine neue Energiepolitik eingeführt. Diese sah zwar auch eine Förderung erneuerbarer Energien vor, war jedoch primär auf die Ausbeutung fossiler Energieträger ausgerichtet. Sie führte zum Fracking-Boom, der die Energieproduktion der Vereinigten Staaten dramatisch wandelte. Mit der umstrittenen Fördermethode wurde eine Verschiebung von der Kohle zum Erdgas ausgelöst. Barack Obama schließlich verfolgte eine andere Klimapolitik als sein republikanischer Amtsvorgänger: Er wurde wieder Mitglied der globalen Klimaverhandlungen.

Der größte Verursacher von Treibhausgasemissionen in den Vereinigten Staaten ist der Energiesektor. Obama wies daher die amerikanische Umweltschutzbehörde (EPA) an, einen Plan zu entwickeln, mit dem die Emissionen der etwa 7000 amerikanischen Kraftwerke gesenkt werden sollten. Der daraus hervorgehende »Clean Power Plan« wurde im Februar 2015 veröffentlicht. Er zielt darauf ab, die CO_2-Emissionen der nationalen Kraftwerke bis 2030 um 32 Prozent zu reduzieren.[2] Darüber hinaus gab die EPA eine Reihe von Standards zur Erhöhung der Brennstoffeffizienz von

S. 88 bis 93

2 *Salem Harbor Power Plant, eines der vielen Kohlekraftwerke, die in den USA geschlossen werden.*
Foto: Fletcher6 / Wikimedia Commons / CC BY-SA 3.0

Pkw sowie leicht- und schwergewichtigen Fahrzeugen heraus. Diese Maßnahmen bilden den Kern der amerikanischen Klimapolitik. In Paris haben sich die Vereinigten Staaten dazu verpflichtet, ihre Treibhausgasemissionen bis 2025 um 26 bis 28 Prozent unter das Niveau von 2005 zu drücken.

China

Jahrzehntelang wurden in China die durch Umweltverschmutzung verursachten Probleme zugunsten wirtschaftlicher Entwicklung ignoriert. Während der Mao-Ära (1945–1976) wurden weitläufige Waldflächen gerodet, um Land für Ackerbau und Industrie zu gewinnen. Die industrielle Revolution wurde mit eigens errichteten, großen wie kleinen Kohlekraftwerken befeuert. Über zwei Drittel der in China konsumierten Gesamtenergie werden durch Kohle erzeugt. Aufgrund dieser großen Abhängigkeit leidet das Land an enormer Luftverschmutzung und saurem Regen. Der Journalist Chai Jing hat den Dokumentarfilm »Under the Dome« über die Luftverschmutzung im urbanen China gedreht. Er wurde in 48 Stunden 100 Millionen Mal angesehen, bis ihn die chinesische Regierung aus dem Netz entfernte.[3]
Eine Dekarbonisierung der chinesischen Wirtschaft verlangt einen Wandel von enormem Ausmaß. Ein CO_2-reduzierter Energiemarkt wird erwartungsgemäß zu mehr nachhaltigem Wachstum führen, zu höherer Umweltqualität und einer verbesserten Gesundheitssituation der Menschen. Es gibt Anzeichen dafür, dass Chinas Führung die Notwendigkeit eines solchen Wandels erkennt. Sie hat an das ganze Land appelliert, die grüne Transformation voranzutreiben. Dafür wurden bereits viele wichtige Maßnahmen in Richtung einer »ökologischen Zivilisation« ergriffen. Die Kommunistische Partei Chinas erklärte auf ihrem 18. Parteikongress diese »ökologische Zivilisation« zu einem von fünf Elementen sozialistischer Modernisierung und verlangte die Integration des Umweltschutzes in alle Bereiche von Wirtschaft und Gesellschaft. Die Reformen sind dazu gedacht, das System zu transformieren und Chinas gravierende Umweltverschmutzung in den Griff zu bekommen. Bemerkenswert ist zudem das folgende, bei der Klimakonferenz in Kopenhagen 2009 bekräftigte Ziel: Bis zum Jahr 2020 sollen die Treibhausgase, die für jeden Yuan Wirtschaftsleistung ausgestoßen werden, um 40 bis 45 Prozent gegenüber dem Vergleichsjahr 2005 verringert werden. Zudem soll die Nutzung nichtfossiler Brennstoffe auf 15 Prozent gesteigert und die Waldfläche vergrößert werden. Im April des Jahres 2014 bewilligte der Ständige Ausschuss des Nationalen Volkskongresses eine Überarbeitung des chinesischen Umweltgesetzes von 1989. Damit soll die Regierung in ihren Möglichkeiten gestärkt werden, Umweltverschmutzung zu bekämpfen und verantwortliche Unternehmen und Offizielle zu belangen.
Heute investiert China mehr in erneuerbare Energien als jedes andere Land der Erde. Mittlerweile ist es auch in thermischen Solaranlagen, Wasserkraft und Onshore-Windkraftanlagen weltführend und rangiert auf dem Gebiet der Photovoltaik auf Platz zwei hinter Deutschland.[4]
Im November 2014 gab Präsident Xi Jinping Chinas Intended Nationally Determined Contributions (INDC) bekannt, also den geplanten Beitrag des Landes zur Reduktion von Treibhausgasen. Bis 2030 sollen die Treibhausgasemissionen begrenzt und der Anteil an nichtfossilen Brennstoffen am Energiesektor auf 20 Prozent erhöht werden. Zusätzlich soll die Kohlenutzung des Bruttoinlandsprodukts bis 2030 um 60 bis 65 Prozent unter das Niveau von 2005 sinken und die Aufforstung

S. 106 bis 111

S. 100 bis 105

soll vorangetrieben werden. Viele Beobachter stufen dieses Ziel als zurückhaltend ein und glauben, dass Chinas Emissionen lange vor der besagten Zeit den Höchststand erreichen werden. Der im Frühjahr 2016 herausgegebene 13. Fünfjahresplan beinhaltet Maßnahmen, um diesen Zielen zuzuarbeiten.

Die Europäische Union

Seit ihrem Einsatz zur Rettung des 1997 verabschiedeten und 2005 in Kraft getretenen Kyoto-Protokolls hat die Europäische Union danach gestrebt, die globalen Anstrengungen in einem ambitionierten Klimaabkommen zu vereinigen. Europa hat in den letzten zwei Jahrzehnten viel unternommen, um die Energieeffizienz zu verbessern und die Entwicklung der erneuerbaren Energien voranzutreiben. Sowohl aus Graswurzelbewegungen als auch aus EU-Institutionen sind Initiativen entstanden, die auf nationaler wie auf regionaler Ebene agieren. Die EU verfügt als einzige der drei größten Treibhausgasemittenten über bindende Reduktionsverpflichtungen. Für das Jahr 2020 wurde eine Reihe von Zielen festgesetzt: Die Treibhausgasemissionen sollen um 20 Prozent reduziert werden (gemessen am Niveau von 1990), im Endenergiemix sollen 20 Prozent erneuerbare Energien enthalten sein, die Energieeffizienz soll um 20 Prozent gesteigert werden und im Transportsektor wird ein zehnprozentiger Anteil an erneuerbaren Energiequellen angepeilt.[5]

Im Oktober 2014 gab die EU als Ziel für 2030 die verbindliche Reduktion von Treibhausgasen um 40 Prozent (bezogen auf das Niveau von 1990) bekannt. Darüber hinaus wurde ein Anteil der erneuerbaren Energien am Endenergieverbrauch von 27 Prozent sowie die Steigerung der Energieeffizienz auf ebenfalls 27 Prozent beschlossen. Die EU verabschiedete überdies einen Fahrplan, demzufolge die Kohlendioxidemissionen bis 2050 um 80 bis 95 Prozent reduziert werden sollen. 2013 lagen die EU-Emissionen 19,8 Prozent unter dem Niveau von 1990. 2005 kamen neun Prozent der konsumierten Energie innerhalb der EU aus erneuerbaren Energiequellen. Ein Jahrzehnt später (2014) enthielt der Energiemix bereits 16 Prozent Erneuerbare.[6] Zwar ist Europa immer noch stark von fossilen Brennstoffen abhängig, allerdings zeichnet sich eine klare Kurskorrektur im Energiemix ab. Besonders hinsichtlich der europäischen Abhängigkeit von Kohle und anderen fossilen Energieträgern bleibt jedoch noch viel zu tun.

Verschiedene Energiewenden innerhalb Europas

Etliche Länder in Europa verfolgen eine Energiewende, die auf eine Verringerung der Abhängigkeit von fossilen Energieträgern abzielt, indem erneuerbare Energien und Energieeffizienz gefördert werden. Die Pläne sind ehrgeizig, es bleiben jedoch auch viele Schwierigkeiten zu bewältigen.

3 *Solaranlage auf chinesischem Studentenwohnheim.*
Foto: dpa

4 *Das Luftbild vom 19. 7. 2012 zeigt eine Biogasanlage, ein Windkraftrad sowie eine Solaranlage bei Ulm, Deutschland.*
Foto: dpa

Norwegen (nicht Mitglied der EU, aber politisch auf ähnlicher Linie) nähert sich dank seiner reichlich vorhandenen Wasserkraftanlagen bereits einem 100-prozentigen Anteil erneuerbarer Energien im Stromsektor an. Das Land setzt seinen klimaneutralen Strom zum Heizen und in zunehmendem Maße auch im Transportsektor ein. Tatsächlich verfügt Norwegen weltweit über die meisten Elektromobile pro Einwohner. Seine größte Herausforderung auf dem Weg in eine kohlenstoffarme Wirtschaft ist der ölproduzierende Sektor – seinen Reichtum hat Norwegen zu großen Teilen seiner Öl- und Gasproduktion zu verdanken. Um den CO_2-Fußabdruck zu verkleinern, investiert das Land verstärkt in CO_2-kompensierende Projekte, darunter auch in Wiederaufforstungs- und Waldschutzprojekte in Entwicklungsländern.

S. 94 bis 99

Dänemark, dessen Energiemix keine Atomenergie enthält, hat für seine Energiewende ehrgeizige Pläne: Das Land hat sich vorgenommen, bis 2030 den Erneuerbare-Energien-Anteil auf 30 Prozent zu erhöhen. Bis 2050 ist sogar geplant, sich ganz aus der Abhängigkeit von fossilen Brennstoffen zu befreien. In der Stromgewinnung aus Windkraft ist Dänemark einer der Weltmarktführer.

Die deutsche Energiewende hat weltweit Aufmerksamkeit erregt: Das liegt zum einen an der Größe der deutschen Wirtschaft, zum anderen an der Tatsache, dass *Deutschland* nach wie vor führender Produzent und Exporteur industrieller Güter ist. Die deutsche Energiewende fordert bis 2022 einen stufenweisen Rückzug aus der Kernkraft, die einmal über ein Drittel der deutschen Energieversorgung sicherte. Die politischen Ziele sehen bis 2050 einen Anteil von 80 Prozent Erneuerbaren im Elektrizitätssektor und 60 Prozent im Endenergieverbrauch vor. Ebenso wird eine deutliche Verbesserung der Energieeffizienz angestrebt. Trotz des großen Fortschritts in der Entwicklung von Erneuerbaren ist Deutschlands Energieversorgung nach wie vor eher »schwarz und braun«. Das liegt am Steinkohle- und vor allem am hohen Braunkohleanteil in der Stromerzeugung. Hoch problematisch ist zudem, dass der Transportsektor kaum Fortschritte bei dem Versuch gemacht hat, von Öl und Gas loszukommen. Diese Bereiche werden in den kommenden Jahren noch eine große Rolle spielen.

Auch die *Schweiz*, die etwa 40 Prozent ihrer Elektrizität aus Atomkraft gewinnt, entwickelte nach dem Atomunfall von Fukushima Pläne für eine Energiewende. Bis 2034 soll das letzte Schweizer Atomkraftwerk abgeschaltet werden. Allerdings müssen die Bürger der Schweiz, wie auch ihre Nachbarn in Österreich, erst noch als Unterstützer erneuerbarer Energien gewonnen werden. Was hingegen ein umweltfreundliches öffentliches Transportsystem angeht, so ist der Alpenstaat bereits heute führend.

Frankreich hat bei seiner Energiewende eine andere Herangehensweise gewählt. Das Land ist nach wie vor hochgradig abhängig von Atomkraft, die über drei Viertel seiner Energieversorgung stellt. Daneben wird ein Ausbau der Kapazitäten in erneuerbaren Energien angestrebt, um die Anzahl der aktuell betriebenen Atommeiler reduzieren zu können. Dieses Vorgehen wird für Frankreich entscheidend sein, da seine Kernkraftwerke altern und irgendwann außer Betrieb genommen werden müssen.

Polen wird mit Sicherheit eine der schwierigsten Energiewenden in Europa zu meistern haben, da es mit 55 Prozent stark von der Kohle abhängig ist. Mit Unterstützung aus EU-Fonds investiert Polen in neue kohlebetriebene Kraftwerke. Dies wird der Kohle im Energiemix zwar einen wichtigen Platz sichern und somit auf lange Sicht gesehen nicht nachhaltig sein, die neuen Kraftwerke werden jedoch wesentlich weniger Verschmutzung verursachen als die derzeit noch betriebenen alten. Erneuerbare Energien stecken in Polen noch in den Kinderschuhen.

Einer der interessantesten Fälle mit Blick auf die Energiewende sind die *Niederlande*. Dort hat die für nachhaltigen Wandel kämpfende Nichtregierungsorganisation und Stiftung Urgenda erfolgreich die Regierung verklagt und dazu gezwungen, eine ehrgeizigere Klimapolitik zu verfolgen. Die Stiftung argumentierte, dass die Regierung ihrer Verantwortung nicht nachkäme, ihre Bürger vor den Folgen des Klimawandels zu schützen. Der Gerichtshof von Den Haag gab den Klägern Recht und verurteilte die Regierung zu einer Reduktion der Emissionen um mindestens 25 Prozent des Niveaus von 1990 bis zum Jahr 2020 (verglichen mit den vorher von der Regierung angestrebten 17 Prozent).[7]

Wenngleich es in Europa natürlich ganz unterschiedliche Wege in die Energiewende gibt, so lassen sich doch überall Fortschritte beobachten. Mit seiner experimentellen Haltung in den Bereichen Energieproduktion und -vertrieb führt Europa die Welt an neue Ansätze heran. Doch auch andere Regionen holen schnell auf: Überall beginnen die Menschen zu begreifen, dass die Energiesysteme der Vergangenheit auf einem sieben Milliarden Menschen beherbergenden Planeten nicht mehr aufrechtzuerhalten sind. Luftverschmutzung, saurer Regen und der Klimawandel sind nur einige der vielen Probleme, die mit dem Verbrennen fossiler Energieträger in Zusammenhang gebracht werden. Der Weltklimarat (Intergovernmental Panel on Climate Change – IPCC) warnt in seinen Berichten, dass der Ausstoß von Kohlendioxid drastisch reduziert werden müsse, um eine weitere Erderwärmung und somit einen »gefährlichen Klimawandel« zu verhindern. Entsprechende Maßnahmen machen Änderungen im großen Maßstab notwendig, die unsere Energie- und Transportsysteme sowie die städtischen Infrastrukturen betreffen. Das Ausmaß der Herausforderung ist gewaltig, aber es zeichnet sich auch ab, dass menschlicher Einfallsreichtum und gemeinschaftliche Problemlösung neue und nachhaltige Systeme und Technologien hervorbringen können. Wir werden im Laufe der kommenden Jahrzehnte sehr wahrscheinlich Zeugen vieler Bestrebungen sein, sauberere, gesündere und nachhaltigere Energiesysteme zu errichten.

1 PBL Netherlands Environmental Assessment Agency: Trends in Global CO_2 Emissions. 2015 Report, http://edgar.jrc.ec.europa.eu/news_docs/jrc-2015-trends-in-global-co2-emissions-2015-report-98184.pdf (Abruf: 10. 1. 2017).
2 Environmental Protection Agency: Carbon Pollution Emission Guidelines for Existing Stationary Sources: Electric Utility Generating Units. 40 CFR Part 60 [EPA-HQ-OAR-2013-0602; FRL-9930-65-OAR] RIN 2060-AR33. In: Federal Register, 80 (205), 2015, 64662–65120.
3 Hatton, Celia: Under the Dome: The Smog Film Taking China by Storm. In: BBC, 03/02/2015, www.bbc.com/news/blogs-china-blog-31689232 (Abruf: 10. 1. 2017).
4 Ren21: Renewables 2015. Global Status Report. Key Findings. 2015, www.ren21.net/wp-content/uploads/2015/07/GSR2015_KeyFindings_lowres.pdf (Abruf: 10. 1. 2017).
5 Europäische Union: Europe 2020. A European Strategy for Smart, Sustainable, and Inclusive Growth. Brüssel 2010.
6 Eurostat: Share of energy from renewable sources, 2016, www.ec.europa.eu/eurostat/documents/2995521/7155577/8-10022016-AP-EN.pdf/38bf822f-8adf-4e54-b9c6-87b342ead339 (Abruf: 10. 1. 2017).
7 Diskussion mit Dennis van Berkel, dem Rechtsbeistand der Urgenda Stiftung auf der 23. Konferenz »Civil Society and Climate Change: On the Road to Paris« des European Environment and Sustainable Development Advisory Councils, Paris 2015. Siehe auch: Urgenda wins the case for better Dutch climate policies, www.urgenda.nl/en/climate-case/ (Abruf: 10. 1. 2017).

Die Herausforderungen der Energiewende

Ein zusammenfassender Blick auf einen komplexen langfristigen Gestaltungsprozess

von Manfred Fischedick

Die Umsetzung der Ziele einer umfassenden Transformation des Energiesystems, also einer Energiewende, stellt aus heutiger Sicht einen ambitionierten und zugleich hochkomplexen Gestaltungsprozess dar. Es handelt sich zudem um keinen linearen Prozess, sondern eher um einen Übergang in mehreren aufeinander aufbauenden Phasen. Der nachfolgende Beitrag liefert einen zusammenfassenden Blick auf den Gestaltungsprozess. Er soll helfen, die anstehenden Herausforderungen aus der Gesamtperspektive heraus besser zu verstehen und Ansatzpunkte für zukünftiges Handeln herauszukristallisieren.

Transformationserfahrungen nutzen

Transformationsherausforderungen bestehen nicht ausschließlich für das Energiesystem. Zudem sind umfassende Systemveränderungen kein grundsätzlich neues Phänomen. Ein Blick zurück auf Transformationsprozesse in anderen Sektoren kann wertvolle Hinweise zur Gestaltung einer Energiewende geben.
Was lernt man aus einer solchen Analyse: Weitreichende Umbrüche sind häufig in der Folge von Krisen oder Knappheitssituationen eingetreten. Sie entstehen, wenn bestehende Strukturen an ihre Grenzen stoßen, zum Beispiel wenn bisherige Verhaltensmuster nicht mehr tragbar respektive etablierte Geschäftsfelder rückläufig sind. Transformationen sind dann erfolgreich, wenn hinreichende technologische Möglichkeiten verfügbar sind und es gelingt, für sie einen adäquaten institutionellen, politischen, sozialen und kulturellen Umsetzungsrahmen zu schaffen. Gesellschaftlicher Diskurs, Partizipation und Teilhabe auf unterschiedlichen Ebenen wirken ebenso beschleunigend für die Umsetzung komplexer Veränderungsprozesse wie die Orientierung an einer gemeinsamen Vision und Transparenz in Bezug auf den Nutzen des Wandels. Paradebeispiel dafür ist der Ruf des damaligen Bundeskanzlers Willy Brandt nach dem »blauen Himmel über der Ruhr« vor gut 50 Jahren.

Energiewende als ganzheitliche Gestaltungsaufgabe

Eine Energiewende muss als ganzheitliche Aufgabe der Umgestaltung des gesamten Energiesystems verstanden werden und Synergieeffekte und negative Rückkopplungen zwischen den Sektoren im Blick haben. Eine Energiewende ist vor diesem Hintergrund deutlich mehr als eine Stromwende, auch wenn der Bereich der Stromerzeugung in Bezug auf die klimaverträgliche Ausgestaltung des Energiesystems – als eine Kernanforderung der Energiewende – Vorreiterfunktion hat. Eine Energiewende ist auch keine reine Angelegenheit der nachhaltigen Bereitstellung und Verteilung von Energie. Soll eine Energiewende erfolgreich gestaltet werden, geht es nicht nur um den Ausbau erneuerbarer Energien und deren Systemintegration, sondern insbesondere auch um eine signifikante Steigerung der Energieeffizienz in allen Sektoren.

1 *Vor über 50 Jahren forderte Bundeskanzler Willy Brandt »blauen Himmel über der Ruhr« und markierte damit den Beginn des umweltpolitischen Denkens in Deutschland.*
Foto: ap/dpa/picture alliance/Süddeutsche Zeitung

Dabei ist die Aufgabe, Energie effizient einzusetzen und durch energiebewusstes Verhalten sparsam mit ihr umzugehen, auch dann keineswegs obsolet, wenn wir das Energiesystem und insbesondere die Stromversorgung vollständig auf erneuerbare Energien umgestellt haben sollten und diese – durch weitere technologische Verbesserungen und weiterentwickelte industrielle Fertigungsstrukturen – sehr kostengünstig zur Verfügung stehen sollten. Der Traum von einer Flatrate, wie wir sie heute im Bereich der Telekommunikation kennen und schätzen gelernt haben, ist nicht auf den Bereich der Energieversorgung übertragbar. Der Grund ist ganz einfach: Jegliche Form der Energiebereitstellung – und hier machen die erneuerbaren Energien keine Ausnahme – ist mit ökologischen und gesellschaftlichen Auswirkungen verbunden, sei es die verstärkte Inanspruchnahme von Flächen, Eingriffe in das Landschaftsbild oder die Einbindung knapper Ressourcen in die Herstellungsprozesse, um nur einige wenige Beispiele zu nennen. Schon aus Gründen der breiten gesellschaftlichen Akzeptanz der Energieversorgung, deren dauerhafte Aufrechterhaltung zu den größten Herausforderungen bei der Umsetzung einer Energiewende zählt, ist daher ein effizienter und sparsamer Umgang mit Energie erforderlich. Zudem vergessen wir gerne, dass wir Strom aus erneuerbaren Energien längerfristig nicht nur zur Abdeckung der heute bekannten strombetriebenen Produkte und Prozesse brauchen, sondern mittel- und langfristig auch zur klimaverträglichen Ausgestaltung des Verkehrs, der Industrie und der Wärmeversorgung. Hierfür wird sehr viel mehr Strom aus erneuerbaren Energien notwendig sein, als wir heute einsetzen – ein weiterer guter Grund, umsichtig mit den Auswirkungen des Ausbaus umzugehen.

2 *Offshore-Windparks bilden eine mögliche Säule der erfolgreichen Dekarbonisierung des Energiesytems.*

Foto: malp/Fotolia

Energiewende als Prozess mit unterschiedlichen Phasen

Wie kann eine Energiewende praktisch gestaltet werden und wie stellt man sicher, dass es keine Brüche gibt, sondern die Ziele kontinuierlich verfolgt werden? Dazu bedarf es zunächst einmal der Erkenntnis, dass es sich bei einer Energiewende um keinen linearen Prozess handelt, sondern wir es mit unterschiedlichen Phasen und ihren jeweiligen Dynamiken und Besonderheiten zu tun haben.

Versteht man eine Energiewende als langfristigen Pfad der vollständigen Dekarbonisierung des Energiesystems, kann diese vereinfacht in vier Phasen unterteilt werden. Bemerkenswert dabei ist, dass die Grenzen zwischen den Sektoren und zwischen den Infrastruktursystemen im Zeitverlauf immer weiter verschwimmen werden und mehr und mehr ganzheitliche Systemlösungen gefragt sind. Dies erhöht zum einen zwar die Handlungsmöglichkeiten im System, auf der anderen Seite aber auch die Komplexität. Am Beispiel der Stromversorgung sollen die Phasen nachfolgend kurz skizziert werden.

1. Die erste Phase einer Energiewende ist sehr stark geprägt durch die Bewusstseinsbildung, die Entwicklung und Markteinführung neuer Technologien sowie den Aufbau neuer Strukturen und das Ausschöpfen von Kostendegressionseffekten. In Bezug auf die Stromerzeugung aus erneuerbaren Energien haben wir diese Phase in Deutschland bei heutigen Marktanteilen von mehr als 30 Prozent (Stand Ende 2015) bereits hinter uns gelassen.

2. Die zweite und vielleicht entscheidende Phase steht bei Stromerzeugungsanteilen erneuerbarer Energien zwischen 30 und 60 Prozent ganz im Zeichen der Systemintegration, das heißt der intelligenten technischen wie ökonomischen Organisation des Wechselspiels zwischen den Technologien. Die primäre Aufgabe besteht darin, die stark schwankende (fluktuierende) Erzeugung von Windkraftwerken und Solaranlagen optimal zu nutzen.

S. 106 bis 111

3. In der dritten Phase mit Marktanteilen erneuerbarer Energien an der Strombereitstellung zwischen 60 und 100 Prozent stehen zunehmend die (Langzeit-) Speicherung, die weitgehende Vervollständigung der europäischen Integration und der Aufbau sektorübergreifender Strukturen im Vordergrund. Strom aus erneuerbaren Energien, der zum Zeitpunkt der Erzeugung keiner direkten Verwendung zugeführt werden kann, wird zunehmend umgewandelt in Wärme *(Power-to-Heat)*, Wasserstoff oder synthetisches Erdgas *(Power-to-Gas)*, Kraftstoffe *(Power-to-Fuels)*, Einsatzstoffe für die Industrie *(Power-to-Chemicals)* und kommt damit vermehrt auch in den Bereichen als Endenergieträger zum Einsatz, wo die direkten Einsatzmöglichkeiten von Strom begrenzt sind (Industrie, Verkehr). Das Stromsystem muss dabei so gestaltet sein, dass es in der Lage ist, Zeiten mit wenig Wind und geringer solarer Einstrahlung (sogenannter »Dunkelflaute«) jederzeit zu überbrücken, damit die Netz- und Systemstabilität auch in diesen Zeiträumen nicht gefährdet ist.

3 *Für die erfolgreiche Integration erneuerbarer Energien muss ein Energiesystem geschaffen werden, das die Wechselhaftigkeit von Sonnen- und Windenergie ausgleicht.*
Foto: anyaivanova/Shutterstock.com

S. 112 bis 117

S. 118 bis 123

4. In der vierten Phase einer Energiewende kommt es zu einer fortgesetzten Verdrängung fossiler Energieträger aus den Endenergiesektoren. Strom aus erneuerbaren Energien und seine Umwandlungsprodukte *(Power-to-X)* stellen dann den zentralen Baustein für die Dekarbonisierung des gesamten Energiesystems. Die Stromerzeugung aus erneuerbaren Energien übertrifft in dieser Phase die (klassische) Stromnachfrage aus den Nachfragesektoren deutlich.

In allen vier Phasen muss die Ausschöpfung der bestehenden Energieeffizienzpotenziale als zweite strategische Säule der Energiewende den Ausbau erneuerbarer Energien begleiten.

Dauerhafte Anstrengungen und Paradigmenwechsel auf unterschiedlichen Ebenen

Die Umsetzung einer solch weitgehenden Systemtransformation ist alles andere als ein Selbstläufer. Sie ist technologische, ökonomische und gesellschaftliche Herausforderung zugleich und erfordert einen mehrfachen Paradigmenwechsel.
Ein Paradigmenwechsel muss sich im Wechselspiel zwischen der Angebots- und Nachfrageseite vollziehen. Gerade für die Ausschöpfung der Energieeffizienzpotenziale bedarf es eines neuen Ansatzes. Bis dato waren Energieträger ein weitgehend homogenes, durch die Infrastruktur (zum Beispiel das Stromnetz) bestimmtes Gut. Zukünftig stehen eher die Dienstleistungen hinter dem Energieeinsatz im Vordergrund. Unternehmen vermarkten den »warmen« oder »beleuchteten« Raum oder den Transport von A nach B statt die Kilowattstunde Strom, den Kubikmeter Erdgas oder den Liter Erdöl. Sie weiten damit ihre Wertschöpfungskette aus und versuchen, sich mit guten Angeboten zu profilieren. Als zentrale Kompetenzträger sind sie darauf bedacht, die Angebote mit dem geringsten möglichen Energiebedarf zu realisieren. Es entstehen neue Geschäftsideen und zwar sowohl der etablierten Marktakteure sowie von Newcomern. Die Möglichkeiten der Digitalisierung werden diesen Trend beschleunigen und vielfältige Produkt-Dienstleistungs-Kombinationen entstehen lassen.
Auch auf der politischen Ebene bedarf es eines Umdenkens. Heute vielfach noch parallele Vorgaben und Gesetze im sogenannten Mehr-Ebenen-System müssen einmünden in einen integrierten und konsistenten Ansatz, der die Interessen und Möglichkeiten der globalen Staatengemeinschaft, der Europäischen Union, ihrer einzelnen Mitgliedsländer, der Regionen und Kommunen abgleicht und bündelt. Letztlich erfordern Systemveränderungen, wenn sie erfolgreich gestaltet werden sollen, breite gesellschaftliche Diskurse über die Gestal-

tungsmöglichkeiten und -grenzen der Energiewende, das heißt eine offene und faire Diskussion über das Für und Wider von verschiedenen Entwicklungslinien. Nur über diese Einbindung in den Gestaltungsprozess, verbunden mit einer aktiven Teilhabe am Umbau des Energiesystems (zum Beispiel über Bürgerenergieanlagen), ist eine gesellschaftliche Akzeptanz für den Transformationsprozess zu erzielen und dauerhaft aufrechtzuerhalten.

Eine Energiewende ist damit nichts anderes als eine Gemeinschaftsaufgabe, die ein »neues« Zusammenspiel von Politik, Gesellschaft, Wissenschaft und Wirtschaft erfordert – nur dann kann sie erfolgreich gestaltet werden. Sie ist aber auch ein lernendes System, für das bis dato eine Blaupause fehlt. Lernen heißt aber auch, Fehler zu machen und aus diesen Fehlern zu lernen. Energiewende bedarf daher eines »adaptiven« Managements. Es braucht aus diesem Grund eine Politik, die einerseits Pfade vorgibt, die eine klare Richtungssicherheit haben und sich an der beschriebenen Vision der Energiewende orientieren, andererseits aber hinreichende Flexibilität, um auf sich verändernde Rahmenbedingungen adäquat und zielgerecht reagieren zu können.

Die Schwierigkeit besteht darin, dass wir den richtigen Weg (wenn es ihn denn überhaupt gibt) zur Umsetzung der Ziele der Energiewende nicht kennen, trotzdem aber jetzt Entscheidungen treffen müssen. Dies nicht zuletzt deswegen, weil Innovationsprozesse lange dauern und auch der Aufbau neuer Infrastrukturen viel Geduld erfordert. Wenn wir morgen am Ziel sein wollen, dann müssen wir heute beginnen, uns in seine Richtung zu begeben. Aber wir müssen bei unseren Entscheidungen aufpassen, nicht in Pfadabhängigkeiten hineinzulaufen oder in »Lock-in-Situationen« zu geraten, uns also so weit in eine Richtung bewegt zu haben, dass wir nicht mehr umkehren können, auch wenn wir plötzlich erkennen, dass wir uns in einer Sackgasse befinden.

Aufgrund der nicht zuletzt wegen der fehlenden Erfahrungen vielfältigen Unsicherheiten bei der Systemtransformation sowie der hohen Dynamik sind der Wille und die Fähigkeit der Politik, ihre Strategien regelmäßig zu reflektieren und eine partizipative Politikgestaltung zu wählen, von zentraler Bedeutung als Erfolgsfaktor für die Umsetzung einer Energiewende. Das gemeinschaftliche Ringen um den richtigen Weg hat aber auch einen entscheidenden Nachteil: Es kostet Zeit. Zeit, die aufgrund der pausenlos zu treffenden Entscheidungen möglicherweise nicht vorhanden ist. Die Kunst wird daher sein, die richtige Balance zu finden zwischen einem hohen Maß an Beteiligung und der Sicherstellung einer ausreichenden Reaktionsfähigkeit.

Wahrlich keine einfachen Zeiten für die Entscheidungsträger. Der Klimawandel schreitet aber stetig weiter voran: Klimaschutz duldet daher keinen Aufschub – auch und gerade nicht für die Politik!

4 *Die internationale Klimakonferenz 2015 in Paris: In Zukunft braucht es mehr internationale Allianzen, die gemeinsam an der Umsetzung einer klimaverträglichen globalen Energieversorgung arbeiten.*

Foto: Reuters/ Jacky Naegelen

Energiewende als Teil eines globalen Prozesses

Eine Energiewende (wie sie in Deutschland derzeit angestrebt wird) kann nicht als rein nationale Aufgabe verstanden werden, auch wenn es nationaler Vorreiter bedarf, die den Mut und die Ausdauer haben, neue Wege zu beschreiten. Werden die Ziele der Energiewende ernst genommen, hat Deutschland das Potenzial, ein solcher Vorreiter sein zu können. Dabei geht es mit Blick auf den Multiplikatoreffekt darum, zeigen zu können, dass eine Energiewende zusammenpasst mit einem starken Industriestandort – ja geradezu die Voraussetzung dafür ist, diesen Status dauerhaft zu erhalten.

Die Umsetzung der Energiewende ist gleichwohl nicht nur aus eigener Kraft und im Alleingang zu schaffen – weder in Deutschland noch an anderer Stelle. Die Beschlüsse des Klimagipfels in Paris im Dezember 2015, mit denen einer klimaverträglichen Ausgestaltung des globalen Energiesystems bis zur Mitte des Jahrhunderts der Weg bereitet werden soll, haben noch einmal sehr deutlich gemacht, dass es zukünftig mehr internationale Allianzen geben muss, die gemeinsam an der Umsetzung arbeiten. Auf der einen Seite geht es darum, ein *level playing field* zu schaffen, also für alle Länder möglichst gleiche Rahmenbedingungen für die Umsetzung (zum Beispiel monetäre Anreize durch einen möglichst einheitlichen CO_2-Preis), um nicht immer wieder das Argument zu hören, dass man ja etwas tun möchte, aber nicht kann, da man sich im Wettbewerb zu anderen Ländern befinden würde, die gegebenenfalls keine Klimaschutzauflagen implementiert haben. Auf der anderen Seite ist es entscheidend, die Kräfte zu bündeln, wenn es darum geht, neue Technologien zu entwickeln und in den Markt einzuführen. Anders ausgedrückt: Es geht um mehr grenzüberschreitende Forschungskooperationen, Innovationsallianzen und aufeinander abgestimmte Markteinführungsmechanismen. Damit ist nichts anderes als ein Paradigmenwechsel in der Politik beschrieben: verstärkte Internationalisierung in Zeiten, in denen die Zeichen in vielen Politikbereichen eher auf Abschottung denn auf Zusammenarbeit stehen.

Eine Umstellung der heutigen Energielandschaft auf eine nachhaltige Energieversorgung erfordert ein Verständnis ihrer verschiedensten Elemente und von deren Zusammenspiel. Die Themen erstrecken sich von der Energiegewinnung aus unterschiedlichen Quellen, über Speicherung und Verteilung bis hin zu Nutzung von Energie. Die einzelnen Aspekte werden im Folgenden als die »Themenräume der Energiewende« bezeichnet.
Innerhalb der Ausstellung *energie.wenden* dienen diese zehn Themenräume den Besucherinnen und Besuchern als Wissensspeicher, die mit eindrucksvollen Exponaten, spannenden Demonstrationen sowie informativen Medienstationen und Grafiken bestückt sind. Die Inhalte, Kernpunkte und wissenschaftlichen Hintergründe der zehn Themenräume werden auf den folgenden Seiten vorgestellt.

THEM RÄ

EN-
UME

Nachwachsende Rohstoffe – klimaneutrale Multitalente

von Christina Geyer

Seit jeher dienen Pflanzen dem Menschen nicht nur als Nahrung, sondern auch als Energielieferanten. Letzteres begann mit dem Verfeuern von Holz in offenen Feuerstellen zum Wärmen und Kochen. Auch heute ist etwa die Hälfte der Menschheit auf Holz als Energieträger angewiesen. Zusätzlich werden feste, flüssige oder gasförmige Brennstoffe aus Pflanzen in modernen Heizungsanlagen, als Treibstoff in Fahrzeugen oder für die Produktion von Strom genutzt. Damit ist Biomasse so flexibel einsetzbar wie fossile Rohstoffe und stellte 2008 weltweit etwa 80 Prozent der erneuerbaren Quellen.[1] Die Rohstoffe aus Wald und Feld haben eine gute CO_2-Bilanz, stehen aber in Konkurrenz um begrenzte Anbauflächen. Sowohl Anbau als auch Nutzung müssen nachhaltig erfolgen, damit pflanzliche Energiequellen langfristig zum Einsatz kommen können und ihre Umweltauswirkungen gering sind.

Energie aus dem Wald

Fast überall auf der Welt wachsen Wälder. Damit ist Holz gut verfügbar, zudem praktisch zu lagern und leicht zu verwenden. Es stellt den größten Anteil der nachwachsenden Rohstoffe.
Eine große Menge an Holz wird – vor allem in Südamerika, Afrika und Asien – für den Eigenbedarf geschlagen oder gesammelt und auf traditionelle Weise in teilweise völlig ineffizienten Feuerstellen verbrannt. Neben dieser traditionellen Nutzung wurden 2014 weltweit knapp 1,9 Millionen Kubikmeter an Holzbrennstoffen wie Scheitholz und Hackschnitzel hergestellt.[2] Diese können sehr effizient zum Beispiel in Holzvergaserkesseln mit einem hohen Wirkungsgrad und einem niedrigen Schadstoffausstoß zum Heizen von Wohnräumen eingesetzt werden (vgl. Abbildung 1).
Außer als Rohstoff für die Energieversorgung ist Holz ein wichtiges Baumaterial und wird darüber hinaus für die Herstellung von Produkten wie Möbel, Kisten sowie Pappe und Papier verwendet.
Wälder sind natürlich nicht nur Holzlieferanten, sondern Lebensraum für Pflanzen und Tiere, geschätzter Erholungsraum für Menschen und ein wesentlicher Kohlenstoffspeicher. Trotz intensiver gesellschaftlicher Diskussionen um die ökologische Bedeutung der Wälder nehmen die globalen Waldflächen von Jahr zu Jahr um mehrere Millionen Hektar ab. Zwar vergrößerten sich in Europa, Nordamerika und China die Bestände durch Aufforstung in den letzten Jahrzehnten, aber zugleich wurden und werden vor allem in Lateinamerika und der Karibik große Waldflächen in landwirtschaftliche Nutzflächen umgewandelt[3] (vgl. Abbildung 2).

1 In Holzvergaserkesseln wird aus Scheitholz bei etwa 600 °C Brenngas erzeugt, das in der darunterliegenden Brennkammer mit hohem Wirkungsgrad verbrannt wird.
Foto: DMA CD74057, Stifter: HDG Bavaria GmbH, Massing

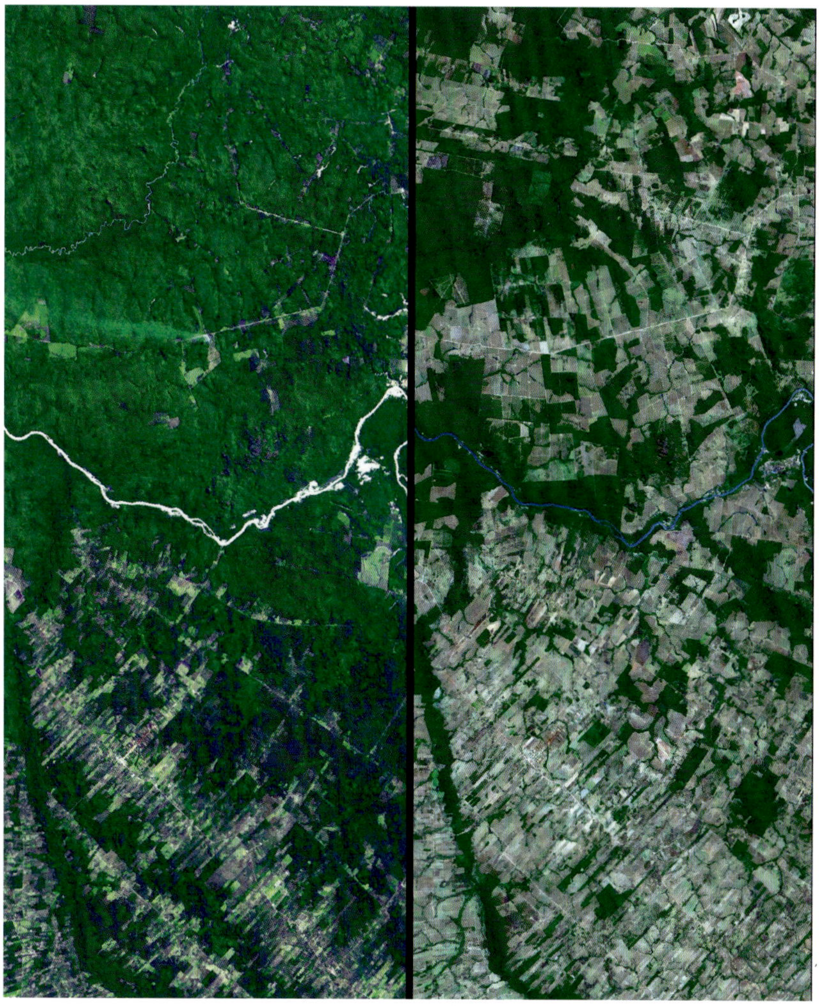

2 In Mato Grosso verlor der brasilianische Regenwald von 1992 (links) bis 2006 (rechts) 50 Prozent seiner Fläche durch oft illegale Umwandlung der Waldflächen in Weiden und Äcker.
Foto: NASA/GSFC/METI/ERSDAC/JAROS, and U.S./Japan ASTER Science Team

Erhalt des Waldbestandes

Maßnahmen zum Erhalt der Wälder erfolgten bereits im Mittelalter: Aufgrund lokal auftretender »Holznöte« wurde im Nürnberger Reichswald 1309 auf ein Dekret von Heinrich VII. die Holzernte beschränkt, durch gezieltes Aussäen von rasch wachsenden Nadelbäumen aufgeforstet und damit schließlich eine Steigerung der Erträge erzielt.
Heute arbeitet die moderne Forstwirtschaft nach dem Prinzip der Nachhaltigkeit, was bedeutet, dass nicht mehr Holz aus den Wäldern entnommen werden darf, als im gleichen Zeitraum nachwachsen kann. Ziel ist es, die Ressource Wald langfristig nutzen zu können.
Weitere Strategien für mehr Nachhaltigkeit betreffen die sukzessive Nutzung des Holzes für mehrere Zwecke: Beispielsweise werden aus Holz zunächst Produkte wie

3 Prinzip der Kaskadennutzung: Zuerst wird aus dem Baum ein Produkt hergestellt und erst nach dessen Lebenszeit wird das Holz verbrannt.

Foto: DMA CD73480, CD73483, CD73481, Stifter: Schreinerinnung München und Go In GmbH, Landsberg

Baumaterial oder Möbel hergestellt – nach deren primärer Nutzung dienen sie als Brennstoff. Dies nennt man Kaskadennutzung (vgl. Abbildung 3). Durch gezielten Einsatz von Ersatzbrennstoffen wie Kokosnussschalen, Pinienkernen oder Kirschkernen soll der Druck auf lokale Waldressourcen verringert werden. Wichtig ist aber vor allem, den lokalen Holzeinschlag für Brennholz durch dezentrale Solar- oder Windprojekte zu verringern, um die Wüstenbildung aufzuhalten (siehe den Beitrag »Sonne und Wind« in diesem Buch). Darüber hinaus gibt es in vielen Ländern Wiederaufforstungsprogramme, die entweder staatlich gefördert sind oder von Nichtregierungsorganisationen organisiert werden. Das Setzen und die nachhaltige Nutzung von Millionen von Setzlingen bringen neue Einkommensquellen in die Regionen (vgl. Abbildung 4), in denen die Projekte stattfinden. Darüber hinaus erhalten aber auch Privatpersonen, Unternehmen und Staaten in anderen Regionen der Welt durch die Unterstützung solcher Projekte die Möglichkeit, ihre Treibhausgasemissionen rechnerisch zu mindern oder komplett an anderer Stelle auszugleichen – diese Kompensation wird mit dem Handel von Zertifikaten gesteuert.

Rohstoffe vom Feld

Agrarrohstoffe sind für viele Lebensbereiche von zentraler Bedeutung: als Lebens- und Futtermittel sowie für die Energieversorgung und als Industrierohstoffe. Weltweit kommen dafür überwiegend Hochertragssorten von Mais (vgl. Abbildung 5), Zuckerrohr und Ölpalmfrucht zum Einsatz. Die lange Erfahrung im Anbau dieser Nutzpflanzen in Kombination mit den neuen Sorten führten und führen zu Ertragssteigerungen und hohen Energiegehalten. Diese sogenannten Energiepflanzen werden aber nur zu einem Teil speziell für die Energieversorgung angebaut: Mais wird nur zu knapp zehn Prozent energetisch genutzt, die Ölpalmfrucht zu etwa vier Prozent und das Zuckerrohr nur zu rund zwei Prozent (2008).[4] Unbedeutend sind die Biokraftstoffe trotzdem nicht. Aus ölhaltigen Pflanzen wurden im Jahr 2014 immerhin etwa 30 Milliarden Liter Biodiesel und -kerosin erzeugt[5], mit denen man nicht nur Dieselfahrzeuge, sondern auch Flugzeuge antreiben kann.

4 Die Nichtregierungsorganisation *Green Belt Movement* bewirkte seit ihrer Gründung 1977 das Setzen von über 51 Millionen Bäumen in Kenia.

Foto: http://takingrootfilm.com

5 Auf der ganzen Erde werden jährlich mehr als 820 Millionen Tonnen Mais produziert. Davon werden nur knapp zehn Prozent energetisch verwertet.
Foto: Firma V/ Shutterstock.com

Mit 94 Milliarden Litern (2014)[6] ist die produzierte Menge an Bioethanol aus stärke- oder zuckerhaltigen Pflanzen noch größer. Bioethanol findet etwa zur Verbrennung in Ottomotoren Einsatz. Zusätzlich werden große Mengen an Biogas durch Vergärung aus eigens angebauten Pflanzen, Bioabfällen oder Exkrementen in industriellen Anlagen und von zahlreichen Kleinproduzenten hergestellt. Das Gas, das wie Erdgas zu allergrößten Teilen aus Methan besteht, wird zum Beispiel in Brennstoffzellen-Heizgeräten und Blockheizkraftwerken eingesetzt, von gasbetriebenen Fahrzeugen getankt oder zum Kochen verwendet. Strom aus Biokraftstoffen kann die schwankende Einspeisung von Photovoltaik und Windkraft ausgleichen und ist damit ein praktischer Baustein für die nachhaltige Stromerzeugung. Biokraftstoffe sind also wie Erdöl und Erdgas gut zu transportieren und genauso flexibel verwendbar – häufig ist dafür eine geringe Anpassung der bestehenden Technologien ausreichend.

Einsparung von Treibhausgasen

Doch wie gut schneiden Holz und Biokraftstoffe in ihrer CO_2-Bilanz ab? Pflanzen wandeln mit Energie aus Sonnenlicht CO_2 und Wasser zu Zucker und Sauerstoff um.
Die Zuckerbausteine dienen dem Aufbau von Zellsubstanz, wie Stärke und Zellulose. Die Photosynthese ermöglicht es also der Pflanze, zu wachsen und chemische Energie aufzubauen. Wird die Pflanze dann verbrannt oder verrottet sie, wird nur so viel CO_2 ausgestoßen, wie sie zuvor aufgenommen hat. Deshalb wird von einem Kohlenstoffkreislauf mit neutraler CO_2-Bilanz gesprochen, wenn genauso viel Biomasse verbrannt wird, wie in der gleichen Zeit nachwächst.
Bevor Biomasse als Energielieferant genutzt wird, sind allerdings häufig Prozesse nötig, die selbst Energie verbrauchen. Bei Holz fällt lediglich für Transport und Verarbeitung ein geringer zusätzlichen CO_2-Ausstoß an. Für die Rohstoffe vom Feld dagegen kann der Energieeinsatz hoch sein, zum Beispiel für den Einsatz von Düngemitteln, den Transport der Rohstoffe zu den Anlagen oder für die Veredelungsprozesse zu Kraftstoffen. So spart Biodiesel aus Raps im Durchschnitt nur knapp 40 Prozent an Treibhausgasen im Vergleich zur Verbrennung von Diesel ein, Ethanol aus Zuckerrohr immerhin circa 70 Prozent[7]. Aktuell arbeiten Forscher an der Verbesserung der Bilanzen. Zusätzlich werden die Richtlinien der EU für Emissionen von Biokraftstoffen immer strenger, so dass die am EU-Markt verfügbaren Biotreibstoffe in den nächsten Jahren noch klimafreundlicher werden.

Die Flächenkonkurrenz

Vor allem wegen der potenziellen Konkurrenz zwischen Teller, Trog und Tank ist eine Steigerung der Produktion von Biokraftstoffen umstritten. Mit wachsender Weltbevölkerung und steigenden Ansprüchen, etwa der Erhöhung des Fleischkonsums, wird der Druck auf die vorhandenen Flächen bereits unabhängig vom Energiehunger zunehmen. Es ist zu befürchten, dass sowohl weitere (Ur-)Waldflächen zu Ackerflächen umgewandelt werden als auch die Preise für Lebensmittel ansteigen. Heute baut der Mensch auf etwa 1,5 Milliarden Hektar Ackerland Pflanzen für vielfältige Nutzungszwecke an: Mehr als 70 Prozent der Biomasse, wozu auch nicht vom Menschen gegessene Pflanzenteile wie Blätter oder Halme gehören, werden als Futtermittel, etwa 20 Prozent als Nahrungsmittel und nur je knapp fünf Prozent für die Energieerzeugung und als Industrierohstoff verwendet (2008).[8] Selbst wenn man auf allen existierenden Feldern ausschließlich Rohstoffe für Bioenergie anbauen würde, könnte damit nicht der hohe globale Erdölverbrauch ersetzt

6 Geschlossene Photobioreaktoren dienen als Kultivierungssysteme für Algenbiomasse unter gut steuerbaren Bedingungen.
Foto: Subitec GmbH, Stuttgart

werden. Es wird aber geschätzt, dass etwa 20 Prozent des weltweiten Energiebedarfs nachhaltig durch Biomasse gedeckt werden könnten. Im Jahr 2008 lag die Produktion von Biomasse für die Energieversorgung bei etwa zehn Prozent[9] des globalen Primärenergieeinsatzes – wobei dies nicht immer nachhaltig erfolgte.
Noch ein Blick in die Vergangenheit: Interessanterweise ist die Nutzung von Pflanzen zur Erzeugung von Energie nicht neu: Traditionell werden Rinder sowohl zur Fleisch- und Milchproduktion als auch als Zug- und Arbeitstiere genutzt. Damit fallen Trog und Tank zusammen.
Im 18. Jahrhundert vertilgten das Zugvieh und andere Arbeitstiere in Europa etwa 20 bis 25 Prozent des gesamten Energieverbrauchs.[10]

Biokraftstoffe ohne Flächenkonkurrenz

Um in Zukunft mehr klimafreundlichen Treibstoff zu erzeugen, ohne eine Konkurrenz mit Nahrungsmitteln zu riskieren, wird an diversen Strategien geforscht. Dabei finden zum einen die generellen Ansätze Anwendung, die in der Landwirtschaft eine Steigerung der Erträge bewirken, also etwa Züchtung, Düngung, Pflanzenschutz, Bewässerung und Mechanisierung. Im Speziellen wird dazu an Rohstoffen für die Energieerzeugung geforscht, deren Anbau keine zusätzlichen Ackerflächen benötigt: Derzeit entwickelt man neue Verfahren wie die Biomasseverflüssigung, die auch Reststoffe wie Stroh für die Herstellung von synthetischen Kraftstoffen nutzbar macht. Da hierfür Energie aufgewendet werden muss und Stroh auch direkt verheizt werden könnte, wird die Umwandlung teilweise kritisch gesehen. Bereits weit verbreitet ist hingegen die Biogasproduktion aus tierischen Exkrementen:
Gülle und Mist sind kostengünstig und benötigen keine gesonderten Anbauflächen. Zu guter Letzt scheint auch die Züchtung von Algen in Bioreaktoren vielversprechend (vgl. Abbildung 6): Algen mit einem Fettgehalt von bis zu 70 Prozent eignen sich für die Biodieselproduktion[11], die Restbiomasse kann zu Biogas vergoren werden. Algen in Kultur schlagen Landpflanzen mit einer höheren Produktivität pro Fläche und können CO_2 aus Abgasen zum Wachsen nutzen. Nachteilig sind allerdings hohe Investitionskosten und die energieaufwendige Aufbereitung.
Unabhängig von der Entwicklung neuer Rohstoffe und Verfahren ist natürlich immer eine effiziente und sparsame Nutzung der Ressourcen von zentraler Bedeutung. Nur so können Umweltauswirkungen auf ein Minimum reduziert werden.

1 Fachagentur für nachwachsende Rohstoffe (FNR): Bioenergie – die vielfältige erneuerbare Energie. Gülzow-Prüzen 2013, S. 14.
2 FAO Facts and figures. Global Production and Trade of Forest Products in 2014. www.fao.org/forestry/statistics/80938/en/ Source: FAOSTAT-Forestry database (Abruf: 10.1.2017).
3 Food and Agriculture Organization of the United Nations (FAO): Global Forest Resources Assessment 2010, Rom 2010.
4 Raschka, Achim; Carus, Michael: Stoffliche Nutzung von Biomasse – Basisdaten für Deutschland, Europa und die Welt. Hürth 2012, S. 18, Tab. 2: Stoffliche und energetische Nutzung von nachwachsenden Rohstoffen weltweit, Referenzjahr 2008.
5 REN21: Renewables 2015 – Global Status Report. Paris 2015, S. 129.
6 Siehe Fußnote 5.
7 Siehe Fußnote 1, S. 7.
8 Siehe Fußnote 4, S. 20.
9 Wissenschaftlicher Beirat Globale Umweltveränderungen (WBGU): Welt im Wandel – Zukunftsfähige Bioenergie und nachhaltige Landnutzung. Berlin 2009, S. 3.
10 Kander, Astrid; Malanima, Paolo; Warde, Paul: Power to the People. Energy in Europe over the Last five Centuries. Princeton 2013, S. 38.
11 FNR: Energiepflanzen, Algen. www.energiepflanzen.fnr.de/energiepflanzen/algen/ (Abruf: 10.1.2017).

Weltweit haben Menschen kreative Lösungen gefunden, die Energie, die in Pflanzen steckt, zu nutzen. Die Motivationen können dabei sehr unterschiedlich sein. Die einen möchten teuren Diesel durch günstigere Alternativen ersetzten und andernorts nutzen Bauern ganz einfach die Gelegenheit, mit Ernteabfällen Geld zu verdienen. Denn in Biogasanlagen können selbst Erntereste, zum Verzehr ungeeignete Pflanzen oder sogar Tierdung zur Energiegewinnung genutzt werden – und so klimaschädliche fossile Rohstoffe ersetzen.

Vietnam. Biogas aus Abwasser der Maniokverarbeitung

In Vietnam wird Maniok angebaut und zu Tapioka-Stärke verarbeitet. Das Herauslösen und Eindampfen der Stärke benötigt viel Wärme, die bisher durch Kohleverbrennung bereitgestellt wurde. Klimaschädlich sind auch die Abwässer, die in große Teiche geleitet werden, dort gären und das Treibhausgas Methan freisetzen. Der Umweltmanager Nguyen Bach Mai bedeckt nun die Teiche seiner Fabrik mit einem riesigen Ballon, um das Biogas aufzufangen. Damit wird sogar mehr Energie bereitgestellt, als die Anlage selbst benötigt.

Im Bild: Vietnamesische Bauern bei der Maniok-Ernte.
Foto: Global Ideas/Christian Jaburg

Benin. Biodiesel aus Jatropha

Auf dem Land im westafrikanischen Benin wird Diesel regelmäßig knapp. Die Genossenschaft Kpondéhou benötigt diesen aber, um mit Maschinen Speiseöl aus Palmfrüchten zu pressen. Deshalb produziert die Genossenschaft nun eigenen Biodiesel aus der einheimischen, ungenießbaren Jatropha-Pflanze. Die ölhaltigen Kerne der Sträucher werden zweimal im Jahr geerntet und lokal verarbeitet. 30 Prozent des Dieselbedarfs der beteiligten Dörfer sollen in Zukunft mit Jatropha gedeckt werden.

Im Bild: In Benin wird Treibstoff auch flaschenweise verkauft.
Foto: Global Ideas/Bettina Thoma

Indien. Strom aus Ernteresten

Im indischen Bundesstaat Rajasthan ist es sehr trocken. Hier wachsen vor allem Senfpflanzen. Der Senfbauer Mohan Chaudhary verkauft die Körner für die Produktion von Bratöl. Früher verbrannte er die Erntereste ungenutzt auf dem Feld. Nun bringen er und etwa 5000 weitere Bauern die Abfälle jedes Jahr zu einem Biomasse-Kraftwerk. Damit verdienen die Bauern zusätzliches Geld und etwa 40 000 Haushalte der Region werden mit Strom aus nachwachsenden Rohstoffen versorgt.

Im Bild: Senfernte im Bundesstaat Rajasthan in Indien. Foto: Global Ideas/Wolfgang Gebhardt

Nepal. Biogas aus Dung

Viele Nepalesen müssen oft stundenlang im Wald Brennholz sammeln. In Hütten mit nur einem Raum kochen sie auf rauchenden Feuerstellen. Die vergleichsweise wohlhabende Familie Kumal hat stattdessen eine Biogasanlage. Der sechs Kubikmeter große unterirdische Gärbehälter wird durch ihre Toilette und mit dem Dung ihrer Wasserbüffel gespeist. Das eigene Biogas reicht für die Familie zum Kochen – ohne Qualm. Finanziert wurde die Anlage durch Zuschüsse der Regierung und mit einem bereits abgezahlten Kredit.

Im Bild: Die Familie Kumal vor ihrer Biogasanlage.
Foto: Global Ideas/Wolfgang Bernert

Fossile Energieträger – die Endlichen

von Christina Newinger

Die fossilen Energieträger Kohle, Erdgas und Erdöl bilden die Eckpfeiler der heutigen Energieversorgung. Die immensen Vorräte – entstanden im Laufe von Hunderten Millionen Jahren – werden heute in nur wenigen Jahrzehnten aufgezehrt. Pro Jahr verbrennen die Menschen etwa so viel Erdöl, wie in einer halben bis einer Million Jahre entstanden ist.[1] Doch auch die größten Vorräte sind endlich – und Förderung sowie Verbrennung der fossilen Energierohstoffe belasten Umwelt und Klima. Eine Energiewende zielt deshalb darauf ab, die fossilen Energieträger durch erneuerbare, nicht endliche zu ersetzen. Doch allen Bemühungen um alternative, klimafreundliche Energiequellen zum Trotz: Kohle, Erdgas und Erdöl werden noch für einige Zeit die dominanten Energielieferanten bleiben, denn eine Umstellung kostet Zeit und Geld – und viele Staaten sind vom Verkauf fossiler Rohstoffe abhängig. Allein 2013 wurden über 80 Prozent des weltweiten Energiekonsums durch fossile Energieträger gedeckt.[2] Wie können wir also von einem Rohstoff loskommen, von dem wir gesellschaftlich, politisch und wirtschaftlich noch immer abhängig sind?

1 Das Fossil aus einem Steinkohlebergwerk zeigt deutliche Spuren seiner Entstehungsgeschichte. Dieser Samenfarn war vor etwa 290 Millionen Jahren vor allem in Frankreich und Deutschland beheimatet. Seine bis zu 15 Meter hohen Stämme lieferten Pflanzenmaterial für die dort entstehende Steinkohle.

Foto: DMA CD73477, Leihgeber: Bayerische Staatssammlung für Paläontologie und Geologie, Sam. Nr: SNSB-BSPG AS XXXII 35

Entstehung fossiler Energieträger

Kohle und Erdöl sind einst aus den organischen Überresten von Pflanzen und Kleinstlebewesen entstanden. Vor Jahrmillionen haben diese Organismen bei der Photosynthese Sonnenlicht aufgenommen. Die Sonnenenergie von damals ist noch heute in den kohlenstoffhaltigen Rohstoffen gespeichert. Bei der Verbrennung wird die Energie wieder freigesetzt und vom Menschen genutzt. Die Nutzungsmöglichkeiten fossiler Energieträger sind vielfältig. Der Großteil wird zur Energieerzeugung in Kraftwerken, Fabriken, Heizungen oder Fahrzeugen verbrannt. Kohle hat sich vor allem aus den Landpflanzen tropischer Urwälder gebildet. Noch heute zeugen viele Fossilien von dieser Entstehungsgeschichte (vgl. Abbildung 1). Die Überreste der Pflanzen lagerten sich zunächst als Torf in Sümpfen und Mooren ab. Erdöl besteht vorwiegend aus Überresten von Meeresalgen, welche vor Jahrmillionen auf den Meeresgrund gesunken sind. Erdgas hingegen bildet sich sowohl in Kohle- als auch Erdöllagerstätten als Begleitprodukt. Unter Luftabschluss und hohen Temperaturen wandelt der immense Druck der überlagernden Erdschichten die abgestorbenen Organismen zu Kohle, Erdöl und Erdgas.[3]
Für Kohle gilt: Je tiefer sie unter der Erde lagerte, desto höher der Anteil an Kohlenstoff und damit auch der Energiegehalt. Die deutsche Weichbraunkohle ist mit ihren 25 Millionen Jahren noch relativ jung und hat einen Kohlenstoffgehalt von nur etwa 65 Prozent, entsprechend niedrig ist der Energiegehalt. Die 300 Millionen Jahre alte Steinkohle wurde hingegen so stark gepresst, dass sie einen Kohlenstoffanteil von 85 Prozent erreicht. Die meiste Energie kann jedoch aus Erdöl gewonnen werden (vgl. Abbildung 2). In Erdöl steckt etwa fünfmal so viel Energie wie in der gleichen Menge Braunkohle.

2 Die Kaukasusregion ist generell reich an Öl- und Gasvorkommen. Im Kaspischen Meer, Aserbaidschan, bildete sich vor etwa fünf Millionen Jahren wertvolles Erdöl, welches heute von der Ölplattform Neft Daşlari zur Energiegewinnung wieder an die Oberfläche befördert wird.

Foto: DMA CD73472, Stifter: Bergakademie Freiberg

Exploration und Förderung fossiler Energieträger

Häufig befinden sich Lagerstätten nicht nahe der Erdoberfläche, sondern mehrere Tausend Meter tief unter der Erde oder unter dem Meeresboden. Allein diese Lagerstätten aufzuspüren (Exploration), erfordert einige Ausdauer und technisches Fachwissen. Mit Geophonen vermessen Forscher zunächst den Untergrund. Die *Vibro Trucks* erzeugen die dafür notwendigen Schallwellen (vgl. Abbildung 3), deren Reflektionen aus dem Boden von den Geophonen aufgefangen werden. Mit Hilfe modernster Computerprogramme lassen sich so Karten des Untergrunds erstellen. Wo eine unterirdische Lagerstätte vermutet wird, graben sich massive Bohrköpfe kilometertief in die Erde, damit Bodenproben entnommen und geprüft werden können. Häufig erfordert es zahlreiche Anläufe und einen hohen

3 Bei Erdöl-Explorationen (hier bei Untersuchungen am Erdölfeld Bockstedt, Niedersachsen) erzeugen Vibro-Trucks durch Vibrationen Schallwellen in der Erde. An jedem Signalpunkt senken die Fahrzeuge ihre Bodenplatte auf den Untergrund ab und erzeugen einige Sekunden lang Signale. Die erzeugte Vibration ist vergleichbar mit der eines langsam vorbeifahrenden Lkw.
Foto: Wintershall Holding GmbH / Christian Burkert

Verschleiß an Material, bis die Bohrer in die gewünschte Tiefe vordringen können. Die Explorationen sind deshalb extrem kostenintensiv und zeitaufwendig.
Man unterscheidet bei den fossilen Lagerstätten zwischen Reserven und Ressourcen. Reserven sind diejenigen Lagerstätten, deren Förderung sich schon heute finanziell lohnt.
Als Ressourcen bezeichnet man schwer erschließbare Quellen oder gegenwärtig unbekannte Vorräte, die noch im Untergrund vermutet werden. Um die Klimaziele zu erreichen, dürften eigentlich kaum noch fossile Rohstoffe verbrannt werden. Trotzdem fließen riesige Summen in Erkundung und Erschließung immer neuer Quellen. Allein die USA gaben im Jahr 2013 fünf Milliarden Dollar dafür aus. Mit Erfolg: Die Zahl an Reserven wächst stetig und übersteigt die klimaverträgliche Menge schon heute um ein Vielfaches.[4]
Allerdings sind neu erschlossene Reserven nicht unbedingt so leicht zugänglich wie in der Vergangenheit. Seit dem Beginn der Nutzung fossiler Energieträger haben sich die Fördermethoden deshalb extrem gewandelt. Konnten zahlreiche Öllagerstätten anfangs noch durch Pferdekopfpumpen und Bohrtürme erschlossen werden (vgl. Abbildung 4), nimmt die Zahl solch leicht förderbarer Ölquellen heute immer mehr ab. *Unkonventionelle Reserven* versprechen deshalb hohe Gewinne. Hierzu gehören zum Beispiel Erdgas und Öl, welches mittels Fracking an die Oberfläche befördert werden muss.

Verkauf fossiler Energieträger

Die Förderung fossiler Energieträger und insbesondere die teure Ausbeutung unkonventioneller Quellen lohnen sich allerdings nur bei hohem Verkaufspreis. Zudem muss die Qualität stimmen. Vor allem bei Erdöl gilt: Rohöl ist nicht gleich Rohöl! Unterschiedliche Sorten erzielen unterschiedliche Marktpreise. Angegeben wird der Preis in Dollar pro Barrel, also pro 159 Liter.
Schwankungen des Ölpreises können ganze Volkswirtschaften beeinflussen. 2015 drückte ein Überangebot den Ölpreis von über 100 auf unter 50 US-Dollar pro Barrel. Während viele erdölfördernde Staaten wie Russland oder Venezuela unter dem niedrigen Preis leiden, profitieren Industrieländer wie Deutschland von dem billigen Öl.

Bestimmt wird der Ölpreis nicht zuletzt durch die Organisation erdölexportierender Länder (OPEC). Aber auch Wirtschaftskrisen, politische Konflikte, Kriege oder Naturkatastrophen haben einen Einfluss. Ein prominentes Beispiel ist die erste Ölkrise im Jahr 1973, als die OPEC-Staaten die Fördermenge des Öls aufgrund des Jom-Kippur-Krieges bewusst reduzierten. Nicht nur in Deutschland führte dies dazu, dass aus Angst vor Ölverknappung autofreie Sonntage eingeführt wurden (vgl. Abbildung 5).

Fossile Energieträger und Umwelt

Die Förderung fossiler Energieträger nimmt häufig wenig Rücksicht auf Mensch und Umwelt. Beim *Mountain Top Removal Mining* sprengen Unternehmen zum Beispiel ganze Berg-

4 Noch heute prägt die Pferdekopfpumpe das Landschaftsbild vieler Ölfelder und zeugt von mehreren Jahrzenten Industriegeschichte. Gleichzeitig steht sie jedoch auch für die Vergänglichkeit der fossilen Rohstoffe, denn die Anzahl der mit den Pumpen leicht zu fördernden Ölvorkommen nimmt stetig ab.
Foto: DMA BN30372, Stifter: Deutsche Erdöl AG, Wietze-Steinförde, Inv.-Nr.: 71900

5 Zwei Pferde als Gespann ziehen einen VW-Kleinbus bei Weilheim in Oberbayern während der Zeit der Ölkrise und Auto-Fahrverbote, 25. 11. 1973.
Foto: picture alliance / Keystone

kuppen, um an Kohle zu kommen. Der dabei entstehende Abraum wird in die Täler gekippt. In den südlichen Appalachen Nordamerikas wurden so bereits 1,1 Millionen Hektar Wald zerstört und Flussläufe auf 2000 Kilometern Länge unter dem Schutt begraben[5]. Aber auch in Deutschland graben gigantische Schaufelradbagger – die größten Landmaschinen der Erde – auf der Jagd nach Kohle Regionen von der Größe ganzer Länder um (vgl. Abbildung 6). Ebenso umstritten ist das Fracking. Denn Erdöl und Erdgas werden hier aus dem Gestein gepresst, indem ein Gemisch aus Chemikalien und Wasser in kleinste Risse im Gestein, die *Fracs*, geleitet wird. Eine Verseuchung des Trinkwassers ist dabei häufig nicht auszuschließen[6].
Und auch Offshorebohrungen (Bohrungen in Küstengewässern von Plattformen aus) haben schon zu gigantischen Umweltkatastrophen geführt. Von den Ozeanplattformen gelangt man an Ölquellen unter dem Meeresboden, doch wie die Explosion der *Deepwater Horizon* im Golf von Mexiko im April 2010 gezeigt hat, sind die Betreiber im Katastrophenfall meist hilflos. Fast 800 Millionen Liter Rohöl gelangten ins offene Meer und verursachten die bisher größte Ölpest (vgl. Abbildung 7). Die Bilder von verendenden Vögeln und Meerestieren sowie verseuchten Küstenabschnitten gingen um die Welt.

Fossile Energieträger und Klimaschutz

Zudem werden bei der Verbrennung in Kraftwerken, Fabriken, Heizungen und Transportmitteln gesundheitsschädliche Abgase und das klimaschädliche Treibhausgas CO_2

6 Beim Braunkohletagebau durchforsten Schaufelradbagger riesige Gebiete, um an Kohle zu kommen. Hier der Tagebau Hambach im Rheinischen Braunkohlerevier, mit 85 Quadratkilometern eines der weltweit größten Tagebaugebiete.
Foto: Frank Gaertner / Shutterstock.com

7 Ölteppich im Golf von Mexiko nach dem Unfall auf der Ölplattform *Deepwater Horizon.*
Foto: Reuters/ Sean Gardner

freigesetzt. Gerade in Großstädten erhöhen die Emissionen die Feinstaubbelastung und verursachen Smog, was zu Atemwegserkrankungen und Herzinfarkten beiträgt.
Die Klima- und Gesundheitsschäden unserer Energieversorgung verursachen enorme Kosten. Diese Folgen sind im derzeitigen Preis für Energie nur zu einem Bruchteil enthalten, was einer indirekten Subventionierung fossiler Energieträger gleichkommt. Laut internationalem Währungsfond betrugen die direkten und indirekten Subventionen für Energie 2015 über fünf Billionen Dollar. Das entspricht über sechs Prozent des globalen Bruttosozialprodukts, was die weltweiten Ausgaben für Gesundheit deutlich übersteigt.[7]
Einen Lösungsansatz zur Verminderung der CO_2-Emissionen bietet der Emissionshandel. Er soll Staaten und Unternehmen einen Anreiz bieten, auf CO_2-arme Technologien umzustellen. Die Idee stammt aus dem Kyoto-Protokoll und besteht darin, eine weltweite Grenze für Emissionen festzulegen. Die Emissionsrechte werden zwischen den Staaten aufgeteilt. Benötigt ein Staat nicht all seine Emissionsrechte, kann er diese verkaufen – so wird Klimaschutz finanziell belohnt. Innerhalb der EU können Emissionsrechte seit 2005 auch zwischen Unternehmen gehandelt werden. Allerdings lag der Preis einer Tonne CO_2 im Jahr 2015 bei etwa fünf Euro, obwohl Studien den Klimaschaden auf etwa 70 Euro schätzen.[8]
Um den Emissionshandel wirksam zu gestalten, muss also noch einiges geschehen. Die Vorschläge reichen von einer künstlichen Verknappung der Emissionsrechte zum Festsetzen eines Mindestpreises.
Bis sich Technologien durchsetzen, die emissionsfreie und damit klimafreundliche Energie gewinnen, bieten auch fossile Kraftwerke Möglichkeiten für Verbesserungen. Zum Beispiel wird bei der Verbrennung von Erdgas deutlich weniger CO_2 frei als in Kohlekraftwerken. Zudem bietet die Kraft-Wärme-Kopplung eine Möglichkeit, Verbrennungswärme, die bislang häufig als Abwärme verpufft, zum Heizen von Wohnraum oder als Prozesswärme zu nutzen. Moderne Erdgaskraftwerke, welche die Restwärme ins Fernwärmenetz einspeisen, können so den CO_2-Ausstoß um 90 Prozent im Vergleich zu konventionellen Braunkohlekraftwerken reduzieren.[9]
Eine aktuell noch umstrittene Methode, das CO_2 davon abzuhalten, in die Atmosphäre zu gelangen, ist das CCS-Verfahren (Carbon Capture and Storage). Das CO_2 soll an den Kraftwerken eingefangen und in tiefen Gesteinsschichten oder dem Ozean sicher endgelagert werden. Die Umweltverträglichkeit und das tatsächliche Klimaschutzpotenzial dieser Methoden müssen allerdings noch erforscht werden. Doch selbst, wenn Innovationen den CO_2-Ausstoß fossiler Kraftwerke reduzieren können, ist ein langfristiger Ausstieg aus der Nutzung fossiler Energien (Dekarbonisierung) im Sinne des Klimaschutzes unumgänglich.

1 Bundesanstalt für Geowissenschaften und Rohstoffe: Energierohstoffe 2009, Reserven, Ressourcen, Verfügbarkeit. Hannover 2009.
2 OECD: Key World Energy Statistics. Paris 2015.
3 Neukirchen, Florian; Ries, Gunnar: Die Welt der Rohstoffe – Lagerstätten, Förderung und wirtschaftliche Aspekte. Berlin, Heidelberg: 2014.
4 McGlade, Christophe; Ekins, Paul: The Geographical Distribution of Fossil Fuels Unused when Limiting Global Warming to 2 °C, Nature, 517 (2015), S. 187–190.
5 Bernhardt, Emily S.; Palmer, Margaret A.: The Environmental Costs of Mountaintop Mining Valley Fill Operations for Aquatic Ecosystems of the Central Appalachians. Annals of the New York Academy of Sciences 1223 (2011), S. 39–57.
6 DiGiulio, Dominic C.; Jackson, Robert B.: Impact to Underground Sources of Drinking Water and Domestic Wells from Production Well Stimulation and Completion Practices in the Pavillion, Wyoming, Field, Environmental Science and Technology, 50 (2016), S. 4524–4536.
7 Baoping, Shang u. a.: Energy subsidies. How large are they and how can they be reformed? In: Economics of Energy & Environmental Policy (2015).
8 Kost, Christoph: Stromgestehungskosten erneuerbarer Energien, Studie des Fraunhofer ISE (2013): www.ise.fraunhofer.de/de/veroeffentlichungen/veroeffentlichungen-pdf-dateien/studien-und-konzeptpapiere/studie-stromgestehungskosten-erneuerbare-energien.pdf (Abruf: 10. 1. 2017).
9 Fritsche, Uwe R.; Eberle, Ulrike: Treibhausgasemissionen und Vermeidungskosten der nuklearen, fossilen und erneuerbaren Strombereitstellung, Arbeitspapier des Öko-Instituts Freiburg, Freiburg 2007.

Schwankungen des Ölpreises beeinflussen ganze Volkswirtschaften. Bestimmt wird er nicht zuletzt durch die Organisation erdölexportierender Länder (OPEC). 2015 drückte ein Überangebot den Ölpreis von über 100 $/bbl (Dollar pro Barrel) auf unter 50 $/bbl. Auslöser sind die gestiegene Produktion in den USA und die Rückkehr des Iran auf den Weltmarkt bei gleichzeitig hohen Fördermengen der OPEC und Russlands. Während manche Staaten unter dem niedrigen Preis leiden, gibt es andere, die davon profitieren.

Deutschland. Energie-Importeur und Waren-Exporteur

Deutschland ist ein Industrieland, das selbst keine nennenswerten Erdölquellen besitzt und deshalb auf Importe, vor allem aus Russland, Großbritannien und Norwegen, angewiesen ist. Es profitiert daher vom niedrigen Ölpreis, der wie ein Konjunkturprogramm wirkt. Die Zahl der Arbeitsplätze steigt, da Staat und Unternehmen mehr Geld zur Verfügung steht. Die Verbraucher kaufen mehr ein und kurbeln so die Wirtschaft an. Allerdings rücken Ziele wie die Umstellung auf Elektroautos in weite Ferne.

Im Bild: Neu produzierte Autos verlassen die Volkswagen-Fabrik in Wolfsburg, Deutschland. Foto: Reuters/Fabian Bimmer

USA. Fast energieautark

Die USA sind weltweit der größte Erdölkonsument und einer der größten Produzenten. Dem Ziel der Selbstversorgung sind die USA seit dem Fracking-Boom nähergekommen – die Ölimporte sind um über 30 Prozent gefallen. Jedoch trug die starke Expansion auch zum Preisverfall bei. Dabei lohnt sich Fracking erst ab einem Ölpreis von 50 bis 70 $/bbl. Zwar profitiert die Industrie vom billigen Öl, doch langfristig kann dies dazu führen, dass viele Ölproduzenten aufgeben und Investoren Verluste in Milliardenhöhe drohen.

Im Bild: Im amerikanischen North Dakota sorgten neue Fördermethoden für Öl und Gas für Arbeitsplätze und enormes Wirtschaftswachstum. Foto: Tom Reichner/Shutterstock.com

Venezuela. Arm trotz Ölreichtums

In Venezuela lagern die weltweit größten Ölreserven. Trotzdem werden hier nur etwa 2,5 Millionen Barrel pro Tag gefördert – ein Viertel der Fördermenge Saudi-Arabiens. Die Förderung der schwer erschließbaren Quellen ist teuer und Investitionen in verbesserte Fördermethoden wurden versäumt. Dabei stammt über die Hälfte der Staatseinnahmen aus dem Ölexport. Liegt der Ölpreis unter 100 $/bbl fehlt es an Geld für den Import von Medikamenten und Lebensmitteln, Arbeitsplätze gehen verloren und die Bevölkerung leidet.

Im Bild: Die Wirtschaftskrise in Venezuela sorgte 2015 für Lebensmittelknappheit und lange Schlangen vor den Supermärkten (hier in Ciudad Bolivar). Foto: Michel Piccaya/Shutterstock.com

Russland. Weltspitze bei der Ölförderung

Russland steht mit Saudi-Arabien und den USA an der Weltspitze der Erdölförderung. Über zehn Millionen Barrel werden hier täglich an die Oberfläche befördert. Das vom Öl- und Gasexport abhängige Land finanziert sich etwa zur Hälfte über Rohöl. Bei sinkendem Ölpreis gehen die Einnahmen entsprechend zurück. Bleibt er für längere Zeit auf niedrigem Niveau, hat dies schwerwiegende Folgen für Wirtschaft und Bevölkerung. Arbeitsplätze gehen verloren und es fehlt an Geld für das Sozial- und Gesundheitssystem.

Im Bild: Im Süden Sachalins, Russland, werden Öl und Gas für den ostasiatischen und amerikanischen Raum verschifft. Foto: flickr/Bilfinger SE

Kernenergie – die große Spalterin

von Christina Newinger

Die Frage, ob eine globale Energiewende auf Kernenergie setzen sollte, spaltet die Gesellschaft. Kernenergie ist nahezu frei von Treibhausgasen und trägt somit nicht zum Klimawandel bei. Infolge vergangener Reaktorkatastrophen wird sie jedoch auch als Bedrohung empfunden. Zudem ist ungeklärt, wie die radioaktiven Abfälle über einen unüberschaubar langen Zeitraum sicher gelagert werden können. Können technische Innovationen die Risiken und damit auch Bedenken mindern? Oder sind die Unwägbarkeiten auch durch die Wissenschaft nicht auf ein akzeptables Maß zu reduzieren?

1 Dieses Souvenir des Atomiums stammt von der Expo 1958 in Brüssel. Das monumentale Atomium ist noch heute eine der bedeutendsten Sehenswürdigkeiten Brüssels und steht für die damalige Hoffnung auf »unendliche Energie« aus Kernkraft.

Foto: DMA CD73473, Inv.-Nr.: 2015-1197

Zwischen Utopie und Dystopie

Nachdem Otto Hahn und Fritz Strassmann 1938 die Kernspaltung entdeckten, war diese zunächst für das Militär interessant und mündete in der Entwicklung der Atombombe. Erst die berühmte Rede *Atoms for Peace* des US-amerikanischen Präsidenten Eisenhower im Jahr 1953 wies den Weg in die friedliche Nutzung der Kernenergie. Das erste kommerzielle Kernkraftwerk Calder Hall ging 1956 in Großbritannien in Betrieb. In den 1950er Jahren entwickelte sich eine regelrechte Atomeuphorie in dem Glauben, dass die Kernenergie alle Energieprobleme der Menschheit lösen könne (vgl. Abbildung 1).
Allerdings zeigten die Reaktorkatastrophen im ukrainischen Tschernobyl 1986 und im japanischen Fukushima 2011 auf schmerzliche Weise, dass der Mensch die Technik nicht immer kontrollieren kann. Verheerende Konsequenzen für Menschen und Umwelt waren die Folge. Dieser Zwiespalt spiegelt sich besonders deutlich in zwei Figuren wider, die aus Japan stammen, also dem Land, das die Schattenseiten der Kernkraft wie kaum ein anderes erlebt hat: Astro Boy und Godzilla (vgl. Abbildung 2).

Die Kraft der Atome

Atomkerne sind kleine Energiewunder, die durch eine enorme Kraft – die Kernkraft – zusammengehalten werden. Bei der Spaltung der Kerne wird diese Energie freigesetzt.
Die meiste Energie lässt sich dabei aus großen schweren Kernen wie Uran oder Plutonium gewinnen. Kernkraftwerke nutzen diese Energie zur Stromerzeugung.
Allerdings ist die sichere Nutzung in Kraftwerken eine wissenschaftliche und technische Herausforderung. Denn die Kernspaltung darf nicht außer Kontrolle geraten, da sonst unkontrollierbare Energiemengen freigesetzt würden. Zudem setzen Kernspaltung und Spaltprodukte radioaktive Strahlung frei, vor der Mensch und Umwelt geschützt werden müssen. Kernkraftwerke unterliegen deshalb strengsten Sicherheitsauflagen, welche dafür sorgen sollen, dass die Umwelt von der radioaktiven Strahlung abgeschirmt ist, und dafür, dass bei Störfällen unmittelbar reagiert werden kann.

2 Die zerstörende Wirkung amerikanischer Atomtests inspirierte die Erschaffung des Monsters Godzilla. Der Comic-Held Astro Boy hingegen steht für die großen Erwartungen an die Kernenergie: In seinem Innern wird der Android von einem Kernreaktor angetrieben und kämpft mit dieser Energie für den Frieden.[1]

Foto: DMA CD73474, Inv.-Nr.: 2016-444 und 2016-442

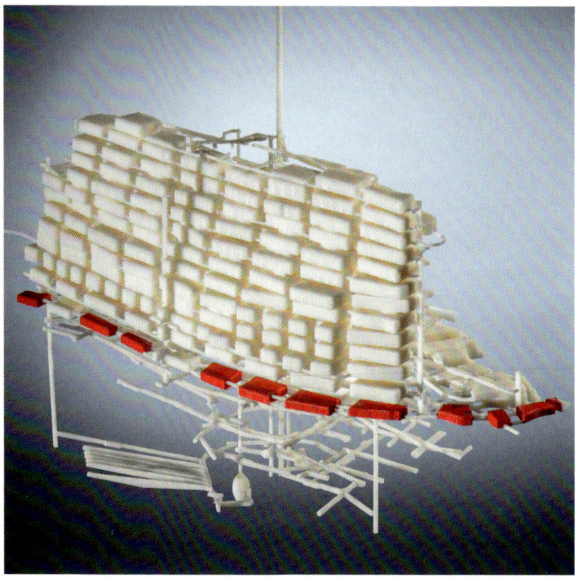

3 Dieses Modell zeigt die Salzkammern des ehemaligen Bergwerks Asse II. Hier ist ein Endlagerungsversuch dramatisch gescheitert. Schon 20 Jahre nachdem radioaktiver Abfall eingelagert wurde (rote Kammern), gefährdeten Wassereinbrüche Sicherheit und Trinkwasser. Nun sollen die eingelagerten Fässer zurück an die Oberfläche geholt werden, was angesichts der Instabilität der Schachtanlage eine große Herausforderung ist.

Foto: DMA CD74200, Daten: Bundesamt für Strahlenschutz, Remlingen

Radioaktive Strahlungsquellen

Der Mensch ist in seinem Alltag natürlicher und künstlicher radioaktiver Strahlung ausgesetzt. Die Wirkung auf den menschlichen Organismus wird in Millisievert (mSv) angegeben. In Deutschland beträgt die natürliche Strahlenbelastung etwa 2,4 mSv pro Jahr. Flüge, vor allem Langstreckenflüge, bringen ebenfalls zusätzliche Strahlendosen: Bei einem Flug von Europa an die Ostküste der USA kommen beispielsweise nochmals 0,2 mSv hinzu. An anderen Orten der Welt liegt der »natürliche« Wert allerdings deutlich höher. Der 25 000-Einwohner-Ort Mailuu-Suu in Kirgisien gilt als einer der kontaminiertesten der Erde. Die Sowjetunion förderte hier in den 1950er Jahren Uran für ihre Atombomben. Der Abraum – Uranschlämme und radioaktives Geröll – gelangt noch heute in Nahrung und Trinkwasser. Die Bewohner des Ortes sind dadurch einer jährlichen Strahlung von bis zu 30 mSv ausgesetzt.[2]
Die größte Strahlung geht von Brennelementen aus: Eine Stunde Aufenthalt in der Nähe eines ausgedienten Kernbrennelements würde zu einer Strahlendosis von zwei Millionen mSv führen.[3] Bereits eine einmalige Dosis von 7000 mSv führt allerdings zum sofortigen Tod. Neben den Frühschäden wie der Strahlenkrankheit kann es auch zu Spätschäden wie Krebs und Genmutationen kommen.[4]

Ungelöst: Endlagerung

Radioaktive Strahlung nimmt mit der Zeit nur sehr langsam ab. Deshalb muss der radioaktive Abfall aus Kernkraftwerken über bis zu eine Million Jahre sicher verwahrt werden. Am sichersten scheint es aus heutiger Sicht zu sein, ausgediente Brennelemente tief unter der Erdoberfläche zu deponieren. Dabei müssen strenge Kriterien erfüllt sein: Die Formationen potenzieller Endlager dürfen sich durch Erdbeben oder Verschiebungen der Gesteinsschichten nicht verändern. Außerdem muss das Gestein so dicht sein, dass radioaktive Substanzen unter keinen Umständen ins Trinkwasser gelangen. Weltweit wurde bisher allerdings noch kein geeignetes Endlager für hochradioaktiven Abfall gefunden (vgl. Abbildung 3). Doch selbst wenn dies gelingen sollte, bleibt die Frage, wie wir zukünftige Generationen vor der Gefahr aus der Tiefe warnen können. Eine Nachricht an eine eine Million Jahre entfernte Zukunft zu schicken, scheint aussichtslos, wenn man bedenkt, dass wir schon heute die 5000 Jahre alten Hieroglyphen

4 Die Planstadt Prypjat wurde 1970 für die Arbeiter des ersten Atomkraftwerks der Ukraine gegründet – dem Atomkraftwerk Tschernobyl. Nach der Reaktorkatastrophe 1986 mussten die rund 50 000 Einwohner ihr Zuhause verlassen. Der Ort ist heute eine Geisterstadt.

Foto: Reuters / Gleb Garanich

5 Nach dem Reaktorunglück im Kernkraftwerk Fukushima Daichii sollte der Boden dekontaminiert werden. Derzeit lagern über 30 Millionen Tonnen abgetragener radioaktiv verseuchter Erde und Pflanzen in großen Säcken und warten auf ihren Bestimmungsort, der innerhalb der nächsten 30 Jahre gefunden werden soll.
Foto: Reuters / Toru Hanai

nicht ohne Weiteres entziffern können. Bislang übrigens lagern Atomabfälle nur mäßig geschützt in sogenannten Zwischenlagern oder an vielen Orten der Erde sogar unter freiem Himmel.

Risiken der Kernenergie

Doch nicht nur der radioaktive Abfall, sondern auch die Kernkraftwerke stellen wegen möglicher Reaktorunfälle ein ständiges Risiko dar. Die bisher schwersten ereigneten sich 1986 im ukrainischen Tschernobyl und 2011 im japanischen Fukushima. Am verheerendsten sind die Folgen am Unfallort selbst. Große Gebiete werden noch für Jahrtausende unbewohnbar bleiben (vgl. Abbildungen 4 und 5). Doch auch weit entfernt vom Unfallort können die Konsequenzen spürbar sein, da sich radioaktive Partikel mit dem Wind um den Globus verteilen. Der Reaktorunfall in Tschernobyl führte zum Beispiel dazu, dass auch in Westeuropa tonnenweise Obst und Gemüse sowie Milch und Fleisch entsorgt werden mussten. Der Verzehr von bayerischen Pilzen und Wildschweinen kann noch heute, 30 Jahre nach dem Unfall und 1500 Kilometer entfernt, kritisch sein. Das Risiko für den *Größten Anzunehmenden Unfall* (GAU) ist allerdings nur schwer bestimmbar, da viele Faktoren berücksichtigt werden müssen. Dazu gehören Art und Alter der Reaktoren, menschliche Faktoren, Sicherheitsvorkehrungen, Gefahren durch Naturkatastrophen wie Erdbeben und Tsunamis, aber auch Flugzeugabstürze oder terroristische Angriffe.
Abschätzungen des Risikos für einen GAU liegen weit auseinander. Manche Forscher geben an, dass nur eines von einer Milliarde Kernkraftwerken pro Jahr einen GAU verursacht. Andere gehen davon aus, dass das Risiko radioaktiver Verseuchung in manchen Regionen bei bis zu zwei Prozent liegt.[5] Doch selbst wenn ein GAU relativ unwahrscheinlich sein sollte, können die Unfälle mit austretender Radioaktivität katastrophal sein. Und mit einer steigenden Anzahl an Kernkraftwerken steigt natürlich auch das Risiko.

Kernenergie und Klimaschutz

Doch gerade in Zeiten des Klimawandels und schwindender fossiler Ressourcen bietet die Kernenergie Vorteile. Aus geringen Mengen Rohstoff lassen sich enorme Mengen Energie gewinnen – und das fast ohne klimaschädliche Treibhausgase (vgl. Abbildung 6). Das Kernkraftwerk Isar II erzeugt pro Jahr zwölf Milliarden Kilowattstunden Strom – genug für 3,5 Millionen Haushalte.[6] Die gleiche Menge Kohlestrom verschlingt pro Jahr elf Millionen Tonnen Kohle, was einen CO_2-Ausstoß von über zehn Millionen Tonnen CO_2 bedeutet.[7] Dieselbe Menge Strom gewinnen Kernkraftwerke aus 142 Tonnen Uran mit einem Hundertstel an CO_2-Emissionen.[8] Zwar erzeugen Windräder die gleiche

6 Werbeplakat einer Kampagne des Deutschen Atomforums aus dem Jahr 2007, welche mit der Klimafreundlichkeit der Kernkraftwerke wirbt.
Foto: Deutsches Atomforum e.V.

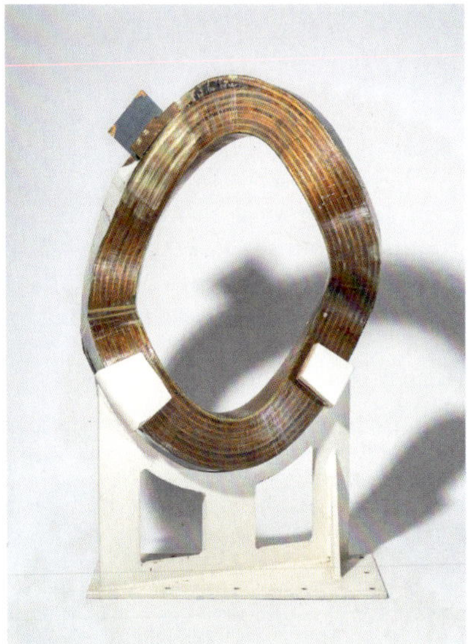

7 Die Stellarator-Spule kam im Forschungsreaktor Wendelstein 7-X zum Einsatz. In Fusionsreaktoren erzeugen ringförmig angeordnete Spulen starke Magnetfelder. Diese Felder halten das extrem heiße, elektrisch geladene Gas in der Schwebe, damit es nicht die Wände berührt und sich abkühlt.

Foto: DMA CD73816, Stifter: Max-Planck-Institut für Plasmaphysik, Garching bei München, Inv.-Nr.: 1994-47

Menge Strom mit noch geringeren Treibhausgas-Emissionen – nämlich etwa der Hälfte. Jedoch ist der Platzbedarf ungleich höher. Etwa 700 Offshore-Windturbinen sind notwendig, um ein Kernkraftwerk zu ersetzen.

Im Gegensatz zu Deutschland setzen einige Länder deshalb gerade im Zuge einer Energiewende auf die Kernenergie als klimafreundliche und zuverlässige Alternative zu fossilen Kraftwerken. Im Jahr 2014 waren weltweit 441 Kernreaktoren in Betrieb und 66 weitere in Planung. Die Liste wird von den USA mit ihren knapp hundert Kernreaktoren angeführt, gefolgt von Frankreich mit seinen 58 Meilern. Der weitere Ausbau der Kernenergie wird momentan vor allem in China vorangetrieben.[9]

Neue Wege der Kernenergie

Es gibt Bemühungen, die Menge und Gefahr radioaktiven Abfalls durch technische Lösungen zu minimieren. Einen Lösungsansatz bietet dabei die Transmutationsforschung, also die Umwandlung von Atomkernen. Wissenschaftler wollen radioaktiven Abfall dabei so verändern, dass er nur noch für einen historisch überschaubaren Zeitraum von tausend – statt Millionen – Jahren sicher in Endlagern verschlossen werden muss.[10] Das Verfahren befindet sich allerdings noch im Forschungsstadium. Eine erste Demonstrationsanlage soll 2023 in Belgien in Betrieb gehen.

Ein anderer Weg, die Menge des radioaktiven Abfalls zu reduzieren, ist die Wiederaufbereitung. Ausgediente Brennelemente enthalten noch verwertbares Material für die Energieerzeugung. In Wiederaufbereitungsanlagen kann dieses abgetrennt werden und in Mischoxid-Brennelementen (MOX) wieder zum Einsatz kommen. Heutige Wiederaufbereitungsanlagen befinden sich im französischen La Hague und im britischen Sellafield. Die Methode steht allerdings in der Kritik, da radioaktive Abgase und Abwässer der Anlagen in Ozeane und Umwelt gelangen.

Seit Jahrzehnten nährt die Fusionsforschung die Hoffnung auf eine saubere und risikofreie Energieversorgung. Ihre Vorteile: Die Energieausbeute ist riesig und die Rohstoffe Deuterium und Lithium sind leicht aus Meerwasser und Gestein zu gewinnen. Zudem entstehen beim Betrieb kaum radioaktive Abfälle. Die Technologie funktioniert folgendermaßen: In Fusionsreaktoren bilden Forscher die Prozesse der Sonne nach, indem sie leichte Wasserstoffkerne zu Helium verschmelzen. Dabei wird sehr viel Energie frei, welche zur Stromerzeugung genutzt werden soll. Ein Gramm Brennstoff könnte so viel Energie erzeugen wie elf Tonnen Kohle.[11] Die große Herausforderung ist jedoch, dass auch die Verhältnisse auf der Sonne nachgestellt werden müssen. Das heißt, es wird ein Gas mit einer Temperatur von über 100 Millionen °C erzeugt. Ob die Kernfusion jemals kommerziell nutzbar sein wird, ist trotz großer Fortschritte offen. Denn welche Behälter halten derartige Hitze aus (vgl. Abbildung 7)? Noch ist in den Forschungsreaktoren die Energieausbeute geringer als die Energiemenge, die zum Auslösen der Fusion nötig ist.[12]

1 Schodt, Frederik L.: Astro Boy Essays. Berkley 2007.
2 Vandenhove u. a.: Assessment of Radiation Exposure in the Uranium Mining and Milling Area of Mailuu Suu, Kyrgyzstan, Journal of Environmental Radioactivity, 88 (2) (2006), S. 118–139.
3 Lloyd, W. R. u. a.: Dose Rate Estimates from Irradiated Light Water Fuel Assemblies in Air. Lawrence Livermore Nat. Lab. Livermore 1994.
4 Grupen, Claus; Stroh, Tilo; Werthenbach, Ulrich: Grundkurs Strahlenschutz. Praxiswissen für den Umgang mit radioaktiven Stoffen. Berlin, Heidelberg 2008.
5 Lelieveld u. a.: Global Risk of Radioactive Fallout after Major Nuclear Reactor Accidents, Atmos. Chem. Phys., 12 (2012), S. 4245–4258.
6 www.iaea.org/PRIS/CountryStatistics/ReactorDetails.aspx?current=106 (Abruf: 10. 1. 2017).
7 Wagner, H.-J.; Koch, M. K. u. a.: CO_2-Emissionen der Stromerzeugung. In: BWK Energie-Fachmagazin, Bd. 59 (2007), Nr. 10.
8 Siehe Fußnote 6.
9 International Atomic Energy Agency: Nuclear Power Reactors in the world. Reference Data Series No. 2. Wien 2015.
10 Renn, Ortwin (Hrsg.): Partitionierung und Transmutation – Forschung, Entwicklung, Gesellschaftliche Implikationen. München 2014.
11 www.ipp.mpg.de/ippcms/de/pr/fusion21/kernfusion/index (Abruf: 10. 1. 2017).
12 www.iter.org/proj/inafewlines (Abruf: 10. 1. 2017).

Zur deutschen Energiewende gehört auch der Ausstieg aus der Kernenergie. Nach dem katastrophalen Reaktorunglück (Super-GAU) im ukrainischen Tschernobyl 1986 stieß die Stromgewinnung in Atommeilern auf zunehmenden Widerstand in der Bevölkerung. Als 25 Jahre später Erdbeben und ein Tsunami eines der schwersten Nuklearunglücke der Geschichte im japanischen Fukushima auslösten, beschloss die deutsche Bundesregierung 2011 den endgültigen Automausstieg: Bis 2022 soll das letzte Kernkraftwerk vom Netz gehen. Doch andere Länder sehen gerade in der Kernenergie eine Möglichkeit, den Klimawandel einzudämmen und eine sichere Energieversorgung zu gewährleisten.

Italien. Nein bleibt Nein

Nach dem Reaktorunglück in Tschernobyl beschloss die italienische Regierung 1987 den Atomausstieg und schaltete 1990 den letzten von vier Reaktoren ab. 20 Jahre später allerdings plante die Regierung, die Kernkraft wiederzubeleben. Dieses Vorhaben schmetterte die Bevölkerung jedoch mit einer Mehrheit von 95 Prozent ab und bescherte Ministerpräsident Berlusconi eine herbe Niederlage. Italien blieb somit eine *Zona Denucclearizzata* – eine atomkraftfreie Zone.

Im Bild: Im Juni 2001 forderten Greenpeace-Aktivisten die Italiener am Kolosseum in Rom auf, die Atomkraft abzuwählen. Foto: Greenpeace / Francesco Alesi

Großbritannien. Neue Subventionen für die Kernkraft

Die britische Regierung hat ambitionierte Klimaziele: Bis 2050 sollen die CO_2-Emissionen um 80 Prozent reduziert werden. Eine klimafreundliche und sichere Energieversorgung ist nach Ansicht der Briten ohne Kernenergie nicht möglich. Großbritannien setzt deshalb auf eine Energiezukunft mit Kernkraft und möchte bis 2030 ein Dutzend neue Reaktoren ans Netz bringen. Den Kraftwerksbetreibern wird eine lukrative Vergütung für die nächsten 35 Jahre zugesichert – fast das Doppelte des heutigen Strompreises.

Im Bild: Schafe grasen vor dem britischen Kernkraftwerk Hinkley Point. In Planung sind zwei weitere Reaktoren mit einer Gesamtleistung von 3200 Megawatt. Foto: MyLoupe / Universal Images Group / Getty Images

Japan. Kein Ausstieg trotz Katastrophe

Der Tsunami von 2011 kostete Zehntausende Japaner das Leben und machte Hunderttausende heimatlos. Auch der Atomindustrie versetzte die Naturkatastrophe einen Rückschlag. Der Schaden am Kernkraftwerk Fukushima machte ein riesiges Gebiet unbewohnbar und veranlasste die japanische Regierung, die 54 japanischen Reaktoren abzuschalten und den Ausstieg aus der Kernenergie zu verkünden. Allerdings kam es schon 2014 zu einer Kehrtwende: Bis 2030 soll die Kernenergie wieder 20 Prozent des japanischen Energiebedarfs decken.

Im Bild: Arbeiter am Kernkraftwerk Fukushima Daiichi, Japan, unter blühenden Kirschbäumen im April 2016.
Foto: The Asahi Shimbun / Getty Images

Iran. Recht auf zivile Atomnutzung

Das iranische Atomprogramm nahm seinen Anfang mit einem Geschenk von US-Präsident Eisenhower: Im Rahmen des Programms Atoms for Peace übergab er dem Schah 1960 einen Forschungsreaktor. Bedingt durch politische Unruhen und Golfkriege ging das erste Kernkraftwerk allerdings erst 2013 in Betrieb. Wegen des Verdachts, Kernwaffen zu entwickeln, musste das Land mehrere Jahre Sanktionen erdulden. Erst 2016 wurde dem Iran bescheinigt, alle Auflagen eingehalten zu haben. Die Sanktionen wurden aufgehoben.

Im Bild: Eine iranische Studentin protestiert vor dem Forschungsreaktor in Teheran für das Recht Irans auf die Nutzung von Kernenergie, 23. November 2014. Foto: Atta Kenare / AFP / Getty Images

Erdwärme und Wasserkraft – die Stetigen

von Sandra Frank

Eine Energiewende hin zu erneuerbaren Energieträgern kann nur mit einem Mix aus diesen funktionieren. Erdwärme und Wasserkraft übernehmen dabei eine wichtige Rolle, da sie rund um die Uhr verfügbar sind. Dieser zeitlichen Unabhängigkeit stehen allerdings die spezifischen Anforderungen an die Standorte gegenüber. Die Erdwärme wird über heißes Wasser im Untergrund genutzt, damit lassen sich Gebäude heizen oder sogar Strom produzieren. Allerdings müssen dazu bis zu mehrere Kilometer tiefe Löcher gebohrt werden. Dies birgt Gefahren für die Umwelt sowie große wirtschaftliche Risiken. Wasserkraftwerke stehen meist an Flüssen, die besonders groß oder schnell sind. Die Kraft des Wassers wird dort über Turbinen in Strom umgewandelt. Um die Leistung der Kraftwerke zu erhöhen, kann die Steigung der Fallhöhe oder die Durchflussmenge künstlich erhöht werden. Solche Eingriffe in die natürlichen Ökosysteme sollten jedoch auf ihre Umweltverträglichkeit geprüft werden.

1 Der Bohrmeißel ist das Kernstück aller Bohrarbeiten. Um das Tiefengestein auch unter hohen Temperaturen zu zerkleinern, sind speziell dafür angefertigte Bohrwerkzeuge nötig. Der ausgestellte Warzenmeißel bohrte in Freiham bei München von 1,5 bis 2 Kilometer Tiefe.

Foto: DMA CD73488, Stifter: Stadtwerke München GmbH, München, Inv.-Nr.: 2016-509

Wärme aus dem Erdinneren

Im Erdinneren ist sehr viel Wärme gespeichert, die vom Menschen zum Heizen oder zur Stromerzeugung genutzt werden kann. In der Erdkruste steigt die Temperatur durchschnittlich alle 100 Meter um 3 °C. Über 70 Prozent dieser Wärme werden in der Kruste durch radioaktive Zerfallsprozesse kontinuierlich neu erzeugt, knapp 30 Prozent stammen aus der Restwärme von der Entstehung der Erde vor 4,6 Milliarden Jahren, die in den tieferen Erdschichten gespeichert ist.[1] Besonders interessant für die Nutzung der Erdwärme sind Regionen, die den durchschnittlichen Temperaturanstieg überschreiten, das heißt eine Erwärmung von mehr als 3 °C pro 100 Meter. Bei der Nutzung der Erdwärme – der Geothermie – wird zwischen oberflächennaher Nutzung – bei Tiefen bis 400 Meter – und tiefer Nutzung unterschieden.

Tiefe Geothermie

An den Rändern der Kontinentalplatten lassen sich viele Beispiele überdurchschnittlicher Temperaturentwicklungen finden, oft steigt die Temperatur alle 100 Meter um mehr als 10 °C an. Kollidieren zwei Erdplatten, so gelangt heißes Mantelgestein nach oben, dies ist häufig als Vulkanismus zu beobachten. In diesen geologischen Gebieten sind Geothermieprojekte besonders attraktiv, da hohe Temperaturen bereits in 1000 bis 1500 Metern Tiefe zu finden sind. In anderen Regionen ist tiefe Erdwärmenutzung ebenfalls möglich, allerdings muss dafür mehrere Kilometer tief gebohrt werden (vgl. Abbildungen 1 und 2). Dies ist technisch sehr aufwendig und damit sehr kostenintensiv. Außerdem ist die Zahl erfolgloser Bohrungen aufgrund von zu wenig oder zu kaltem Wasser im Untergrund sehr hoch.

Um die Wärme aus dem Erdinneren zu nutzen, wird das heiße Wasser aus der Tiefe an die Erdoberfläche gepumpt. Über Bohrungen gelangt man an die wasserführenden Schichten. An der Oberfläche wird dem Wasser die Wärme entzogen, anschließend wird das abgekühlte Wasser wieder zurück in den Untergrund geleitet. Mit der so gewonnenen Wärme kann entweder geheizt oder bei Wassertemperaturen über

2 Die Bohrarbeiten eines Geothermieprojekts sind technisch wie finanziell sehr aufwendig. Im Zentrum des Bohrplatzes steht ein Bohrturm, über diesen werden die Bohrinstrumente gesteuert. Hier: ein Projekt der Stadtwerke München in Sauerlach.

Foto: Stadtwerke München GmbH

3 Ein Erdwärmekollektor ist horizontal in Schleifen in den Untergrund verlegt. Das Rohrsystem wird in dieser Form fixiert und von der entnommenen Erde bedeckt.
Foto: REHAU AG + Co

100 °C sogar Strom produziert werden. Mit dem Wasserdampf wird dann eine Turbine angetrieben und über einen Generator Strom erzeugt. Wirtschaftlich sinnvoll ist die Stromproduktion allerdings erst mit Wasser über 120 °C und besonders effektiv, wenn die Restwärme zum Heizen genutzt wird.
Geothermieprojekte bergen auch hohe Risiken. Diese ergeben sich großteils aus dem lückenhaften Wissen über den Untergrund. Mit seismischen Messungen lassen sich zwar Modelle des Untergrunds erstellen, diese liefern allerdings kein genaues Abbild. So lässt sich nicht mit Sicherheit vorhersagen, wo in der Tiefe Wasser in ausreichender Temperatur und Menge zu finden ist. Um dieses wirtschaftliche Risiko zu minimieren, experimentieren Forscher mit Simulationstechniken. Dabei wird eine Flüssigkeit mit hohem Druck in den Untergrund gepresst, um die wasserführende Schicht zu vergrößern. Auf ähnliche Weise wird versucht, trockenes Gestein geothermisch nutzbar zu machen, indem Wasser in das trockene Gestein gepresst und über eine zweite Bohrung gefördert wird.
Diese Methoden bergen allerdings neue Risiken wie das unkontrollierte Versickern des Wassers oder gar das Auslösen von Erdbeben. Trotz dieser Risiken wird weiter an der Nutzung von trockenem Gestein geforscht, da Geothermie so in sehr viel mehr Regionen genutzt werden könnte.
Bislang ist die globale Stromproduktion aus Erdwärme mit 0,3 Prozent[2] noch sehr gering, doch die Zahl der Geothermiekraftwerke und die direkte Wärmenutzung steigen global stetig an.

Oberflächennahe Erdwärmenutzung

Neben Bohrungen in die heißen Tiefen wird auch der relativ stabile Temperaturbereich bis 400 Meter unter der Erdoberfläche genutzt. Zahlreiche Technologien wie Erdwärmekollektoren und Erdwärmesonden finden hier Anwendung.
Die Kollektoren bestehen aus einem Rohrsystem, das in bis zu fünf Metern Tiefe horizontal in die Erde verlegt wird (vgl. Abbildung 3). Dort erwärmt sich die durch das Rohr zirkulierende Flüssigkeit. Erdwärmekollektoren sollten unterhalb der Frostgrenze, aber im Eindringbereich der Sommersonne liegen. In diesen oberen Erdschichten wird die Temperatur hauptsächlich von der Sonne beeinflusst. Somit nutzen die Kollektoren im Grunde die Sonnenenergie, die im Erdreich gespeichert ist.
Erdwärmesonden hingegen erreichen tiefere Bereiche, in denen die

4 Diese Francis-Turbine ist für geringe Gefälle (bis 80 Meter), aber große Durchflussmengen geeignet. Ihr Durchmesser beträgt etwa 55 Zentimeter. Sie wurde im Jahre 1926 von der J. M. Voith Maschinenfabrik hergestellt.
Foto: DMA CD73490, Stifter: J.M. Voith Maschinenfabrik, Heidenheim, Inv.-Nr.: 56371

Sonne keine Rolle spielt. In Tiefen von 100 bis 400 Metern, wo relativ konstante Temperaturen von bis zu 20 °C herrschen, wird ein u-förmiges Rohr eingesetzt. Damit ist die Nutzung von Erdwärmesonden sehr zuverlässig, wohingegen Kollektoren von extremen Wetterlagen beeinflusst werden können.
Die oberflächennahe Geothermie lässt sich sehr weiträumig einsetzen. In den letzten Jahren stieg die Zahl der Privathaushalte, die mit oberflächennaher Erdwärme und einer Wärmepumpe ihre Wohnhäuser heizen, allen voran in den USA, China und Schweden. Der Schlüssel zum Heizen mit niedrigen Temperaturen ist die Wärmepumpe. Sie macht die – eigentlich widersprüchliche – Wärmeübertragung von einem kälteren auf einen wärmeren Bereich möglich. Das gleiche System lässt sich übrigens auch zum Kühlen verwenden. Dazu läuft die Wärmepumpe umgekehrt, das Prinzip entspricht dabei dem des Kühlschranks.

5 Ein Boot transportiert zwei Smart-Monofloat-Turbinen in Indonesien zu ihrem Installationsort. Transport und Installation der Turbinen sind einfach, das ermöglicht den Einsatz auch in entlegeneren Gebieten.
Foto: Smart Hydro Power GmbH

Kraft der Flüsse

Neben der Geothermie lässt sich auch die Wasserkraft grundlastfähig nutzen. Schon seit dem späten 19. Jahrhundert wird mit der Flusskraft Strom erzeugt.[3] Heute ist die Wasserkraft mit 16,6 Prozent die global am meisten genutzte erneuerbare Energiequelle.[4] Für die Stromproduktion sind die Fallhöhe und die Durchflussmenge der Flüsse entscheidend, je nach Eigenschaften der Flüsse werden verschiedene Turbinentypen eingesetzt. Unter den zahlreichen Turbinentypen haben sich vor allem die Francis-, Kaplan- und Pelton-Turbinen etabliert. Die Kaplan-Turbine ist propellerartig geformt und für große Wasservolumen sowie geringe Fallhöhen geeignet. Dagegen ist die Pelton-Turbine für einen geringen Durchfluss und große Höhen ausgelegt. Dabei wird sie ähnlich einem Wasserrad von seitlich einfließendem Wasser angetrieben. Die Francis-Turbine (vgl. Abbildung 4) stellt eine Mischform der beiden anderen dar und ist für einen großen Einsatzbereich verwendbar. An Flüssen ist das Wasservolumen jahreszeitlichen Schwankungen unterworfen und zusätzlich vom Klima abhängig, zum Beispiel durch starke Regenfälle oder längere Trockenzeiten. Eine Anpassung an die sich verändernde Durchflussmenge wird meist durch das Zu- oder Abschalten einzelner Turbinen bewerkstelligt.
Flüsse werden mehr und mehr vom Menschen beherrscht. Seit Jahrhun-

6 Das Meeresströmungskraftwerk SeaGen steht in einer Bucht vor Irland. Die zwei Rotoren werden von der Gezeitenströmung angetrieben. Das Kraftwerk ist frei stehend im Ozean positioniert und gilt damit als besonders umweltverträglich.
Foto: www.siemens.com/presse

derten werden Flussläufe begradigt, verlegt und mit Staudämmen und Wehren reguliert. Der Großeinsatz von Wasserkraftwerken bringt viele soziale und ökologische Probleme mit sich. Es gibt zahlreiche Beispiele von Großprojekten, für die ganze Ökosysteme verändert, Ackerflächen überflutet und Tiere sowie Menschen vertrieben werden. Dadurch ist die Wasserkraft zum Teil in Verruf geraten. Dagegen fügen sich Projekte, die auf die Nutzung kleinerer Systeme setzen, verträglicher in die Umwelt ein (vgl. Abbildung 5). Allerdings sind besonders die Großprojekte wirtschaftlich reizvoll und so werden diese in vielen Regionen, aktuell vor allem in China und Südamerika, bevorzugt umgesetzt. In anderen Regionen der Welt, zum Beispiel in Europa, ist das Potenzial der Wasserkraft bereits großteils ausgeschöpft. Für einen weiteren Ausbau muss hier vor allem in neue, leistungsfähigere Technik investiert werden. Insgesamt ist darauf zu achten, dass die Wasserkraft als Klimaschützer auch das Bestehen der einzigartigen Ökosysteme der Flusslandschaften ermöglicht.

Energie der Ozeane

Ein Weg zum weiteren Ausbau der Wasserkraft könnte zu den Ozeanen führen, die über zwei Drittel der Erde bedecken. Die großen Mengen an Bewegungsenergie, die im Meer stecken, bergen ein sehr großes Potenzial für die Meerwasserkraft. Wie diese Nutzung aussehen könnte, ist allerdings noch nicht gewiss. Der Kreativität sind dabei keine Grenzen gesetzt, so bestehen zahlreiche Ansätze für die Nutzung der Wasserbewegungen: Gezeiten- oder Meeresströmungskraftwerke nutzen die natürliche Bewegung des Wassers, um Turbinen anzutreiben. Strömungskraftwerke gibt es vereinzelt bereits seit mehreren Jahrzehnten – auch im kommerziellen Betrieb. Die ersten Versuche wurden mit Staumauern verwirklicht, heute wird dagegen auf frei stehende, mit Rotoren bestückte Konstruktionen (zum Beispiel SeaGen, vgl. Abbildung 6) gesetzt. Analog zur Flusswasserkraft sollten die Meereskraftwerke verträglich in das sensible und zum Großteil unerforschte Ökosystem der Ozeane integriert werden.
Am zahlreichsten sind die Versuche, aus der Bewegungsenergie der Wellen Strom zu erzeugen. Dabei muss das Auf und Ab der Meeresoberfläche auf einen Generator übertragen werden. Verschiedenste Modelle fangen die Kraft der Wellen ein: Pneumatische Kammern erzeugen aus der Wellenbewegung Wind, ein Wasserdrache nutzt die Höhenenergie der Wellen und eine Seeschlange schlängelt sich mit den Wellen über die Wasseroberfläche. Eine Seeschlange setzt sich aus mehreren Stahlrohren zusammen, die an Gelenken verbunden sind. Die relative Bewegung der Rohre zueinander treibt über hydraulische Pumpen einen Generator an.

Ausblick

Die grundlastfähigen, erneuerbaren Energieträger Wasserkraft und Erdwärme sollten vielseitige und an die jeweilige Umgebung angepasste Anwendung finden. In vulkanisch aktiven Regionen kann Geothermie große Teile der Energieversorgung übernehmen. In anderen Gebieten ist die oberflächennahe Geothermie eine gute Alternative zur Gebäudetemperierung. Auch die Wasserkraft sollte an die natürlichen Gegebenheiten der Umwelt angepasst werden, statt diese zu verändern. Viele innovative Projekte versprechen eine ökologische wie ökonomische Nutzung der Energie in Flüssen und Ozeanen.

1 Stober, Ingrid; Bucher, Kurt: Geothermie, Heidelberg 2014, S. 17.

2 IEA: Statistics, Jahr 2013, www.iea.org/statistics/statisticssearch/ (Abruf: 10. 1. 2017).

3 Bührke, Thomas; Wengenmayr, Roland (Hrsg.): Erneuerbare Energie, Weinheim 2007, S. 24.

4 Siehe Fußnote 2.

Länder mit besonders hohem Anteil an Erdwärme und Wasserkraft erreichen diesen meist mit Großprojekten. In der Geothermie ist dies wirtschaftlich sowie ökologisch sinnvoll. Ist die aufwendige Erschließung eines geeigneten Standorts einmal erfolgt, sollte er möglichst umfassend genutzt werden. Dagegen sind in der Wasserkraftnutzung besonders die wirtschaftlichen Großprojekte mit einem enormen Eingriff in das Ökosystem verbunden. Daher muss zwischen Wirtschaftlichkeit und Naturschutz abgewogen werden.

Island. Überfluss an grüner Energie

Fast 100 Prozent seines Energiebedarfs deckt Island aus erneuerbaren Energiequellen, allen voran Wasserkraft und Erdwärme. In der Vulkanregion liegt heißes Wasser in relativ geringen Tiefen und kann so leicht genutzt werden. Die große Menge klimafreundlicher Energie lässt eine großzügige Energienutzung zu – wie beim beliebten Thermalbad »Blue Lagoon«, das aus dem Abwasser eines Geothermiekraftwerks gespeist wird. Der günstige Energiepreis lockt aber auch energieintensive Schwerindustrie ins Land.

Im Bild: Das Thermalbad »Blue Lagoon« mit einem Geothermiekraftwerk im Hintergrund. Foto: Rob Broeck / istock

Kenia. Die Energiewende

Lange setzte Kenia vor allem auf Wasserkraft, doch anhaltende Dürre führte zu Wasserknappheit. Es kam gehäuft zu Stromausfällen, weshalb eine weitere Energiequelle gesucht wurde. Man fand sie am Großen Afrikanischen Grabenbruch, einer Erdplattenspalte, aus der 300 °C heißer Wasserdampf austritt. Dort errichtete Kenia seit 1981 fünf Geothermiekraftwerke, die seitdem zuverlässig Strom liefern. Bis 2020 soll die geothermische Stromproduktion von 2015 verdreifacht werden, um den steigenden Energiebedarf zu decken.

Im Bild: Olkaria II ist eines von vier Geothermiekraftwerken am Großen Afrikanischen Grabenbruch in Kenia. Foto: Byelikova Oksana / Shutterstock.com

Frankreich. Ebbe und Flut machen Strom

Bereits im 10. Jahrhundert wurde in Frankreich die Energie der Gezeiten genutzt. Damals trieb das Wasser Mühlen an, heute erzeugt ein Gezeitenkraftwerk an der Mündung der Rance Strom. An dieser Stelle liegt der Tidenhub mit etwa 8,5 Metern deutlich über dem globalen Durchschnitt von einem Meter. Das seit 1967 betriebene Kraftwerk war fast 45 Jahre lang das größte seiner Art, bis es 2011 vom Kraftwerk Sihwa-ho an Südkoreas Küste abgelöst wurde. Auch heute noch ist Frankreich einer der führenden Nutzer der Wasserkraft.

Im Bild: Der Damm des Gezeitenkraftwerks La Rance aufgenommen im August 1976. Foto: Jörg Seidel

Brasilien. Die Zähmung des Amazonas

Über 75 Prozent seines Stromes gewinnt Brasilien aus Wasserkraft. Für den steigenden Bedarf soll diese auch weiter ausgebaut werden. Doch am Amazonas ist die geplante Energiegewinnung mit großen sozialen und ökologischen Schäden verbunden: Dämme blockieren wichtige Routen für wandernde Fischarten und Stauseen überfluten Zehntausende Hektar Regenwald. Außerdem werden zahlreiche dörfliche Gemeinschaften von ihren Wohnorten vertrieben. Der Klimaschutz steht einer einzigartigen, frei fließenden Flusslandschaft gegenüber.

Im Bild: Luftaufnahme des fischreichsten Süßwasserökosystems der Erde: des Amazonas mit seinen Nebenflüssen. Foto: NASA Johnson Space Center

Sonne und Wind – die Sprunghaften

von Christina Newinger

Die Sonne schickt ihre Energie in Form von Wärme und Licht Tag für Tag zuverlässig auf die Erde – und ist zudem der Motor des Windes. Diese Energie ist kostenlos, aus menschlicher Sicht endlos und ohne klimaschädliche Treibhausgase verfügbar. In den letzten Jahrzehnten haben Sonnen- und Windenergie einen enormen Bedeutungszuwachs erfahren. Ölkrisen, Nuklearkatastrophen und Klimawandel sorgen dafür, dass der Ausbau von Solarthermie, Photovoltaik und Windkraft stetig voranschreitet. Allerdings hängt die Ausbeute von Jahreszeit, Tageszeit und Witterung ab und lässt sich nicht einfach anhand der Bedürfnisse des Menschen an- und abschalten. Nicht zuletzt entscheiden deshalb auch neue Energiespeicher und innovative Stromnetze mit darüber, ob Sonnen- und Windenergie sich durchsetzen und die Energiewende ein Erfolg wird.

1 Schon ein 57 Quadratmeter großer Spiegel kann so viel Sonnenlicht auf einen Punkt konzentrieren, dass innerhalb einer Minute ein Loch in Stahl gebrannt wird.
Foto: DMA CD73462, Stifter: Deutsches Zentrum für Luft- und Raumfahrt, Köln

Sonnenstrom aus der Wüste

Innerhalb eines Jahres schickt die Sonne zehntausendmal mehr Energie auf die Erde als die Menschheit im gleichen Zeitraum verbraucht.[1] Es liegt daher nahe, sich dieser frei verfügbaren Energie zu bedienen. Die Nutzung der Sonnenenergie durch den Menschen blickt auf eine lange Geschichte zurück. Der Legende nach soll schon Archimedes feindliche römische Schiffe in Brand gesteckt haben, indem er das Sonnenlicht mit Spiegeln konzentrierte (vgl. Abbildung 1).
Auch in solarthermischen Kraftwerken bündeln gigantische Spiegel das Sonnenlicht. Parabolrinnenkraftwerke sind heute die verbreitetsten Solarkraftwerke (vgl. Abbildung 2). Die Anlagen lohnen sich vor allem in sonnenreichen Wüstenregionen. Ein Solarkraftwerk könnte auf einer Fläche von 300 mal 300 Kilometern genug Strom erzeugen, um die Welt mit sauberer Energie zu versorgen.[2] Visionäre möchten die zukünftige Stromversorgung der Menschheit deshalb in die Wüsten der Welt verlagern. Prognosen gehen davon aus, dass bis 2050 bereits elf Prozent des weltweiten Strombedarfs mit solarthermischen Kraftwerken gedeckt werden könnten.[3] Vor allem in den USA, Indien und dem Nahen Osten wird der Ausbau vorangehen. Solarthermiekraftwerke nutzen die Wärmeenergie der Sonne um – wie in klassischen Dampfkraftwerken – Wasser zu verdampfen und eine Turbine anzutreiben. Integrierte Salztanks speichern einen Teil der Wärme. So können die Kraftwerke auch nachts Strom liefern, wenn die Sonne nicht scheint. Allerdings setzt der hohe Wasserbedarf zur Kühlung der Dampfkraftwerke trockene Wüstenregionen zusätzlich unter Druck. Zudem müssen teure Reinigungsroboter die Spiegel täglich von Sand und Staub befreien. Doch trotz aller Pflege lässt es sich nicht vermeiden, dass die Qualität der Spiegel leidet, wodurch die Effizienz der Kraftwerke schnell abnimmt.[4]

Warmwasser mit Sonnenenergie

Die Wärme der Sonne ist nicht nur für die Stromversorgung interessant. Vielerorts wird sie auch direkt genutzt. *Solar Water Heater* sind eine elegante Lösung, um Haushalte autark mit Warmwasser zu versorgen. Die dunkle Kollektorfläche absorbiert Sonnenlicht und das durchströmende Wasser aus dem

2 Im spanischen Solarkraftwerk Andasol 3 fokussieren parabolisch geformte Spiegel von etwa sechs Meter Durchmesser das Sonnenlicht auf Absorberrohre. Das Kraftwerk hat eine Größe von etwa 210 Fußballfeldern und eine Leistung von 50 Megawatt.
Foto: Stadtwerke München GmbH / Marcus Schlaf

3 Die Dächer der türkischen Stadt Alanya mit Solarthermiekollektoren auf den Dächern.
Foto: Kiwisoul/Shutterstock.com

Tank erwärmt sich. Die Solarthermiekollektoren auf den Dächern gehören in vielen sonnenreichen Ländern inzwischen so fest zum Stadtbild wie Satellitenschüsseln (vgl. Abbildung 3). In Israel erwärmen bereits 95 Prozent aller Haushalte ihr Wasser mit Solarthermiekollektoren. Einige Projekte in Mexiko, Brasilien und der Türkei fördern die Installation, damit auch Sozialwohnungen günstig warmes Wasser zur Verfügung haben.[5] Doch auch in mittleren Breiten lohnt sich die Warmwasserversorgung mittels Solarthermie. Hier befinden sich die Wassertanks innerhalb der Gebäude. Die dunklen Kollektorflächen sind daher für Laien erst auf den zweiten Blick von Photovoltaikmodulen zu unterscheiden.

Photovoltaik – Strom aus Sonnenenergie

Photovoltaikzellen wandeln Sonnenenergie direkt in elektrischen Strom um. Im Gegensatz zur Solarthermie muss also nicht der Umweg über die Erhitzung von Wasser gegangen werden. Zwischen 2000 und 2014 ist die Photovoltaikbranche jedes Jahr um etwa 50 Prozent gewachsen.[6] Das liegt unter anderem daran, dass die klimafreundliche Technologie immer günstiger und effizienter wird. Besonders die starke Entwicklung in China hat dafür gesorgt, dass die Photovoltaik heute gegenüber fossilen Kraftwerken auch finanziell konkurrenzfähig ist.[7] Wie alle Technologien, die von der Sonne abhängen, liefern Solarzellen allerdings nur tagsüber Strom und müssen deshalb durch Speichertechnologien ergänzt werden.
Häufig sind Solarzellen auf Hausdächern installiert – Flächen, die sonst ungenutzt blieben. In der Vision der *SolaRoad*-Erfinder werden aber auch Straßenflächen in Zukunft zur Stromerzeugung genutzt. Als Prototyp dient seit 2014 ein Radweg im holländischen Krommenie, der auf über 72 Metern Länge mit Photovoltaikzellen gepflastert ist.
Besondere Bedeutung hat Photovoltaik für die Menschen in entlegenen Regionen, die nicht ans Stromnetz angeschlossen sind: Sie können sich über Solarmodule autark mit Strom versorgen (vgl. Abbildung 4).

4 Die Solarzellen auf dem Dach des Solarkiosks bringen Elektrizität in entlegene Regionen, die nicht ans Stromnetz angeschlossen sind.
Foto: Solarkiosk AG

Aus Wind wird Strom

Die Sonne erwärmt die Luftmassen der Erde. Doch da die Sonneneinstrahlung regional unterschiedlich ist und sich Land- und Wasserflächen unterschiedlich schnell und stark erwärmen, kommt es zu Temperaturdifferenzen. Weil warme Luft leichter ist als kalte, steigt sie nach oben; dorthin, von wo aus die Luft aufgestiegen ist, fließen wiederum andere Luftmassen – es entsteht Wind.

5 Der Kraftstoffverbrauch des Frachttransports könnte deutlich gesenkt werden, wenn vorgespannte Zugdrachen den Höhenwind nutzten, um die Schiffe zu ziehen. Damit ließe sich der Treibstoffverbrauch um bis zu 50 Prozent reduzieren.
Foto: SkySails GmbH

Der Zusammenhang von Sonnen- und Windenergie wird besonders in Aufwindkraftwerken deutlich. In diesen wird die Luft unter einem Kollektordach wie in einem Treibhaus erwärmt. Die heiße Luft steigt als Aufwind nach oben und wird durch einen hohen Kamin geleitet, in welchem er eine Turbine antreibt. Eine erste Versuchsanlage war im spanischen *Manzanares* für sieben Jahre in Betrieb, 1989 fiel der Turm jedoch einem Sturm zum Opfer. Derzeit sind einige neue Projekte geplant, allerdings ist noch kein kommerziell nutzbares Kraftwerk in Betrieb.
Schon in der Antike nutzten Menschen die Kraft des Windes, um Segelschiffe oder Windmühlen anzutreiben und schon bald könnte die Windenergie für den Frachttransport wieder interessant werden (vgl. Abbildung 5). Kleine Windturbinen zur autarken Stromversorgung für unterwegs könnten ebenfalls ein Modell für die Zukunft sein (vgl. Abbildung 6). Heute leisten aber vor allem große Windräder einen weiter wachsenden Beitrag zur klimafreundlichen Stromerzeugung. Sie wandeln die Energie der Luftströmungen in elektrischen Strom um. Größe und Effizienz von Windkraftanlagen nehmen Jahr für Jahr zu, und die Stromausbeute wächst. Die Leistung von Windkraftanlagen lag 1985 noch bei 80 Kilowatt und die Nabenhöhe der Windräder bei 40 Metern. Im Jahr 2015 brachten sie es schon auf 7500 Kilowatt Leistung bei einer Höhe von bis zu 149 Metern. Und nicht nur in Industrieländern schreitet der Ausbau der Windenergie voran. Auch in Entwicklungsländern können die Turbinen vergleichsweise einfach installiert werden und Strom an Orte bringen, die bisher von der Versorgung abgeschnitten waren.

Windenergie auf See

Allerdings sind Landflächen begrenzt und die Windverhältnisse bei Weitem nicht allerorten ideal. Über der glatten Meeresoberfläche weht der Wind hingegen stetig und kräftig – perfekte Bedingungen für Windturbinen. Wie auch bei der Onshore-Windenergie an Land war Dänemark hier der Pionier und eröffnete 1991 den ersten Windpark auf See mit elf Windturbinen. Der derzeit größte Windpark *London Array* vor der Südostküste Großbritanniens versorgt mit seinen 175 Turbinen eine halbe Million Haushalte mit klimafreundlichem Strom (vgl. Abbildung 8). Offshore-Windparks stellen Ingenieure und Techniker allerdings vor ganz neue Herausforderungen: Die Fundamente müssen auf dem Meeresboden verankert werden, das Salz in Wasser und Luft greift das Material an und die begrenzte Zugänglichkeit erschwert die Wartung. Zudem müssen über weite Strecken Unterseekabel verlegt werden, um den Strom an Land zu befördern (vgl. Abbildung 7).

6 Das tragbare Designobjekt Revolver produziert schon bei einer leichten Brise genug Strom, um einen Laptop am Laufen zu halten, ein Handy zu laden oder ein Radio zu betreiben.
Foto: DMA CD73456,
Leihgeber: frog design inc., München

Hindernisse für die Windenergie

Dem Ausbau der Windenergie stehen der Naturschutz sowie gesellschaftliche und technische Hindernisse gegenüber: Der Bau von Windrädern bedeutet einen Eingriff in die Natur und stößt mancherorts auf Kritik in der Bevölkerung. Für und Wider sind dabei häufig nur schwierig gegeneinander aufzuwiegen: So ist die lokale Belastung von Anwohnern durch Geräusche und Schattenwurf kaum mit den gesamtgesellschaftlichen Vorteilen einer verringerten Luftverschmutzung oder dem Klimaschutz gegenzurechnen.

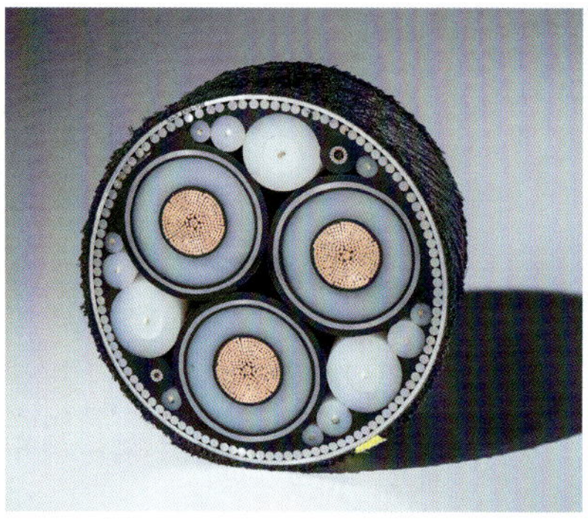

7 Der Windpark Baltic 2 generiert in der Ostsee, 32 Kilometer nördlich von Rügen, Strom für 340 000 Haushalte. Ein solches Drehstrom-Seekabel (Durchmesser etwa 25 Zentimeter) transportiert den Strom von Baltic 2 über 60 Kilometer an Land.

Foto: DMA CD73471, Stifter: Norddeutsche Seekabelwerke GmbH, Nordenham, Inv.-Nr.: 2016-498

Von der Planung, über die Festlegung geeigneter Standorte bis zu Genehmigung und Bau können deshalb mehrere Jahre vergehen. Für ein erfolgreiches Gelingen ist es essenziell, zwischen lokalem Gesundheits- und Naturschutz und dem Klimaschutz abzuwägen. Zudem sollten Bürger in die Planung neuer Windparks einbezogen und möglichst finanziell am Erlös beteiligt werden. Auf diese Weise profitieren sie auch von den Anlagen, was die Akzeptanz deutlich erhöhen kann. Aus Sicht einer stabilen Stromversorgung ist dem Anteil von Windstrom im Energiemix dann eine Grenze gesetzt, wenn die witterungsbedingten Schwankungen nicht durch Speicher oder eine innovative Infrastruktur aufgefangen werden. So können etwa Windparks, die 1000 Kilometer oder mehr voneinander entfernt sind, unterschiedliche Windausbeuten teilweise ausgleichen, wenn sie miteinander vernetzt sind.[7]

Genau wie bei der Sonnenenergie gilt es also für die Windenergie innovative Lösungen zu finden, um unsere Energieversorgung weniger von den Launen der Natur abhängig zu machen. Eine solche Lösung könnten transkontinentale Supernetze sein, in welchen Wind- und Solarkraftwerke sowie andere erneuerbare Energiequellen wie Wasserkraft, Geothermie und Biogas intelligent miteinander verknüpft und Schwankungen durch Speichertechnologien ausgeglichen werden.

8 Der Windpark London Array in der Nordsee war 2016 der weltweit größte Offshore-Windpark. Er besteht aus 175 3,6-Megawatt-Turbinen (Siemens) mit einer Nabenhöhe von 87 Metern. Der klimafreundliche Strom spart knapp eine Million Tonnen CO_2 pro Jahr.[8]

Foto: London Array Limited

1 Stolten, Detlef; Scherer, Viktor (Hrsg.): Transition to Renewable Energy Systems. Weinheim 2013.
2 www.desertec.org, (Abruf: 10. 1. 2017).
3 International Energy Agency: Technology Roadmap. Solar Thermal Electricity. Paris 2014.
4 Siehe Fußnote 1.
5 Solar Energy for the Less Privileged. In: Sun & Wind Energy Magazine 2011, Ausgabe 3, S. 108–114, http://chromagen.com/files/News/social_housing_032011.pdf (Abruf: 10. 1. 2017).
6 International Energy Agency: Technology Roadmap Solar Photovoltaic Energy. Paris 2014.
7 St. Martin, Clara M. u. a.: Variability of Interconnected Wind Plants: Correlation Length and its Dependence on Variability Time scale, Environmental Research Letters, 10 (2015), 044004.
8 www.londonarray.com/wp-content/uploads/London-Array-Brochure.pdf (Abruf: 10. 1. 2017).

Die Energiegewinnung mit Sonne und Wind wird weltweit immer bedeutender und verschiedenste Anwendungen kommen schon heute in vielen Ländern zum Einsatz. Dabei versorgen zum einen zentrale Solarkraftwerke und Windparks große Gegenden oder gar ganze Inseln mit umweltfreundlicher Energie und sorgen zudem für Arbeitsplätze. Aber auch dezentrale Anwendungen wie Solarlampen ersetzen in einigen Ländern Afrikas gefährliche und teure Kerosinlampen und erlauben vielen Frauen, sich selbstständig zu machen.

Indien. Ein Feld aus Parabolspiegeln

In den Bergen Rajasthans im Norden Indiens entsteht ein ganz besonderer Solarpark: Am Fuße des Mount Abu werden 770 riesige Parabolspiegel aufgestellt. Mit dem Projekt »India One« beschreiten die Brahma Kumaris, eine spirituelle und umweltbewusste Glaubensgemeinschaft, neue Wege. Strom, heißes Wasser, warme Mahlzeiten: Die 25 000 Glaubensgenossen sollen in Zukunft mit Hilfe von Solarenergie versorgt werden. Die Technik haben die Brahma Kumaris dabei größtenteils selbst entwickelt und die Glaubensgenossen legen auch selbst mit Hand an.

Im Bild: Am Fuße des Mount Abu in Indien entsteht ein Solarpark aus 770 Parabolspiegeln, welcher die Glaubensgemeinschaft der Brahma Kumaris mit klimafreundlichem Strom versorgen soll. Foto: Global Ideas/Birgit Maaß

Spanien. Insel mit 100 Prozent Ökostrom

In Europa ist Spanien inzwischen eines der führenden Länder, wenn es um die Nutzung erneuerbarer Energien geht. Die Kanareninsel El Hierro beispielsweise versorgt sich mit ihren 10 000 Einwohnern und 20 000 Touristen pro Jahr seit 2014 ausschließlich mit Wind- und Wasserenergie. Die Kombination aus fünf Windrädern und einem Pumpspeicherkraftwerk macht dies möglich. Damit ist El Hierro die erste Insel der Welt, die sich völlig unabhängig von fossilen Brennstoffen mit Energie versorgt.

Im Bild: Insgesamt fünf Windräder auf El Hierro versorgen die Kanareninsel zu 100 Prozent mit erneuerbarer Energie. Foto: underworld/Shutterstock.com

Uganda. Sonnenenergie statt Kerosin

Licht kommt in Uganda fast ausschließlich aus Kerosinlampen. Rund 95 Prozent der Menschen müssen auf den teuren und giftigen Brennstoff zurückgreifen, weil ihnen der Zugang zum Stromnetz fehlt. Das soziale Unternehmen *Solar Sister* schafft Abhilfe mit Sonnenenergie: 32 000 Frauen haben die Mitarbeiterinnen des Projekts (es sind ausschließlich Frauen) bereits mit Solarlampen versorgt. Jede Laterne spart bei zehn Jahren Laufzeit rund 600 Liter Kerosin ein und damit auch 1,5 Tonnen CO_2. Innerhalb der nächsten zehn Jahre will das Projekt mit seinen Lampen zehn Millionen Tonnen CO_2-Emissionen vermeiden.

Im Bild: Die *Solar Sisters* versorgen die Frauen der Dörfer Ugandas mit Solarlampen und bauen sich so eine eigene Existenz als Unternehmerinnen auf. Foto: Global Ideas/Joanna Gottschalk

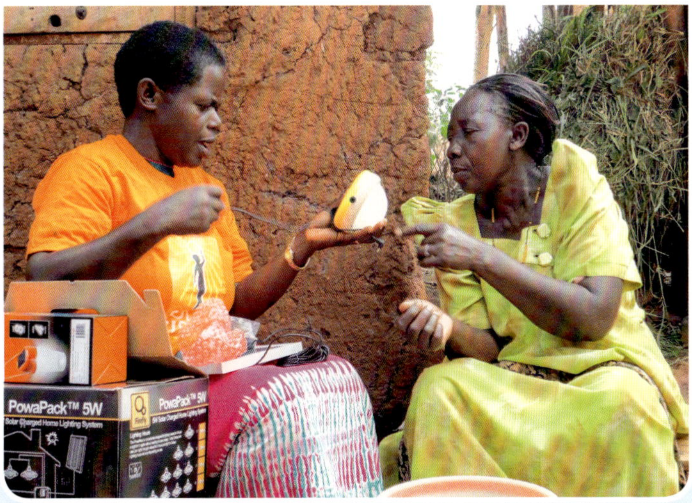

Taiwan. Windkraft statt Kohle

Taiwan stillt seinen Energiehunger bisher fast ausschließlich mit Erdöl und Kohle. Um den CO_2-Ausstoß zu reduzieren, will die Regierung jetzt die Windenergie stark ausbauen. Die Westküste bietet dafür hervorragende Voraussetzungen. Bis 2025 sollen 1000 Windkraftanlagen in Betrieb gehen – an Land und auch offshore. Der Anteil an der Gesamtenergieversorgung soll dann bei acht Prozent liegen. Es gibt in Taiwan aber auch private Initiativen für den Klimaschutz: Ein Unternehmer hat zum Beispiel einen Wald mit seltenen Baumarten gepflanzt, um die Parkbesucher für das Thema Klimawandel zu sensibilisieren.

Im Bild: Am Strand von DaTan an Taiwans Westküste weht im Winter ein scharfer Wind. Erste Windparks nutzen diesen, um klimafreundlichen Strom zu erzeugen. Foto: Global Ideas/Christian Uhlig

Speicher – Mittler zwischen Erzeugung und Verbrauch

von Moritz Heber

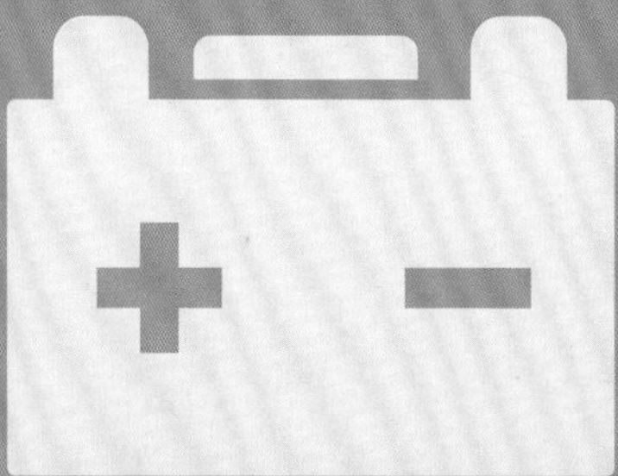

Speicher ermöglichen die zeitliche Verteilung von Energie: Bis heute verbrennen wir gespeicherte Sonnenenergie in Form von Kohle, Gas und Öl, um Strom und Wärme zu erzeugen – und zwar in dem Maße, wie wir beides gerade benötigen. Der Wechsel von fossilen zu überwiegend erneuerbaren Energien erfordert allerdings andere Speicher, denn die Energie von Sonne und Wind ist nicht immer verfügbar, wenn sie benötigt wird. Deshalb müssen wir die Energie einfangen, wenn das aufgrund der Tageszeit oder des Wetters gerade möglich ist – und dann zwischenspeichern, um sie nutzen zu können, wenn der Bedarf da ist. Allgemein formuliert entkoppeln Speicher die Erzeugung vom Verbrauch. Im Rahmen der Energiewende stellen sie damit eine von mehreren Möglichkeiten der dringend nötigen Flexibilisierung von Erzeugern und Verbrauchern dar: Bisher war lediglich der Energieverbrauch gewissen Schwankungen unterworfen; mit dem steigenden Einsatz von erneuerbaren Energien wächst aber auch aufseiten der Erzeugung die Fluktuation. Um Erzeugung und Verbrauch in Einklang zu bringen, müssen die Schwankungen in Zukunft auf beiden Seiten stärker gesteuert bzw. ausgeglichen werden – Maßnahmen mit diesem Ziel werden als Flexibilisierung bezeichnet.

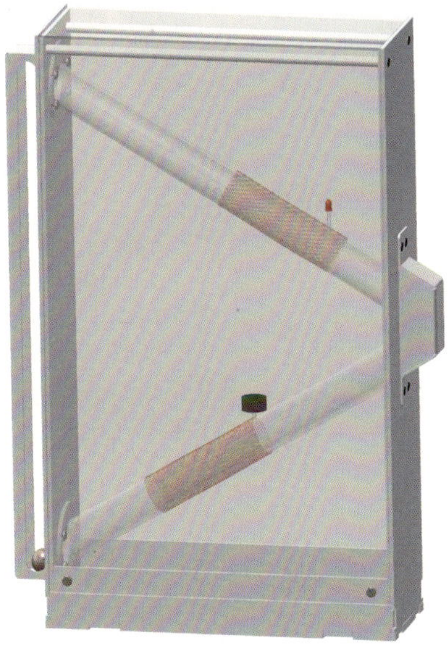

1 Demonstrationsmodell zur Energieumwandlung: Ein kugelförmiger Magnet rollt eine schiefe Bahn hinab (Umwandlung von potenzieller in kinetische Energie) und passiert dabei eine Spule, in der ein elektrischer Strom induziert wird (Umwandlung von kinetischer in elektrische Energie).
Quelle: m.o.l.i.t.o.r. GmbH

Energieumwandlung

Im Alltag ist häufig die Rede von Energieerzeugern und -verbrauchern. Physikalisch gesehen kann Energie allerdings weder erzeugt noch verbraucht werden – es findet lediglich eine Umwandlung in unterschiedliche Energieformen statt. Innerhalb der klassischen Physik sind die wichtigsten Energieformen die mechanische Energie (zum Beispiel Bewegungsenergie), elektrische Energie (Strom), thermische Energie (Wärme) und chemische Energie (zum Beispiel die in Erdöl oder Erdgas gespeicherte Energie) (vgl. Abbildung 1). Häufige und aus dem Alltag bekannte Energieumwandlungen sind zum Beispiel die Verbrennung (Umwandlung von chemischer in thermische Energie), die Umwandlung von mechanischer in elektrische Energie beim Fahrraddynamo, die Umwandlung von elektrischer in thermische Energie bei der Glühbirne oder die Umwandlung von chemischer in elektrische Energie bei einer Batterie. In der Realität entstehen bei solchen Umwandlungen immer Verluste, das heißt, am Ende steht weniger nutzbare Energie zur Verfügung als am Anfang. Häufigste Ursache solcher Verluste ist Reibung, die in allen Maschinen und Vorrichtungen zur Energieumwandlung unweigerlich auftritt. Ein Teil der Energie wird durch die Reibung in Wärme umgewandelt und entweicht in der Regel ungenutzt in die Umwelt. Dieser Teil der Energie verschwindet also nicht einfach, steht aber für eine weitere Energieumwandlung, also Nutzung, nicht mehr zur Verfügung. Insofern beschreibt die umgangssprachliche Bezeichnung »Energieverbrauch« den Sachverhalt im Kern recht treffend.
Speicher stehen häufig an den Knotenpunkten einer Kette von Energieumwandlungen, zum Beispiel bei der Umwandlung von elektrischer in chemische Energie bei der Elektrolyse. Hierbei ist Wasserstoff der Energiespeicher, welcher in Tanks gut gespeichert werden kann. Bei der darauffolgenden Umwandlung in Wärme, Bewegungsenergie oder Strom durch die Verbrennung in Motoren oder Brennstoffzellen wird die gespeicherte Energie wieder freigesetzt.

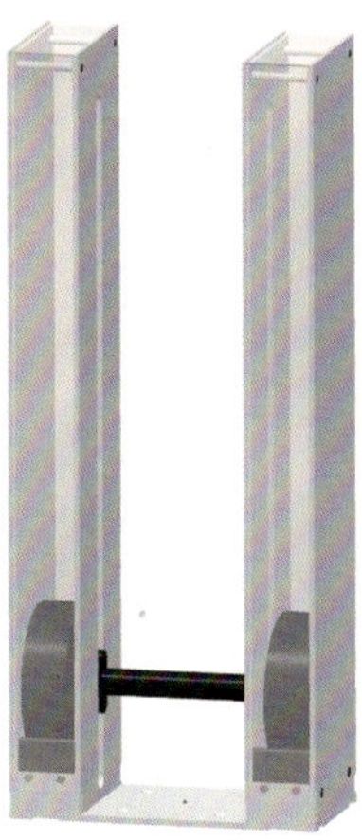

2 Demonstrationsmodell zur Energiedichte: Verschiedene Speicher können die gleiche Menge Energie unterschiedlich »gut« speichern – die einen sind klein/leicht, die anderen groß/schwer. In einem zehn Kilogramm schweren Gewicht in 50 Zentimeter Höhe steckt die gleiche Menge Energie wie in einem Tropfen Diesel.
Quelle: m.o.l.i.t.o.r. GmbH

Speicher für die Energiewende

Zwei wesentliche Größen zur Beschreibung von Energiespeichern sind *Kapazität* und *Leistung*: Die Kapazität gibt an, welche Menge an Energie insgesamt gespeichert werden kann, während die Leistung ein Maß für die Menge an Energie ist, die dem Speicher pro Sekunde zugeführt oder entnommen werden kann (vgl. Abbildung 2). Ein Einsatz von Speichern zur eingangs angesprochenen Flexibilisierung wäre die Anlage von Energiereserven zur Überbrückung von »Dunkelflauten«, einem Zeitraum während dem weder Sonnen- noch Windenergie genutzt werden kann. Ein geeigneter Speicher muss in diesem Fall über eine große Kapazität verfügen. Beispiele wären Kavernenspeicher, das sind große, künstliche Hohlräume in Salzgestein, in denen Gas und Öl gebunkert wird. Ein anderes Beispiel wären Pumpspeicherkraftwerke oder Stauseen.[1]
Ein weiterer Einsatz von Speichern zur Flexibilisierung betrifft das Glätten von Leistungsschwankungen zur Stabilisierung der Stromnetze: Wenn zum Beispiel eine Windkraftanlage permanent etwas mehr oder weniger Strom erzeugt, als gerade durch

3 Schwungradspeicher EnWheel der Firma Stornetic GmbH aus Jülich – hier rotiert ein 60 Kilogramm schwerer Zylinder aus Carbonfasern mit 45 000 Umdrehungen pro Minute.
Foto: 2015 Studio-Arnolds.de

Verbraucher benötigt wird, führt dies zu ungewünschten Schwankungen der Netzfrequenz (vgl. auch den Abschnitt über Netze). Wird nun ein Energiespeicher zwischen Windkraftanlage und Stromnetz geschaltet, dann kann dieser Speicher die »überschüssige« Energie aufnehmen und in dem Moment in das Netz einspeisen, wenn die Leistung des Windrads unter den Bedarf fällt. Der Speicher wirkt also als eine Art Puffer, der für eine gleichmäßigere Einspeisung von Strom aus erneuerbaren Energien sorgt, die typischerweise aufgrund ihrer Wetterabhängigkeit ständigen Leistungsschwankungen unterworfen sind. Zu diesem Zweck eingesetzte Speicher benötigen zwar eine deutlich niedrigere Kapazität, aber eine hohe Leistung, da diese Schwankungen in extrem kurzen Zeiträumen auftreten. Beispiele wären hier Schwungradspeicher und Batterien.[2]

4 Designmuster einer Multi-Ladestation für Fahrradakkus – kann mit bis zu 16 handelsüblichen Akkus bestückt werden und in Verbindung mit einer Hausdach-Solaranlage etwa den halben Eigenbedarf eines 4-Personen-Haushalts decken.
Foto: DMA CD73699, Stifter: Hydyne GmbH, Schwerin, Inv.-Nr.: 2016-538

Elektrische Energie selbst kann nur in geringen Mengen und für kurze Zeit gespeichert werden, zum Beispiel in Kondensatoren oder Spulen. Daher ist es üblich, elektrische Energie zunächst in andere Energieformen umzuwandeln, zum Beispiel mechanische oder chemische, und dann zu speichern.

Mechanische Speicher

Zwei Beispiele für mechanische Energiespeicher sind Pumpspeicher (potenzielle Energie) und Schwungräder (kinetische Energie):

1. Pumpspeicher bestehen typischerweise aus einem Unterwasserbecken und einem höher gelegenen Oberwasserbecken, die durch Rohrleitungen miteinander verbunden sind. Zum Laden wird elektrische Energie aufgewendet, um das Wasser aus dem unteren Becken nach oben zu pumpen. Die aufgewendete Energie ist nun als Höhenenergie im oberen Wasserbecken gespeichert. Beim Entladen fließt das Wasser zurück ins Unterwasserbecken und treibt dabei Turbinen an. Das Pumpspeicherkraftwerk Goldisthal in Thüringen ist mit seiner Leistung von 1060 Megawatt und einer Kapazität von 8480 Megawattstunden das größte in Deutschland.
Eine neue Entwicklung im Bereich der Pumpspeicher sind die Kugelpumpspeicher unter Wasser[3]: Hohlkugeln aus Beton werden in einer Wassertiefe von circa 500 Metern verankert. In dieser Tiefe herrscht ein sehr großer Wasserdruck – das Wasser wird also buchstäblich in die Hohlkugel hineingedrückt. Zum Laden des Speichers wird dieses Wasser nun mit Pressluft aus der Kugel herausgepresst und die Kugel verschlossen. Beim Entladen wird der Verschluss geöffnet, die Luft entweicht und das Wasser strömt wieder in die Kugel hinein. Dabei fließt es durch eine Turbine und treibt so einen Generator an, genau wie bei einem Wasserkraftwerk »über« Wasser auch. Momentan wird im Bodensee ein Prototyp getestet. Final sollen die Kugelpumpspeicher eine Leistung von jeweils fünf Megawatt und eine Kapazität von 20 Megawattstunden haben.

2. Ein Schwungrad speichert Energie in der eigenen Drehbewegung, es besteht aus einem rotierendem Zylinder oder einer rotierenden Scheibe (eben dem »Schwungrad«) und einer Kombination aus Elektromotor und Generator. Zum Laden bringt der Elektromotor das Schwungrad auf Touren, dann wird es ausgekuppelt und rotiert weiter.
Zum Entladen wird der Generator eingekuppelt und vom Schwungrad angetrieben. Aufgrund der vergleichsweise hohen Selbstentladungsrate von Schwungrädern durch die auftretende Reibung, eignen sich diese allerdings nur als Kurzzeitspeicher. Dafür weisen sie ausgesprochen kurze Reaktionszeiten auf und eignen sich daher hervorragend zur Frequenzregelung in Stromnetzen.
Die Menge der in einem Schwungrad gespeicherten Energie steigt mit dem

5 Montage eines saisonalen Wärmespeichers auf der Baustelle eines Mehrfamilienhauses.
Foto: Jenni Energietechnik AG, CH-Oberburg

Gewicht des Schwungrads selbst und mit seiner Umdrehungsgeschwindigkeit im Quadrat. In der Vergangenheit wurde in diesem Zusammenhang stärker auf ein hohes Gewicht des Schwungrades gesetzt, neuere Entwicklungen gehen in die Richtung von verhältnismäßig leichten Schwungrädern, die jedoch mit extrem hohen Geschwindigkeiten rotieren. Zum Beispiel dreht sich im EnWheel60 der Firma Stornetic (vgl. Abbildung 3) ein 60 Kilogramm schwerer Carbonfaser-Zylinder mit 45 000 Umdrehungen pro Minute. Der Zylinder befindet sich in einem Vakuum und ist mit Magneten berührungslos gelagert, um die Verluste so klein wie möglich zu halten. Dieser Schwungradspeicher hat eine relativ kleine Leistung von 60 Kilowatt, die in weniger als 0,1 Sekunden abgerufen werden kann, allerdings lediglich für den kurzen Zeitraum von 216 Sekunden.

Chemische Speicher

Das wohl bekannteste Beispiel für chemische Energiespeicher aus dem Alltag sind Batterien (vgl. Abbildung 4). Andere Formen chemischer Energiespeicher sind alle fossilen Energieträger, wie Kohle, Erdöl und Erdgas. Letzteres kann in einem Verfahren namens Power-to-Gas auch synthetisch hergestellt werden.

Neben der Rolle dieses synthetischen Erdgases als Energieträger für Autos und Flugzeuge (für die beispielsweise Batterien aufgrund des zu hohen Gewichts ausscheiden) oder als Rohstoff in der chemischen Industrie, kann Erdgas in sehr großen Mengen in vorhandenen Gasspeichern gespeichert und über eine vorhandene Infrastruktur an Gasleitungen verteilt werden (vergleiche auch den Abschnitt über Netze).
Beim Power-to-Gas-Verfahren[4] wird überschüssiger Strom aus erneuerbaren Energien eingesetzt, um mittels Elektrolyse Wasserstoff zu erzeugen. In einem weiteren Schritt wird daraus Methan hergestellt, das über vorhandene Erdgasleitungen verteilt und in Kavernen gespeichert werden kann. Dieses synthetische Erdgas entspricht weitestgehend seinem fossilen Pendant und wird oft als Windgas bezeichnet. Kavernen sind künstlich geschaffene Hohlräume unter der Erde. Sie entstehen, indem Salzstöcke in großer Tiefe mit Wasser ausgespült werden. Kavernen wie in Etzel bei Wilhelmshaven haben einen Durchmesser von 60 Metern und sind 300 bis 500 Meter hoch. In Deutschland lagert rund die Hälfte des Erdgasvorrats, etwa zwölf Milliarden Kubikmeter, in solchen Kavernen.

Thermische Speicher

Wärme in Form des Lagerfeuers ist die älteste Nutzenergieform der Menschheit. Auch heute macht Wärme noch rund die Hälfte des Endenergieverbrauchs aus. Die Gestaltung unserer Wärmeversorgung ist daher ein wichtiger Teil der Energiewende. Wärmespeicher ermöglichen die Entkopplung von Angebot und Nachfrage, dadurch entfalten die Nutzung von Abwärme oder die Wärmeerzeugung mit überschüssigem Strom aus erneuerbaren Energien ihr volles Potenzial.[5]
Solarthermie-Kollektoren zur Erwärmung von Wasser stellen einen besonders einfachen und günstigen Weg zur Nutzung von Solarenergie dar. Allerdings liefern diese Kollektoren vor allem im Sommer einen hohen Ertrag, also gerade dann, wenn der Wärmebedarf am niedrigsten ist. Mit saisonalen Wärmespeichern kann ein Teil dieser Wärme bis in den Winter gespeichert werden. Das warme Wasser kann dann zur Unterstützung einer konventionellen Heizungsanlage genutzt werden und fossile Brennstoffe einsparen. Als Speicher fungiert dabei entweder das Erdreich unter einem Gebäude, ein Becken mit Wasser oder einer Mischung aus Erde und Wasser oder auch ein gut isolierter Wassertank (vgl. Abbildung 5).

6 Testanlage zur thermochemischen Energiespeicherung mit Kalk.
Foto: DLR

Wärme ist aber nicht nur »sensible Wärme«, die man spüren und mit einem Thermometer messen kann. Auch im Phasenübergang zwischen festem und flüssigem Zustand eines Stoffs steckt Energie, die »latente Wärme« genannt wird, oder in der chemischen Umwandlung eines Stoffs, in Form von »thermochemischer Wärme«. Zur Speicherung von Wärme werden alle drei Speicherprinzipien genutzt: Keramikkugeln werden zum Beispiel bei rund 600 °C in fossilen Kraftwerken eingesetzt und speichern sensible Wärme für sechs bis zwölf Stunden. Das entspricht einer Speicherkapazität von bis zu 3000 Megawattstunden. Nitratsalz – als Beispiel für latente Wärme – wird beispielsweise in der Industrie eingesetzt und speichert Wärme im Phasenwechsel von fest nach flüssig bei 306 °C für circa 15 Minuten bei einer Speicherkapazität von 1,5 Megawattstunden.

Gelöschter/gebrannter Kalk ist ein Vertreter der thermochemischen Energiespeicher (vgl. Abbildung 6): Wärme mit einer Temperatur von 400 bis 600 °C kann auf diese Weise prinzipiell unendlich lange gespeichert werden.

Wie eingangs dargelegt, sind Energiespeicher keinesfalls neue Bestandteile unserer Energiesysteme. Die in fossilen Rohstoffen wie Kohle oder Erdöl gespeicherte Sonnenenergie wurde bis vor kurzem bedenkenlos angezapft – es mussten keine Dunkelflauten überbrückt oder Frequenzschwankungen ausgeglichen werden, denn diese wertvollen Energiespeicher wurden permanent und immer dem momentanen Bedarf entsprechend »entladen«. Neu ist also lediglich, dass heute eine Vielzahl unterschiedlicher Speicher eingesetzt werden muss, die jeweils sehr spezielle Funktionen erfüllen und eigenen Restriktionen unterworfen sind.

Zum Glück ist die Palette an physikalischen und technischen Möglichkeiten, diesen Anforderungen gerecht zu werden, groß und vielfältig!

1 Sterner, Michael; Stadler, Ingo: Energiespeicher. Bedarf, Technologien, Integration. Heidelberg 2014.
2 International Energy Agency (Hrsg.): Technology Roadmap Energy Storage. Paris 2014, www.iea.org/publications/freepublications/publication/TechnologyRoadmapEnergystorage.pdf (Abruf: 10. 1. 2017).
3 Forschungsprojekt »Storing Energy at Sea« (StEnSea) des Fraunhofer-Instituts für Windenergie und Energiesystemtechnik, www.energiesystemtechnik.iwes.fraunhofer.de/de/projekte/suche/laufende/stensea-storing-energy-at-sea.html (Abruf: 10. 1. 2017).
4 Deutsche Energie-Agentur GmbH (Hrsg.): Systemlösung Power to Gas. Chancen, Herausforderungen und Stellschrauben auf dem Weg zur Marktreife. Berlin 2015, www.shop.dena.de/fileadmin/denashop/media/Downloads_Dateien/esd/9096_Fachbroschuere_Systemloesung_Power_to_Gas.pdf (Abruf: 10. 1. 2017).
5 Rundel, Paul; Meyer, Benedikt; Meiller, Martin (u. a.): Speicher für die Energiewende. Studie des Fraunhofer-Institut für Umwelt-, Sicherheits- und Energietechnik UMSICHT im Rahmen des Centrums für Energiespeicherung, gefördert durch das Bayerische Staatsministerium für Wirtschaft, Infrastruktur, Verkehr und Technologie. Sulzbach-Rosenberg 2013, www.umsicht-suro.fraunhofer.de/content/dam/umsicht-suro/de/documents/studien/studie_speicher_energiewende.pdf (Abruf: 10. 1. 2017).
6 Gallego, Belen: The History of American CSP. A Timeline. Veröffentlichung im Rahmen der Fachmesse und Konferenz CSP Today USA 2012, www.csptoday.com/usa/pdf/USAtimeline.pdf (Abruf: 10. 1. 2017).
7 Lauber, Wolfgang: Architektur der Dogon. Berlin 2011.
8 Stone, Mike: Norway Could Provide 20,000MW of Energy Storage to Europe. Meldung des Marktforschungsunternehmens Greentech Media 2015, www.greentechmedia.com/articles/read/Norway-Could-Provide-20000-MW-of-Energy-Storage-to-Europe (Abruf: 10. 1. 2017).

Die Arten von Energiespeichern sind so vielseitig wie ihre Anwendungen. Bei großen, zentralen Speichern spielen geologische und geografische Faktoren eine wichtige Rolle. So ist zum Beispiel Norwegen aufgrund der vielen Wasserläufe und Fjorde besonders geeignet für die Anlage von Speicherseen. Die Kavernenspeicher in Deutschland gründen auf massiven Salzstöcken unter der Erdkruste. Andere Energiespeicher, wie etwa die Flüssigsalztanks thermischer Solarkraftwerke in den USA, sind dagegen standortunabhängig.

USA. Flüssiges Salz

Die USA sind das Pionierland bei der Speicherung von Sonnenwärme mittels Flüssigsalz in solarthermischen Kraftwerken.[6] 1995 wurde diese Technologie zum ersten Mal getestet. Im 2016 gebauten Kraftwerk Crescent Dunes wird als Wärmeträgermedium anstelle von Öl direkt flüssiges Salz verwendet. Die Energie der Sonne wird so in Form des heißen, flüssigen Salzes in zwei großen Tanks im Zentrum der Anlage gespeichert – so kann auch nachts oder bei Bewölkung bis zu zehn Stunden lang Strom produziert werden.

Im Bild: Das Solarkraftwerk Crescent Dunes in der Wüste Nevadas, USA. Foto: SolarReserve

Mali. Passivhäuser

Das Klima im Siedlungsgebiet der Dogon im Süden Malis ist durch extreme Temperaturschwankungen geprägt: hohe Tagestemperaturen im Sommer und frostige Nächte im Winter. Doch die traditionellen Lehmbauten sorgen für ein günstiges Raumklima: Massive, geschlossene Außenmauern absorbieren die Sonnenstrahlen und sorgen so am Tag für ein kühles Inneres. Nachts geben die Mauern die gespeicherte Sonnenwärme wieder ab und heizen den Wohnraum.[7] Dieses Prinzip kommt heute auch in vielen westlichen Passivhäusern zur Anwendung.

Im Bild: Die traditionellen Lehmbauten in Mali dienen als Vorbild für moderne Passivhäuser. Foto: Reuters/Finbarr O'Reilly

Deutschland. Kavernenspeicher

Deutschland verfügt über das größte Speichervolumen für Erdgas in der EU: Insgesamt knapp 24 Milliarden Kubikmeter oder ein Viertel des gesamten Speichervolumens. Die Hälfte davon lagert in den rund 250 Kavernen, das sind unterirdische Hohlräume in Salzgestein. Eine der größten Speicheranlagen dieser Art ist Etzel bei Wilhelmshaven. Ursprünglich im Zuge der Ölkrise der 1970er Jahre als Lager der »Bundesrohölreserve« angelegt, wird hier seit 1991 auch Erdgas gespeichert.

Im Bild: Die unterirdischen Kavernen in Etzel sind weltweit einer der größten Speicher für Erdgas. Quelle: SOCON Sonar Control Kavernenvermessung GmbH

Norwegen. Grüne Batterie Europas

Über 4000 Flüsse und Seen, steile Fjorde und hohe Berge – Norwegen hat optimale Bedingungen zur Nutzung von Wasserkraft. Daher wird häufig vorgeschlagen, überschüssigen Strom aus den großen Offshorewindparks der Nord- und Ostsee in norwegischen Pumpspeicherkraftwerken zu speichern. Norwegen – die »grüne Batterie Europas«? Die Norweger selbst sind größtenteils skeptisch: Sie fürchten die Auswirkungen häufig schwankender Wasserpegel auf das Ökosystem und den Bau neuer Hochspannungsleitungen.[8]

Im Bild: Der Damm eines norwegischen Wasserkraftwerks.
Foto: Feel good studio/Shutterstock.com

Netze – Verteiler mit Engpässen

von Moritz Heber

Netze ermöglichen die räumliche Verteilung von Energie: Sie verbinden die Erzeuger mit den Verbrauchern. Die historisch gewachsene Infrastruktur der Strom- und Gasnetze ist für die Energiewende Fluch und Segen zugleich: So muss das Stromnetz aufgrund der rasant wachsenden Zahl kleiner und weit verteilter Erzeuger um- und ausgebaut werden. Andererseits kann beim weiteren Zuwachs der erneuerbaren Energien auf vorhandene Gasnetze gesetzt werden. Sie können zum Beispiel das Methan verteilen, welches aus überschüssigem Strom von Windkraft- und Solaranlagen hergestellt wird (Windgas, Solargas). Daneben können auch Fernwärmenetze einen ganz wesentlichen Beitrag zur Steigerung der Energieeffizienz von Kraftwerken leisten, indem sie anfallende Restwärme zum Heizen verteilen.

1 Erdkabel, Supraleitungskabel, Freileitung (v. l. n. r.).
Foto: DMA CD73470, Stifter: Nexans Deutschland GmbH, Hannover

Von hierarchischen zu dezentralen Stromnetzen

Die gewachsene Infrastruktur der Stromnetze besteht aus hierarchisch aufeinander aufbauenden Ebenen, den Nieder-, Mittel- und Hochspannungsnetzen. Vereinfacht dargestellt fließt Energie dabei von der höheren zur niedrigeren Spannungsebene: Kraftwerke speisen in die Hoch- und Mittelspannungsnetze ein, diese transportieren den Strom über weite Strecken und leiten ihn an die Niederspannungsnetze weiter, welche die Energie an die Haushalte verteilen. Auch der Kraftwerkspark war ursprünglich in hierarchische Gruppen von Grundlastkraftwerken – wie Kohle- oder Atomkraftwerke – und Mittel- bzw. Spitzenlastkraftwerken – wie Wasser- oder Gaskraftwerke – unterteilt.

Die Energiewende hat aber einige strukturelle Änderungen zur Folge, die dieses »alte«, hierarchische System auf den Kopf stellen: Zum einen werden durch die vorrangige Einspeisung von erneuerbaren Energien die bestehenden Grundlastkraftwerke aus ihrer Marktposition gedrängt. Hinzu kommt der Ausstieg aus der Kernenergie, der die Abschaltung weiterer großer Kraftwerke bedeutet. In einer sogenannten Dunkelflaute, also wenn weder Wind- noch Solarenergie eingespeist wird, muss die Erzeugungslücke auf andere Weise gedeckt werden. Zum anderen waren die Kraftwerksstandorte früher in ganz Deutschland verteilt und in strategischer Nähe der Ballungsräume angesiedelt. Heute finden sich die leistungsstarken Windenergiestandorte vor allem auf den Norden und Osten von Deutschland konzentriert. Die Übertragung dieser Energie über die vorhandenen Transportnetze führt jedoch immer häufiger zu Netzengpässen, was bedeutet, dass einzelne Leitungen überlastet werden und die Windkraftanlagen ihre Leistung drosseln müssen. Photovoltaikanlagen wiederum, die an besonders guten Tagen zusammen mit den restlichen erneuerbaren Energien schon mal bis zu knapp 90 Prozent des Strombedarfs decken[1], speisen häufig in das Niederspannungsnetz ein, das für die Aufnahme solcher Mengen an Energie nie geplant war: Dadurch kehrt sich der Leistungsfluss um, Strom fließt von der niedrigen Spannungsebene zur höheren und am verbraucherseitigen Ende des Systems tritt eine unerwünschte Anhebung der Spannung auf.

Im Ergebnis muss die Energieeinspeisung ebenfalls gedrosselt werden. Es gibt verschiedene Ansätze, von denen einige im Folgenden vorgestellt werden, wie diese paradoxen Situationen – ein Überfluss an erneuerbaren Energien! – in der Zukunft aufgelöst werden können.

Netzengpässe

Die maximale elektrische Leistung, die eine Stromleitung übertragen kann, ist begrenzt, weil sich stromdurchflossene Leiter erwärmen (vgl. Abbildung 1). Ohne Begrenzung der Strommenge würden sich Freileitungen immer stärker ausdehnen und gefährlich tief durchhängen, bei Erdkabeln würde die Isolierung beschädigt werden. Wenn eine Leitung also an die Grenze ihrer Übertragungskapazität stößt, spricht man von einem Netzengpass: Um die Leitung zu entlasten, muss ein Kraftwerk auf der einen Seite des Engpasses seine Leistung drosseln, auf der anderen Seite muss dafür ein zweites Kraftwerk seine Leistung steigern: Denn in der Summe muss die gleiche Menge Energie in das Netz eingespeist werden. Mit dem Ausbau von großen Windparks steigt der Umfang dieser Maßnahmen und damit auch die Kosten, die über das Netzentgelt auf den Endverbraucher umgelegt werden – waren es 2010 noch 13 Millionen Euro, sind es 2015 schon rund 715 Millionen Euro.[2]

Die Alternative ist der Ausbau der Netze: Durch zusätzliche Übertragungsleitungen werden Netzengpässe effektiv behoben. Neben Freileitungen und Erdkabeln wird auch Hochspannungsgleichstromübertragung (HGÜ-Leitungen) diskutiert, die große Leistungen bei vergleichsweise sehr niedrigen Verlusten übertragen kann (vgl. Abbildung 3).

2 Es gibt Ansätze, die bestehenden rein funktionellen Strommasten durch kreative Designobjekte zu ersetzen. Im »Land of Giants« (Entwurf von Choi + Shine Architects) mutieren monotone Gittermasten zu überlebensgroßen Skulpturen.
Foto: Choi + Shine Architects

Allerdings stößt der Neubau von Freileitungen häufig auf Widerstand der Bürger, die sich durch Masten beeinträchtigt fühlen. Daher werden Erdkabel, obwohl sie drei- bis sechsmal teurer sind und bei Störungen lange Ausfallzeiten verursachen, von Vielen als einzige Alternative gesehen.[3,4] In Großbritannien und Island haben die Netzbetreiber Architekten und Designer aufgefordert, neue Strommasten zu entwerfen, um die Akzeptanz von Freileitungen zu steigern (vgl. Abbildung 2).[5,6]

Umgekehrte Lastflüsse

Niederspannungsnetze sind über Ortsnetztransformatoren mit den Mittelspannungsnetzen verbunden. Das Übersetzungsverhältnis dieser Transformatoren ist in der Regel starr und darauf ausgelegt, dass der Strom vom Mittelspannungs- in das Niederspannungsnetz fließt. Wenn Photovoltaikanlagen an sonnigen Tagen große Energiemengen in das Niederspannungsnetz einspeisen, steigt aber die Spannung am verbraucherseitigen Ende der Leitung und der Strom fließt in die entgegengesetzte Richtung. Dieser Anstieg der Spannung muss jedoch begrenzt werden, da elektrische Geräte im Niederspannungsnetz auf eine Spannung von 220 Volt ausgelegt sind und durch höhere Spannungen beschädigt werden.
Auch hier muss also die Einspeisung erneuerbarer Energien gedrosselt werden. Eine Lösung sind regelbare Ortsnetztransformatoren (vgl. Abbildung 4), die ihre Ausgangsspannung entsprechend anpassen können: So kann die Einspeisung durch Photovoltaikanlagen um den Faktor zwei bis vier erhöht werden.[7] Auch Spannungsschwankungen im Mittelspannungsnetz können durch das dynamische Übersetzungsverhältnis effektiv geglättet werden.

Netzstabilität

Zu jedem Zeitpunkt muss genau so viel Energie ins Netz eingespeist werden, wie an anderer Stelle durch Verbraucher entnommen wird – sonst droht der Netzzusammenbruch.
In der Vergangenheit schwankte höchstens die Nachfrage durch die Verbraucher, heute ist aber auch ein substanzieller Teil der Erzeugerleistung wetterabhängig und unterliegt daher Schwankungen. Um die Differenzen zwischen eingespeister und entnommener Energie auszugleichen, halten die Übertragungsnetzbetreiber Regelenergie vor: Leistung von konventionellen Kraftwerken wird

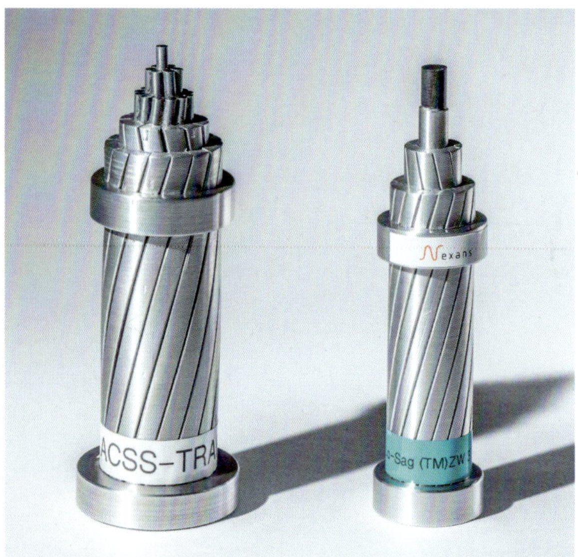

3 Hochtemperatur-Leiterseile mit gesteigerter Übertragungskapazität im Vergleich zu Standard-Freileitungen. Der Kern besteht aus Stahlseilen (links) oder Carbon-Fasern (rechts) mit hoher Zugfestigkeit und geringer Wärmeausdehnung, der Strom wird über den Mantel aus Aluminium geleitet.
Foto: DMA CD73469, Stifter: Nexans Deutschland GmbH, Hannover

reserviert und bei Bedarf abgerufen. Auch manche Industriebetriebe erbringen Regelenergie, indem sie bestimmte Produktionsschritte zeitlich verschieben und so die Stromnachfrage künstlich senken, das sogenannte Lastmanagement. Weitere Möglichkeiten zur Bereitstellung von Regelenergie sind Power-to-X-Technologien wie zum Beispiel Power-to-Gas oder Power-to-Heat: »Überschüssiger« Strom wird dabei entweder zur Produktion von Wasserstoff (Elektrolyse) oder zum Heizen verwendet. Auch Energiespeicher können durch gezieltes Laden und Entladen Netze stabilisieren. In Zukunft sollen auch Solar- und Windenergieanlagen Regelenergie bereitstellen können: Wechselrichter von Photovoltaikanlagen sind bereits teilweise mit Funktionen zur Frequenz- und Spannungshaltung ausgerüstet.

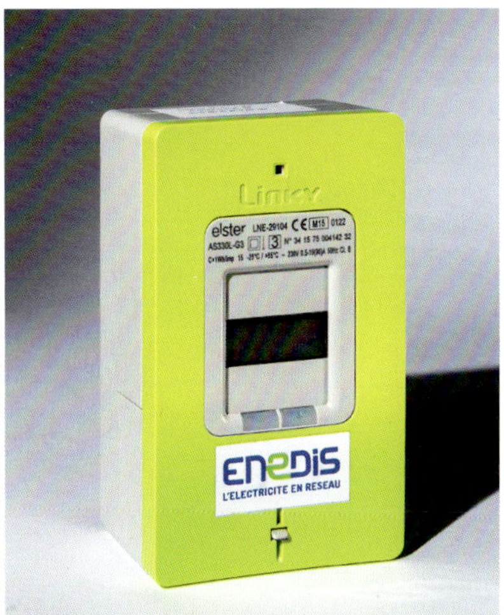

5 Smart Meter »Linky«. In Frankreich sollen bis 2021 circa 35 Millionen dieser Smart Meter installiert werden.

Foto: DMA CD73464, Stifter: Enedis, Paris

4 Montage eines regelbaren Ortsnetztransformators. Im unteren Bereich sind die drei Spulen zu erkennen, welche die Spannung dynamisch transformieren.

Foto: Maschinenfabrik Reinhausen GmbH

Smart Grids – das intelligente Stromnetz

Mit Ausnahme von einigen Industriebetrieben, die momentan eine Vorreiterrolle bei der Einführung des Lastmanagements übernehmen, sind Verbraucher bisher nicht aktiv ins Netz eingebunden: Die Nachfrage ist die fixe Größe in der Gleichung und das Angebot muss entsprechend angepasst werden. Das soll sich bald ändern: Im Juli 2016 wurde das Gesetz zur Digitalisierung der Energiewende vom Bundesrat angenommen[8] – damit wird der EU-Vorgabe entsprochen, bis 2022 mindestens 80 Prozent der Endverbraucher mit intelligenten Messsystemen, sogenannten Smart Metern, auszustatten (vgl. Abbildung 5). Smart Meter sind digitale Stromzähler, die regelmäßig ihre Zählerstände an den Netzbetreiber übermitteln. Mit diesen Daten sollen die Bedarfsprognosen verbessert werden, um weniger Reserve- oder Regelenergie vorhalten zu müssen. Ebenso können sich Verbraucher per App über ihren aktuellen Stromverbrauch informieren. So wird das Bewusstsein für den eigenen Stromverbrauch geschärft, um dessen Reduzierung zu unterstützen. Smart Meter ermöglichen aber auch die aktive Einbindung der Verbraucher ins Smart Grid, das dezentrale Stromnetz der Zukunft: Damit wird es möglich, entsprechend konfigurierte Haushaltsgeräte wie Kühlschränke oder Waschmaschinen automatisch steuern zu lassen, so dass Phasen niedriger Strompreise ausgenutzt werden oder Haushalte sich den Einsatz ihrer Geräte als Regelenergiequelle vergüten lassen.

Erdgas

Europa verfügt über ein gut ausgebautes und weit verzweigtes Netz an Erdgasleitungen mit einer Gesamtlänge von über 2,2 Millionen Kilometern (vgl. Abbildung 6).[9] Erdgas ist vielseitig einsetzbar, als Treibstoff für Fahrzeuge, Brennstoff zum Heizen oder zur Erzeugung von Strom. Darüber hinaus ist Erdgas ein wichtiger Rohstoff in der chemischen Industrie. Aufgrund des recht niedrigen Schadstoffausstoßes wird Erdgas auch von Umweltschützern

6 Abschnitt einer Gas-Pipeline. Die Gesamtlänge aller Erdgasleitungen in Europa beträgt 2 214 471 Kilometer.

Foto: DMA CD73821, Stifter: Open Grid Europe GmbH, Essen, Inv.-Nr.: 2016-487

als Brückentechnologie anerkannt.[10] Denn vor dem Hintergrund der schwankenden Einspeisung von Solar- und Windkraftanlagen ist die hohe Flexibilität von Gaskraftwerken für den Ausgleich dieser Schwankungen sehr bedeutsam.

Außerdem kann Erdgas (Methan, CH_4) auch synthetisch hergestellt werden: Dazu wird mittels Elektrolyse Wasser in Sauerstoff und Wasserstoff zerlegt und in einem zweiten Schritt der Wasserstoff mit Kohlendioxyd in Methan umgewandelt – dieses Verfahren wird als Power-to-Gas bezeichnet. In vielen Zukunftsszenarien für eine Energieversorgung aus 100 Prozent Erneuerbaren spielt Methan, erzeugt mit Wind- oder Solarstrom, eine zentrale Rolle. Die vorhandenen Speicherkapazitäten für Erdgas sind schon heute groß, vollständig erschlossen und eignen sich gut für die Langzeitspeicherung, mit der auch Dunkelflauten überbrückt werden. Zusätzlich ermöglicht die Power-to-Gas-Technologie die »Umleitung« des Energietransports von den Stromnetzen auf die Gasnetze. Wenn Methan mit Strom aus Windparks erzeugt und dann über Erdgasleitungen verteilt wird, entlastet dies das Stromnetz und Netzengpässe können vermieden werden. Power-to-Gas ist im Rahmen der Energiewende jedoch nur dann sinnvoll, wenn sichergestellt ist, dass der Strom aus erneuerbaren Energien stammt.[11]

Fernwärme

Doch nicht nur die Energieträger, auch Wärme selbst kann über Netze verteilt werden. Man spricht dann von Fernwärme. Bei der Verbrennung von Kohle, Gas, Biomasse oder Müll bleibt immer ein Teil Wärme »übrig«, der nicht zur Erzeugung von Strom genutzt werden kann, wohl aber zum Heizen oder für warmes Wasser. Durch die Verteilung dieser Wärme über Fernwärmenetze (vgl. Abbildung 7) werden die Brennstoffe besser ausgenutzt und somit Ressourcen geschont.

Andere Wärmequellen mit großem Potenzial zur Einbindung in Fernwärmenetze können auch Industrieanlagen sein, in denen große Mengen an Abwärme entstehen. Das sind zum Beispiel Anlagen zur Herstellung von Stahl, Zement oder Glas. Im Bereich der erneuerbaren Energien ist besonders die Geothermie hervorzuheben, die heißes Wasser aus dem Inneren der Erde fördert, das direkt in Fernwärmeleitungen eingespeist werden kann.

7 Abschnitt einer Fernwärmeleitung. Das innere Rohr transportiert heißes Wasser und ist von einer Isolation umgeben.

Foto: DMA CD73817, Stifter: Stadtwerke München GmbH, München, Inv.-Nr.: 2016-510

1 Deutsche Presseagentur: Warum es am Muttertag einen Ökostrom-Rekord gab. In: Die Welt vom 11.5.2016. www.welt.de/155254599 (Abruf: 10.1.2017).
2 Bundesverband der Energie- und Wasserwirtschaft e.V. (Hrsg.): Redispatch in Deutschland. Berlin 2016.
3 Eigner, Alexander: Freileitung oder Hochspannungskabel – ein Vergleich. In: Technik in Bayern, 02/2016, S. 12–13.
4 Bundesnetzagentur für Elektrizität, Gas, Telekommunikation, Post und Eisenbahn (Hrsg.): Netzausbau. Erdkabel. Bonn 2016. www.netzausbau.de (Abruf: 10.1.2017).
5 Homepage des Designwettbewerbs für Strommasten in England: www.ribapylondesign.com/ (Abruf: 10.1.2017).
6 HomepagedesDesignwettbewerbs für Strommasten in Island. www.landsnet.is/library/Skrar/English/753.pdf (Abruf: 10.1.2017).
7 Siehe Fußnote 2.
8 Homepage des Bundesrates, Gesetz zur Digitalisierung der Energiewende. www.bundesrat.de/bv.html?id=0349-16 (Abruf: 10.1.2017).
9 Eurogas (Hrsg.): Statistical Report 2015. Brussels 2015. www.eurogas.org/statistics (Abruf: 10.1.2017).
10 Greenpeace e.V. (Hrsg.): Erdgas – die Brücke ins regenerative Zeitalter. Hamburg 2010. www.greenpeace-energy.de/fileadmin/docs/publikationen/Studie_Erdgas__Bruecke_ins_regenerative_Zeitalter.pdf (Abruf: 10.1.2017).
11 Umweltbundesamt (Hrsg.): Integration von PtG/PtL in den laufenden Transformationsprozess. Dessau-Roßlau 2016. www.umweltbundesamt.de/sites/default/files/medien/1/publikationen/position_power_to_gas-power_to_liquid_web.pdf (Abruf: 10.1.2017).

Strom kommt auf vielen Wegen zum Verbraucher, denn Netz ist nicht gleich Netz: In den Anfängen der Stromversorgung konkurrierten Gleich- und Wechselstromnetze. Heute kommt Gleichstrom nur noch zur Überbrückung großer Distanzen zum Einsatz – zum Beispiel in China. In allen anderen Bereichen, seien es die großen Verbundnetze in Europa oder die Mini-Netze in Brasilien, wird Wechselstrom verwendet. Und das wird sich auch im Smart Grid der Zukunft nicht ändern, das in Frankreich schon heute Gestalt annimmt. Aber egal ob Gleich- oder Wechselstrom – ohne Netz kein Strom. Zum Glück treten massive Stromausfälle wie 2003 in Nordamerika nur sehr selten auf.

China. Gleichstromnetze

Im flächenmäßig viertgrößten Land der Erde liegen günstige Standorte für Kraftwerke und Metropolen oft Tausende Kilometer auseinander. Mit Hochspannungsgleichstromübertragung können große Mengen elektrischer Energie über weite Strecken mit sehr geringen Verlusten transportiert werden. China bricht auf diesem Gebiet immer wieder Rekorde: Die 1609 Kilometer lange Nord-Süd-Traverse Ximeng-Taizhou wird zukünftig 10 000 Megawatt übertragen, das entspricht der Leistung von zehn großen Kraftwerken!

Im Bild: Ein Konvertertransformator für eine Ultrahochspannungsgleichstromübertragungsleitung in China. Foto: ABB

Europa. Verbundnetze

Als Antwort auf den Zweiten Weltkrieg wurde 1951 die Europäische Gemeinschaft für Kohle und Stahl gegründet, die eine friedliche Zusammenarbeit europäischer Staaten sichern sollte. Im selben Jahr entstand auch das europäische Verbundnetz. Das erklärte Ziel lag darin, die begrenzten Ressourcen effizient zu nutzen und überschüssigen Strom zwischen den Nachbarländern auszutauschen. Heute umfasst der Verband europäischer Übertragungsnetzbetreiber 34 Länder und sichert die Energieversorgung von 352 Millionen Menschen.

Im Bild: Aufnahmen Europas aus dem All von der internationalen Raumstation ISS. Foto: ESA/NASA

Brasilien. Mini-Netze

Als Mini-Netze werden Stromnetze bezeichnet, die oft nur wenige Häuser versorgen und nicht in ein Verbundnetz integriert sind. Die brasilianische Regierung startete 2003 die Initiative »Licht für Alle«, um die Stromversorgung in abgeschiedenen Gegenden zu verbessern. Innerhalb von zehn Jahren ermöglichten Mini-Netze über 15 Millionen Menschen den Zugang zu elektrischer Energie. Die messbaren Erfolge sind mehr Arbeitsplätze, höhere Einkommen, bessere Gesundheitsversorgung und steigendes Bildungsniveau dank Abendkursen.

Im Bild: Durch Mini-Stromnetze können auch abgelegene und ärmere Regionen mit Strom versorgt werden. Foto: Dario Zalis

USA/Kanada. Netzausfall

Am 14. August 2003 ereignete sich der größte Stromausfall in der Geschichte Nordamerikas: Nach dem Ausfall der Kontrollsysteme in einer Leitzentrale in Ohio brach die Übertragungsleitung »Sammis-Star« zusammen. Dies führte zu einer zusätzlichen Belastung benachbarter Netze, die in einer gigantischen Kaskade ebenfalls zusammenbrachen – innerhalb von sieben Minuten waren rund 50 Millionen Menschen ohne Strom. Der Wiederaufbau der Stromversorgung dauerte mancherorts vier Tage!

Im Bild: Die Skyline Manhattans, New York, während des Stromausfalls am 14. August 2003. Foto: Reuters/Chip East REUTERS

Mobilität – eine Frage der Flexibilität

von Sarah Kellberg

Mobil sein heißt so viel wie beweglich oder flexibel sein. Eine Beschreibung, die gut auf unser Leben zutrifft: Straßen, Wasserwege, Schienen und Flugrouten verbinden heute selbstverständlich Menschen und Länder, machen uns mobil und schenken uns Lebensqualität. Die dazu notwendigen Verkehrsmittel sind jedoch zu über 90 Prozent[1] vom Erdöl abhängig, tragen durch ihre CO_2-Emissionen zum Klimawandel bei und belasten die Umwelt mit Feinstaub und Lärm. Der steigende Verkehr legt mitunter Straßen und Städte lahm und verursacht Smog in den Metropolen der Welt. Dort stellen die durch Emissionen verursachten Luftverschmutzungen ein gesundheitliches Risiko dar: Nebel, Ruß, Schwefeldioxid und Staub sammeln sich bei bestimmten Wetterlagen wie unter einer Glocke, reizen die Atemwege und können zu gesundheitlichen Folgeschäden führen. Um geeignete Angebote für eine nachhaltige Mobilität zu schaffen, sind Forschung, Industrie, Politik und Gesellschaft gemeinsam gefragt.

1 Das Umsteigen auf Busse und Bahnen lohnt sich aus Sicht des Klimaschutzes: Sie stoßen im Vergleich zu Pkw deutlich weniger CO_2 pro Personenkilometer aus.

Foto: Anna Jurkovska / Shutterstock.com

Verkehr umlenken

Der Mensch legt im Schnitt drei bis vier Wege am Tag zurück. Viele könnten zu Fuß, mit dem Fahrrad oder mit dem öffentlichen Nahverkehr bewältigt werden. Die meisten Personenkilometer werden jedoch mit dem Auto zurückgelegt – und die Zahlen steigen!

Die Zahl der zugelassenen Pkw pro Einwohner nimmt in Europa weiterhin zu, in China hat sich die Motorisierung nach der Jahrtausendwende sogar versechsfacht und weltweit geht der Trend hin zu immer mehr und größeren Fahrzeugen: Die SUVs *(Sport Utility Vehicles)* haben sich zu den beliebtesten Neuanschaffungen auf dem Pkw-Markt gemausert. Das steigende Fahrzeuggewicht, die immer höhere Motorleistung und der entsprechend hohe Verbrauch der neu zugelassenen Fahrzeuge sorgen dafür, dass die CO_2-Emissionen wider Erwarten nicht sinken.[2] Parallel lässt sich aber in einigen Ländern, darunter auch in Deutschland und den USA, eine gegenläufige Tendenz beobachten: Immer weniger junge Menschen schaffen sich ein eigenes Auto an oder machen überhaupt einen Führerschein.[3] Ein gut ausgebauter Nahverkehr, die weite Verbreitung des *Carsharings* und die intensive Nutzung des Internets machen dies vor allem in größeren Städten möglich.

Dafür, den Verkehr vom Privatwagen auf öffentliche Verkehrsmittel umzulenken, spricht viel. Da Busse und Bahnen viele Menschen gleichzeitig transportieren, liegen Energieverbrauch und Emissionen pro Person hier vergleichsweise niedrig. Schienenverkehr lässt sich außerdem mit Strom aus erneuerbaren Energien betreiben. Das sind sehr gute Gründe, in den Ausbau von Gleisnetz und Schienenbetrieb sowie Buslinien und günstige Tickets zu investieren (vgl. Abbildung 1). Öffentlichen Verkehr so flächendeckend anzubieten, dass er mit der Flexibilität eines eigenen Autos konkurrieren kann, ist zwar kein leichtes Unterfangen. Doch eine Vielzahl an Dienstleistern scheinen die Lücken im System schließen zu können: »Nutzen statt besitzen« ist das Motto aller *Bike- und Carsharing*-Angebote (vgl. Abbildung 2). Auto- und Fahrradleihsysteme lassen sich hervorragend mit dem öffentlichen Verkehr kombinieren: Gute Stadtpläne und Smartphones helfen unterwegs dabei, Informationen und Mobilitätsangebote wahrzunehmen und sie zu verknüpfen. In dieser vernetzten und flexiblen Form der »Multi-Modalität«

2 Nutzen statt besitzen, leihen statt kaufen – das Konzept von Sharing-Modellen geht auch im Verkehrsbereich auf.

Foto: Minerva Studio / Shutterstock.com

3 1,0-Liter-Eco-Boost-Motor GTDI; Schnittmodell, 2016. Der EcoBoost von Ford ist ein gelungenes Beispiel für Downsizing: er ist klein, effizient und leistungsstark zugleich – auch so können Verbrennungsmotoren sein.

Foto: DMA CD73700, Stifter: Ford-Werke GmbH, Köln, Inv.-Nr.: 2016-468

4 Elektromotoren wandeln elektrische in mechanische und Bewegungsenergie um. Hier ein i3-Traktions-Elektromotor von BMW,Typ EMP242; Schnittmodell 2016. Je nach eingebauter Batterie verleiht dieser Motor dem BMW i3 eine Reichweite von etwa 160 bis 300 Kilometer.

Foto: DMA CD73701, Stifter: BMW AG, München

liegt großes Potenzial, Zeit und Emissionen einzusparen.[4] Da ein eigener Pkw die meiste Zeit des Tages stehend verbringt, wird ganz nebenbei auch Raum für andere Nutzungen frei, beispielsweise für Grünflächen, Plätze oder breitere Fahrradwege. Erstere verbessern das Stadtklima und Letztere sind essenziell, um das Fahrradfahren sicherer, bequemer und somit auch attraktiver zu machen. Und das lohnt sich gleich dreifach, denn Fahrrad fahren macht mobil, fit und spart CO_2 ein – in Kopenhagen jährlich 90 000 Tonnen[5].

Alternativen zum geliebten Verbrenner

Müssen wir uns der Mobilitätswende zuliebe also ganz vom Auto verabschieden? Das ist schwer vorstellbar. Denn nicht nur in Deutschland erscheint ein Auto praktisch oder gar notwendig – haben sich doch allen voran in den USA ganze Städte um die Anforderungen des vierrädrigen Vehikels entwickelt und machen nun ein Fortbewegen ohne fahrbaren Untersatz beinahe undenkbar. Dort findet sich kein Eigenheim, kein Reihenhaus ohne eigene Garage oder zumindest einen Parkplatz am Straßenrand. Dafür fährt kaum ein Bus, der einen zum nächsten Bahnhof bringen könnte. Doch genau das kann auch ein Vorteil sein: Denn wer seinen eigenen Parkplatz besitzt, kann sich ganz unkompliziert eine eigene Ladestation für ein Elektroauto einrichten – vielleicht sogar in Kombination mit einer Solaranlage. Mit einem *smarten* Ladesystem lassen sich Elektroautos dann nicht nur als nachhaltige Verbraucher, sondern auch als flexible Energiespeicher für erneuerbare Energien nutzen. Elektroautos verursachen weder Lärm noch lokale Emissionen und können in Verbindung mit erneuerbaren Energien sehr viel zur Energiewende beitragen. Und die Stromer erfüllen schon jetzt die meisten Ansprüche der Nutzer an einen Pkw: Die Reichweite der leisen Wagen liegt zur Zeit zwar noch unter der konventioneller Verbrennungsmotoren, ist mit durchschnittlich über 200 Kilometern aber durchaus hoch genug, um die circa 40 Kilometer, die Menschen im Schnitt täglich zurücklegen, zu bewältigen (vgl. Abbildung 4).[6] Sie sind – gleiches gilt für Autos mit Wasserstoffantrieb – allerdings deutlich teurer als ein Wagen mit Verbrennungsmotor. Gleicht man dieses Preisgefälle aus, indem eine staatliche Finanzierungshilfe oder steuerliche Vergünstigung eingeführt wird, hilft dies der Einführung alternativer Antriebe auf die Sprünge – eine ausgebaute Infrastruktur und Arbeitsplätze in der neuen Branche sind weitere fördernde Faktoren.[7] Ein weiterer gangbarer Weg ist die Verteuerung von Verbrennungsmotoren mit hohem Verbrauch. So zahlt derjenige,

5 Reisekoffer, Erste Hälfte 20. Jahrhundert. Dieser Koffer erzählt mit seinen Aufklebern von den frühen Langstreckenflügen der Pan American Airways, einer der ersten Fluglinien, die über die Weltmeere flogen.
Foto: DMA CD73463

der den Schaden verursacht, mehr, während Hersteller gleichzeitig daran interessiert sind, Autos mit sparsamen Verbrennungsmotoren oder alternativen Antrieben zu entwickeln (vgl. Abbildung 3). Denn beides ist längst möglich, nur anscheinend nicht ausreichend lukrativ.

Infrastruktur – eine systemische Herausforderung

Neben der Förderung von Elektro- oder Wasserstoffautos muss zusätzlich auch die Infrastruktur für die jeweiligen Antriebe gefördert werden. Denn auch wenn Strom theoretisch an jeder Steckdose verfügbar ist, nimmt das Laden eines Elektroautos an einer sogenannten *Wallbox* viel Zeit in Anspruch. Schnellladestationen verkürzen das »Betanken« auf bis zu eine halbe Stunde. Von diesen werden aber, insbesondere an Autobahnen und an zentralen Stellen in Stadtzentren, noch deutlich mehr benötigt. Nichtsdestotrotz beweisen Menschen wie Rafael de Mestre, dass man auch mit dem vorhandenen Netz bereits weit kommt: Mit seinem Tesla Roadster fuhr er einmal rund um die Welt – in 127 Tagen. Er legte täglich 500 Kilometer zurück und lud den Wagen während des Mittagessens und in den Nächten auf. Das Betanken eines Wasserstofffahrzeuges geht zwar bedeutend schneller als das Aufladen eines Elektroautos, aber auch hier gibt es noch kein ausreichendes Tankstellennetz, das die Fahrzeuge, deren Reichweite bereits jetzt an die konventioneller Wagen heranreicht, versorgen könnte. Hinzu kommt, dass die Erzeugung von Wasserstoff nur dann sinnvoll ist, wenn der dafür benötigte Strom aus einem Überschuss erneuerbarer Energien stammt. Alternative Antriebe müssen deshalb im System gedacht werden und benötigen einen weiteren Ausbau an erneuerbaren Energien. Gleichzeitig birgt ihre Speicherkapazität – sei es in Form von Wasserstoff oder in der eines Akkus – Ausgleichspotenziale für ein zum größten Teil auf volatilen Energieträgern basierendes Energieversorgungssystem. Dass die Nachfrage nach nachhaltigen Pkw noch immer gering ist, liegt jedoch wahrscheinlich nicht nur an den höheren Preisen von Elektro- und Wasserstoffautos und Fragen der Infrastruktur, sondern möglicherweise auch an den etwas eingefahrenen Vorstellungen der Nutzer. Denn auch wenn ein Umstieg auf alternative Antriebe mit Hindernissen verbunden ist, reichen die bereits vorhandenen Kapazitäten entgegen einiger Sorgen bereits für die meisten Anforderungen der alltäglichen Mobilität aus. Und vor allem ließe sich bereits durch die Wahl eines sparsamen Verbrenners ein großer Beitrag zum Klimaschutz leisten. Denn das sogenannte *Downsizen*, das Verkleinern, von Motoren und Wagen hilft dabei, auch konventionelle Verbrenner effizienter und sparsamer zu gestalten. Das Angebot ist da, es muss jedoch auch genutzt werden.

Auf zu neuen Horizonten

Die Wahl eines nachhaltigen Verkehrsträgers fällt uns oft schon im Alltag schwer. Noch komplizierter wird es, wenn es um unseren Urlaub geht (vgl. Abbildung 5). Denn fuhr man vor einigen Jahrzehnten noch mit dem Zug oder dem Auto in die großen Ferien, erlaubt uns das Flugzeug heute in kürzester Zeit in die Ferne zu schweifen. Ein Luxus, den sich immer mehr Menschen leisten und dem sie nur schwerlich widerstehen können. Die Anzahl der weltweiten Flugpassagiere hat sich in den letzten 25 Jahren mehr als verdreifacht.[8] Kerosin, der konventionelle Luftfahrtkraftstoff, setzt jedoch nicht nur klimaschädliche Emissionen frei, er wird auch weiter im Preis steigen.[9] Fluggesellschaften haben also sowohl ökologische als auch wirtschaftliche Beweggründe, ihre Flugzeuge so effizient und Flugrouten so kurz wie möglich zu gestalten. Mit der Beimischung von Biosprit zu Kerosin wird schon seit einiger Zeit experimentiert und erste Flugzeuge mit alternativen Antrieben erscheinen

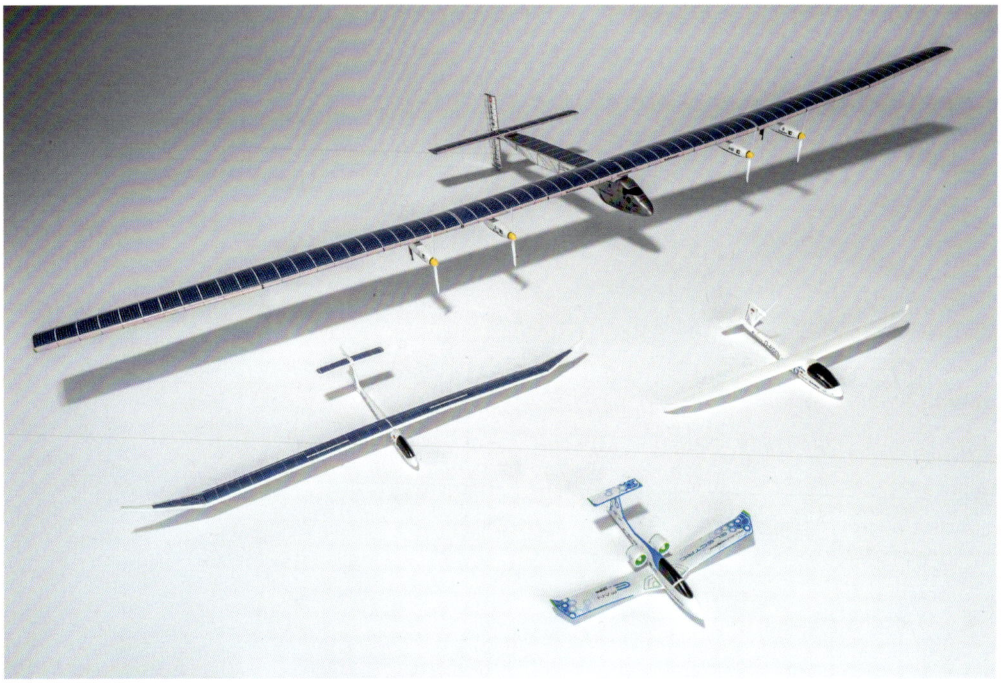

am Horizont (vgl. Abbildung 6): Die Schweizer Abenteurer und Entwickler Bertrand Piccard und André Borschberg flogen mit dem Solarflugzeug *Solar Impulse 2* einmal um die ganze Welt. Mit 17 248 Solarzellen auf den 63,40 Quadratmeter großen Flügeln und vier Elektromotoren kann es bei guter Wetterlage bis zu einem ganzen Monat durchgehend in der Luft bleiben – zumindest theoretisch, denn fliegen kann mit dem Solar Impulse immer nur ein Pilot; gewechselt werden muss auf festem Boden. Einen Vorgänger hatte dieser Einsitzer, dessen Flügelspanne genauso groß ist wie die einer Boeing 747, im vom Institut für Flugzeugbau der Universität Stuttgart entwickelten *Icaré 2*.

Dieses Solarflugzeug erhob sich bereits 1996 erstmals in die Luft und war das erste praxistaugliche Solarflugzeug. Seitdem wird es weiter beforscht und verbessert. Die Weltrekorde, die Pilot Klaus Ohlmann mit dem Flieger aufstellt, sind der Beweis dafür. Trotzdem bleiben Solarflugzeuge wahrscheinlich wunderbare Symbolflieger, die zwar ohne Kerosin auskommen, aber keine nennenswerten Nutzlasten transportieren können – dafür bräuchten sie eine zu große Tragfläche. Nichtsdestotrotz wird weiter an der Zukunft des Fliegens geforscht und gearbeitet: Airbus entwickelte mit dem *E-Fan* ein Elektroflugzeug, das mittlerweile als Pilotenschulflugzeug eingesetzt und »serienmäßig« produziert wird. Und das Stuttgarter Institut für Flugzeugbau schickt nach Solar- und Wasserstoffflugzeugen auch *e-Genius*, einen elektrisch angetriebenen Motorsegler, in die Lüfte.

6 Neue Antriebe erobern auch die Lüfte. Bis dieser radikale Wandel stattfinden kann, müssen jedoch schon konventionellere Effizienzmaßnahmen umgesetzt werden.
Von hinten nach vorne:
Solar Impulse 2, Icaré 2, e-Genius, E-Fan. Modelle 1:48.
Foto: DMA CD73706, Leihgeber: IFB-Institut für Flugzeugbau, Universität Stuttgart

1 Deutsche Gesellschaft für Internationale Zusammenarbeit (GIZ) Gmbh (Hrsg.): Faszination Verkehr. Eschborn, Dezember 2013.
2 Statistisches Bundesamt, Pressemitteilung vom 11. Juni 2015 – 213/15.
3 Sival, Michael; Schoettle, Brandon: Recent Changes in the Age Composition of Drivers in 15 Countries. In: Traffic Injury Prevention, Volume 13, 2012 Issue 2.
4 Institut für Stadtplanung und Städtebau, Universität Duisburg-Essen (Hrsg.): Interdisziplinäre Stadtforschung: Stadt – Verkehr – Lebensstile. Ergebnisbericht. Neue Mobilität für die Stadt der Zukunft. September 2013.
5 City of Copenhagen. The Technical and Environmental Administration (Hrsg.): Copenhagen City of Cyclists. Bycicle Account 2010, May 2011.
6 Statistisches Bundesamt (Hrsg.): Verkehr auf einen Blick. Wiesbaden 2013.
7 Sierzchula, William; Bakker, Sjoerd; Maat, Kees; van Wee, Bert: The Influence of Financial Incentives and other socio-economic Factors on Electric Vehicle Adoption. In: Energy Policy Volume 68, Mai 2014, S. 183—194.
8 http://data.worldbank.org/indicator/IS.AIR.PSGR (Abruf: 10. 1. 2017).
9 Worldbank Transport Papers: Air Transport and Energy Efficiency. The International Bank for Reconstruction and Development/ The World Bank, Washington 2012.

Zeitraubendes Verkehrschaos, gesundheitsschädliche Luftverschmutzung und klimaschädliche Emissionen – das sind sehr gute Gründe, den Transport auf den Straßen der Welt nachhaltiger zu gestalten. Um die Verbrennung fossiler Energieträger einzudämmen, wird global an einigen Stellschrauben nachjustiert: Schienenausbau für öffentliche Verkehrsmittel, mehr Radwege für Fahrradfahrer und die Förderung alternativer Antriebe sind einige wichtige Maßnahmen. Die Investitionen in Technologie und Infrastruktur lohnen sich dabei für Umwelt, Klima und Lebensqualität.

Thailand. Milliarden für Mobilität

Wie viele der schnell wachsenden asiatischen Metropolen erstickt die thailändische Hauptstadt geradezu im Verkehr. Lange Staus, Lärm und Abgase sind an der Tagesordnung. Damit der Transport von Menschen und Waren in den Straßen Bangkoks nicht vollends zum Erliegen kommt, investiert die Stadt mehrere Milliarden Dollar in den Ausbau ihres Schienennetzes. Durch die Verdopplung der Streckenlänge des U-Bahn- und Skytrain-Netzes auf rund 200 Kilometer soll der Verkehr umgelenkt werden: von der Straße auf die Schiene.

Im Bild: Bangkoks Sky Train fährt zwischen den Hochhäusern des Stadtviertels Sukhumvit einfach über die vollen Straßen hinweg. Foto: pkproject / Shutterstock.com

Südafrika. Busse lösen das Verkehrschaos

In Johannesburg wurde das erste öffentliche Schnellbussystem auf dem afrikanischen Kontinent eingeführt. Während Massen an Autos die Straßen der südafrikanischen Hauptstadt verstopfen, haben die Schnellbusse ihre eigene Fahrspur und können in den Stoßzeiten im Drei-Minuten-Takt verkehren. So kommen die Fahrgäste deutlich schneller ans Ziel als mit dem eigenen Wagen oder im Taxi. Und günstiger ist es auch: Die Kosten für ein Ticket werden so gering wie möglich gehalten, um für alle erschwinglich zu sein.

Im Bild: Bussysteme sind in Südafrika auf der Erfolgsspur – auch in Kapstadt verhelfen sie zu freier Fahrt.
Foto: Peter Titmuss / Shutterstock.com

Mexiko. Grüner Verkehr in der Stadt

Mit dem umfassenden Plan Verde – dem grünen Plan – soll der Smog über Mexiko-Stadt nachhaltig bekämpft werden. Neben neuen Metrostationen und zwei neuen Schnellbuslinien wurden Fußgängerzonen in der Stadt eingerichtet und ein neues Fahrradleihsystem implementiert. 85 Fahrradstationen stellen Fahrräder für eine flexible Mit- und Rückgabe zur Verfügung und neue Radwege erleichtern den Bürgern den Umstieg aufs Zweirad. Ein derart umfassendes Konzept wie der neue Stadtplan Mexiko Citys war bei seiner Entwicklung 2010 einzigartig für ein Schwellenland.

Im Bild: Ecobici – Ökofahrrad – so nennen sich die Leihfahrräder, die mit einem Kartensystem an vielen Stellen in Mexiko City ausgeliehen werden können. Foto: AGCuesta / Shutterstock.com

China. Elektromobilität gegen dicke Luft

Chinas Wirtschaft wächst und damit auch der Wohlstand im Land. Die Zahl der Autos auf den Straßen steigt ständig. Die daraus resultierenden Rekordstaus und der tagelange Smog sind bereits heute keine Seltenheit mehr in Chinas Großstädten und der Treibstoff für alle diese Verbrennungsmotoren muss auch noch importiert werden. Deshalb investierte das Land 15 Milliarden US-Dollar in den Ausbau der E-Mobilität. Diese könnte einer der Schlüssel zu diesen Problemen sein und stellt gleichzeitig einen vielversprechenden Wirtschaftszweig dar.

Im Bild: Elektroroller, wie der dieses jungen Paares, sind mittlerweile ein weit verbreitetes Bild auf Chinas Straßen. Foto: TonyV3112 / Shutterstock.com

Bauen und Wohnen – ungenutzte Energiespar-potenziale

von Sarah Kellberg

Einen Großteil unserer Zeit verbringen wir in Büros, Schulen oder Hochschulen, Geschäften oder Lokalen und nicht zuletzt in unseren eigenen vier Wänden. Die Gebäude, in denen wir uns aufhalten, werden geheizt, gekühlt und belüftet. Sie werden mit Strom für Licht und einer Bandbreite von Elektrogeräten versorgt sowie mit Strom oder Gas für Herde und warmes Wasser.
Für all diese Anwendungen wird Energie benötigt – für den Bau, Erhalt und Abriss der Gebäude ebenfalls. Da der meiste Teil dieser Energie bislang aus fossilen Rohstoffen gewonnen wird, ist der Gebäudesektor weltweit für etwa ein Drittel aller CO_2-Emissionen verantwortlich.[1]
Dabei liegen im Gebäudebereich – beim Bauen, bei der Nutzung (auch beim Wohnen) und beim Renovieren und Sanieren – große ungenutzte Energiesparpotenziale brach, die zu erschließen sich lohnt. Eine kluge Stadtplanung, passgenaue Förderprogramme, die Nutzung neuer Technologien und nachhaltig produzierter Materialien sowie ein bewusster Umgang mit Energie in den Haushalten müssen dazu Hand in Hand gehen.

Energiesystem Stadt – synergetisch planen

Obwohl Städte gerade einmal zwei Prozent der Erdoberfläche einnehmen, führt die Ballung von Wohnen, Gewerbe und Verkehr dazu, dass schon heute 70 Prozent aller klimaschädlichen Treibhausgase[2] in Städten ausgestoßen werden. Bevölkerungswachstum und Landflucht werden diesen Anteil voraussichtlich noch in die Höhe treiben; in den 2050er-Jahren werden bereits 6,5 Milliarden Menschen – über 60 Prozent der Weltbevölkerung – in Städten leben (vgl. Abbildungen 1 und 3).[3]

Ob die Energiewende stattfinden wird, wird daher nicht zuletzt in den Städten entschieden. Dank neuer technischer Entwicklungen und mit Hilfe klimapolitischer Vorgaben wird es möglich sein, den Energieverbrauch der Städte drastisch zu verringern und sie teilweise sogar zu Energieerzeugern zu machen.[4]

1 Mumbai ist eine der am schnellsten wachsenden Städte der Welt. 2020 werden hier über 20 Millionen Menschen leben.[5]
Foto: Dirk Ott/ Shutterstock.com

Die entsprechenden Trends lassen sich sowohl bei der Stadtentwicklung bereits existierender Städte als auch bei Stadtneuplanungen beobachten. Die am Reißbrett entstehenden »Eco-Cities« stellen extreme Beispiele dar.

Die Stadt von morgen kommt mit weniger Energie aus und bezieht diese aus erneuerbaren Quellen, sie verringert die räumliche Trennung zwischen Wohnen und Arbeiten und somit den Verkehr, sie wird systematisch begrünt und produziert einen Teil ihrer Lebensmittel und Konsumgüter selbst. Je besser die verschiedenen Lebensbereiche miteinander vermischt werden, umso kürzer werden die Wege, die zwischen ihnen zurückgelegt werden müssen – das spart Energie und Zeit. Die Stadt der Zukunft spart zudem massiv Ressourcen ein: Beispielsweise kann Abwärme aus Unternehmen zum Heizen von Wohnungen genutzt werden, können Abfälle als Rohstoffe wiederverwendet werden und dezentrale Energiespeicher können Zeiten mit Energieüberschuss und solche mit Energiemangel abpuffern.

Das Haus als Baustein der Stadt

Die Stadt von morgen setzt sich aus energetisch optimierten Häusern zusammen. Mit neuen Technologien, wie Photovoltaik auf dem Dach oder Wärmepumpen im Keller, können sie sogar mehr Energie erzeugen als ihre Bewohner verbrauchen. Ein Beispiel für ein solches kleines »Kraftwerk« ist das *Aktivhaus B10:* Es kann neben zwei Elektroautos auch das Nachbargebäude mit Energie versorgen (vgl. Abbildung 2).[7] Die Anfangsinvestitionen für ein energieerzeugendes

2 Das Aktivhaus B10 wurde vom Architekten Walter Sobek für die E-Lab Projekt GmbH in Stuttgart erbaut. Es erzeugt das Doppelte seines Energiebedarfs selbst.
Foto: Zooey Braun

3 Das Städtewachstum in den Industrieländern stagniert zwar, aber Tokio wird mit aktuell 35 Millionen Einwohnern vorerst die größte Stadt der Welt bleiben.[6]

Foto: Sean Pavone / Shutterstock.com

Gebäude liegen zwar höher als bei einem gewöhnlichen Wohnhaus, die Kosten amortisieren sich jedoch nach etwa zehn Jahren bereits wieder.
Solche *Energie-Plus-* oder *Aktiv-Häuser* sind nicht nur Energieerzeuger: In Verbindung mit intelligenten Steuerungssystemen können sie auch als Puffer innerhalb eines Energiesystems fungieren, welches einen Großteil seiner Energie aus den volatilen erneuerbaren Energieträgern Wind und Sonne bezieht. Wird viel Energie produziert, kann diese beispielsweise in der Batterie eines Elektroautos oder im Warmwassertank gespeichert werden, herrscht gerade Mangel an Sonne und Wind, können die privaten Speicher wieder »angezapft« werden.
Nachhaltig konzipierte Gebäude zeichnen sich jedoch nicht nur durch neue Technologien, sondern auch durch ökologische Baumaterialien wie Holz, Lehm oder Stroh und einen durchdachten Lebenszyklus aus; von der Herstellung über den Transport und Einsatz der Baumaterialien, über die Instandhaltung der Gebäude bis hin zur Wiederverwendung und Entsorgung der Baustoffe muss die jeweils aufgewandte Energie gering gehalten werden, um ein wirklich energetisch optimiertes Gebäude zu schaffen (vgl. Abbildung 4).[8]

Aus alt mach neu – Sanierung des Gebäudebestands

In Wohnhäusern wird die meiste Energie zur Regulierung der Gebäudetemperatur benötigt – ob zum Heizen oder zum Kühlen bestimmen die Jahreszeit und die geografische Lage. In Europa werden beispielsweise 85 Prozent der Energie für Raumwärme und Warmwasserbereitung genutzt.[9] Zwar lässt sich die dafür einzusetzende Energie in Neubauten auf ein Minimum reduzieren, diese machen aber mit bis zu zehn Prozent lediglich einen verschwindend geringen Anteil aller Gebäude aus. Der Schlüssel zu einer erfolgreichen Energiewende im Wohnbereich liegt deshalb vor allem in der Sanierung des Gebäudebestands. Hier können eine gute Fassaden- und Dachdämmung, Isolierglasscheiben und effiziente Heizanlagen gemeinsam bis zu ein Drittel der benötigten Energie einsparen – bei einzelnen Gebäuden kann das Ergebnis auch mehr als doppelt so hoch liegen.[10]
In der Sanierung des großen Gebäudebestands liegen somit die größten Energiesparpotenziale. Wird zusätzlich der gesamte Lebenszyklus eines Gebäudes in den Blick genommen, wird noch deutlicher, wie sehr es sich lohnt, zu sanieren: Der meiste Teil der »grauen Energie« – das ist die Energie, die für das Errichten, Instandhalten und Entsorgen von Häusern aufgewendet wird – fließt in die Herstellung der Baustoffe, die oft

eine lange Lebenszeit haben. Wird ein Gebäude nicht abgerissen und neu gebaut, sondern erhalten und modernisiert, muss diese Energie nicht noch einmal aufgebracht werden. Eine relativ einfache bauliche Maßnahme der energetischen Modernisierung – und ein wirksamer Schritt zur konstanten Raumtemperatur – ist eine Verglasung mit Wärme- und Kälteschutzgläsern. Diese bestehen aus zwei oder drei Scheiben und sind mit einem Edelgas gefüllt.
Der Aufwand für eine grundlegende (nachträgliche) Dämmung eines Hauses ist deutlich höher. Zusätzlich gestaltet sich die Situation bei der Sanierung von Mietshäusern kompliziert, da hier die Interessen von Vermieter und Mieter nicht immer konform gehen. Wird eine Wohnung saniert und somit der Wohnkomfort erhöht, erhöhen sich auch die Mietpreise. Hält sich dieser Anstieg der Mietpreise mit den Einsparungen bei den Energiekosten mehr oder weniger die Waage, haben beide Parteien etwas davon. Ein Abstimmungsprozess, der nicht immer ganz einfach ist, insbesondere, wenn es verschiedene Mieter-und-Vermieter-Verhältnisse in einem Gebäude gibt. Hier sind staatliche Anreize, Förderungen und Aufklärung gefragt, um dieses enorme Energiesparpotenzial flächendeckend zu nutzen.

4 Mineralwolle ist einer der verbreitetsten Dämmstoffe. Sie kann aus Glas, Stein oder Schlacke hergestellt werden. Die Herstellung ist weniger energieaufwendig, wenn recyceltes Material verwendet wird.
Foto: gcpics/ Shutterstock.com

Energiesparen im Haushalt – Verhaltensänderung erwünscht

Neben umfassenden Maßnahmen und systemischen Umplanungen können auch kleine Verhaltensänderungen große Wirkung zeigen. Doch obwohl zwischen 1990 und 2009 die Energieeffizienz in Europa um 24 Prozent stieg, nahm der Stromverbrauch jedes Jahr um beinahe zwei Prozent zu. Insgesamt verbrauchten die Haushalte also trotz effizienterer Technologien mehr Energie – ein Trend, der sich weltweit beobachten lässt.[11] Wie kann das sein?

5 Die Lampe *Forget Me Not II* wurde 2016 extra für das Deutsche Museum überarbeitet. Diese Momentaufnahmen zeigen, wie sich die Lampe nach einiger Zeit in ihre Fassung zurückzieht. Ein Antippen genügt jedoch, um sie wieder zum Leuchten zu bringen.
Foto: DMA CD73458, CD73459, CD73460, Stifter: Dr. M. Laschke und Prof. M. Hassenzahl, Universität Siegen

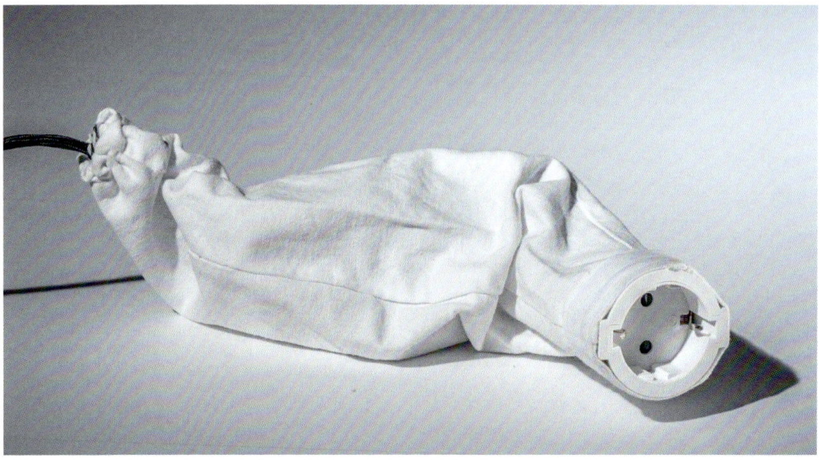

6 *Never Hungry Caterpillar* – die *Raupe Immersatt* – existiert seit 2011. Sie liegt zwischen Fernseher und Steckdose und spürt an dieser Stelle auf, wann unnütz Strom fließt.
Foto: DMA CD73475, Stifter: Dr. M. Laschke und Prof. M. Hassenzahl, Universität Siegen

Unsere Geräte werden zwar von der Waschmaschine bis zum Fernseher immer effizienter, unsere Lampen immer sparsamer und unsere Wohnungen besser isoliert. Aber gleichzeitig vergrößert sich die zu heizende Wohnfläche pro Kopf kontinuierlich und die Geräte innerhalb der Wohnungen werden ständig mehr. Manche Haushalte besitzen einen ganzen Fuhrpark an elektronischen Kleingeräten und jedes einzelne braucht Strom. Wollen wir nachhaltiger wohnen, müssen wir also auch aktiv Energie sparen – oder zumindest die Verschwendung begrenzen. Ein besonders schönes Beispiel, wie der Versuch aussehen kann, Menschen zu einem reflektierten Umgang mit Energie zu animieren, zeigen die von Dr. Matthias Laschke und Prof. Dr. Marc Hassenzahl an der Universität Siegen (vormals an der Folkwang Universität der Künste, Essen) entwickelten *Pleasurable Troublemakers*.[12] Im Gegensatz zu *smarten* Objekten, die sich automatisch an- und ausschalten oder in einen Energiesparmodus gehen (und somit immer mehr aus dem Bewusstsein ihrer Besitzer entschwinden), setzen diese Gegenstände auf direkte Interaktion mit den Menschen. Sie agieren »selbstständig« und bauen auf sympathische Weise kleine Irritationsmomente in unser Umfeld ein. So fordern sie den Betrachter zum Handeln auf. Wie die Lampe *Vergiss Mein Nicht* (vgl. Abbildung 5), die sich nach geraumer Zeit in ihr Gehäuse zurückzieht und durch Berührung aktiv und bewusst wieder zum Leuchten aufgefordert werden muss, wenn man sie noch benötigt. Oder die *Raupe Immersatt* (vgl. Abbildung 6), die – an ein elektrisches Gerät angeschlossen – entweder zufrieden »atmet«, wenn das Gerät läuft, oder sich aber leidend »windet«, wenn das Gerät im Stand-by-Modus Energie verschwendet.
Unnötigen Energieverbrauch einzuschränken, ist der erste und einfachste Schritt, Energie zu sparen. Auf die Energieeffizienz der Geräte oder der Nutzungsprozesse zu achten – sei es durch den effizienten Kühlschrank oder den Deckel auf dem Kochtopf – ist der nächste Ansatz, um im »Kleinen« Energie zu sparen. Allerdings nur, wenn der alte Kühlschrank nicht im Dauerbetrieb im Keller Getränke kühlt oder fünf Liter Wasser für ein Ei aufgesetzt werden. Wird das Energiesparpotenzial effizienter Geräte nicht voll ausgeschöpft, weil nun mehr von ihnen eingesetzt werden als zuvor, spricht man vom »rebound effect« – dem »Abpralleffekt«. Dies kann beispielsweise dann geschehen, wenn eine neue sparsamere Lampe länger angeschaltet bleibt als ihr ineffizienterer Vorgänger. Diesen Effekt gilt es natürlich zu verhindern. Denn erst die Kombination aus Energiesparen, Energieeffizienz und dem vermehrten Einsatz erneuerbarer Energien wird eine Energiewende möglich machen. Das gilt auch für den Gebäudesektor.

1 International Energy Agency (OECD/IEA): Transition to Sustainable Buildings. Strategies and Opportunities to 2050. Paris 2013.
2 Bundesministerium für wirtschaftliche Zusammenarbeit und Entwicklung: BMZ-Informationsbroschüre 3/2014: Perspektiven der Urbanisierung – Städte nachhaltig gestalten. Bonn, Berlin 2014.
3 United Nations, Department of Economic and Social Affairs: World Urbanization Prospects. The 2014 Revision. Highlights. https://esa.un.org/unpd/wup/Publications/Files/WUP2014-Highlights.pdf (Abruf: 10. 1. 2017).
4 Zukunftsinstitut: Urbanisierung: Die Stadt von morgen. www.zukunftsinstitut.de/artikel/urbanisierung-die-stadt-von-morgen (Abruf: 10. 1. 2017).
5 Megacity Challenges. A Stakeholder Perspective. http://id.siemens.com/AboutUs/Documents/MegaCity-Report_1439020.pdf (Abruf: 10. 1. 2017).
6 Siehe Fußnote 5.
7 www.aktivhaus-b10.de/home/ (Abruf: 10. 1. 2017).
8 Bundesministerium für Wirtschaft und Technologie: Energieeffizienz – Made in Germany. Energieeffizienz im Bereich Industrie, Gebäudeanwendung und Verkehr. Berlin 2010.
9 European Environment Agency: Energy Efficiency and energy consumption in the household sector. Kopenhagen 2012.
10 Energieeffizienz – Made in Germany. Energieeffizienz im Bereich Industrie, Gebäudeanwendung und Verkehr. Bundesministerium für Wirtschaft und Technologie (BMWi), Berlin 2010.
11 Siehe Fußnote 9.
12 Laschke, Matthias; Hassenzahl, Marc; Diefenbach, Sarah: Things with Attitude: Transformational Products. Folkwang University of Arts, Essen, Conference Paper 2011.

Die Bedürfnisse der Menschen an ihr Zuhause ähneln sich weltweit sehr. Die Möglichkeiten, diese Ansprüche zu erfüllen, unterscheiden sich jedoch deutlich. Während die einen mit Energie im Überfluss leben, ist in manchen Regionen der Welt schon die Grundversorgung schwierig. Dort liefern erneuerbare Energien ganz neue Versorgungsmöglichkeiten. In den Industrieländern wiederum lässt sich rund um Haus und Stadt mit verschiedenen Strategien Energie effizienter nutzen und sparen.

Japan. Technischer Wettbewerb

Das hochtechnisierte Japan ist das bekannteste Land mit »Top-Runner-Programm«, einem politischen Instrument zur Steigerung der Energieeffizienz. An einem Stichtag wird eine Marktübersicht über bestimmte Gerätekategorien erstellt und die effizientesten Vertreter zum Standard der jeweiligen Kategorie erhoben. Es werden vor allem Geräte bewertet, die viel Energie benötigen oder weit verbreitet sind – also auch viele Haushaltsgeräte. Allein Klimaanlagen verbrauchten so nach acht Jahren 60 Prozent weniger Energie.

Im Bild: Ein Regal voll Klimaanlagen in einer Kaufhauskette in Tokyo, Japan. Foto: Tooykrub / Shutterstock.com

Mexiko. Soziale Ökohäuser

Wachsende Städte haben in Mexiko in den letzten 30 Jahren täglich circa 50 Hektar Fläche neu erobert, 60 Prozent davon wurden mit Wohnhäusern bebaut. Der hohe Bedarf an Wohnraum, insbesondere von Familien mit geringem Einkommen, führt zu ineffizient geplanten Häusern. Diese verbrauchen bis zu 1000 Kilowatt mehr im Jahr als ein energieeffizientes Haus. Deshalb investiert Mexiko seit 2013 in EcoCasas, ökologisch gebaute Häuser mit günstiger Finanzierung, und erreicht damit hohe CO_2-Einsparungen.

Im Bild: Die dicht an dicht stehenden bunten Häuser der mexikanischen Stadt Zacatecas. Foto: Noradoa / Shutterstock.com

Niederlande. Landesweite Sanierungssprünge

Die niederländische Regierung hat die Entwicklung eines Programms finanziert, das die Gebäudesanierung stark beschleunigt. Dank EnergieSprong machen viele Häuser einen regelrechten Sprung in ihrer Energieeffizienz: Via industrieller Fertigungs- und Lieferprozesse kann ein kleines Familienhaus in einem Tag, ein großes Wohngebäude in zehn Tagen saniert werden. Das niederländische Modell hat gerade in Europa mit seinem alten Gebäudebestand viel Potenzial – und wird jetzt auch in England erprobt.

Im Bild: Durch umfangreiche Sanierungen werden auch traditionelle holländische Häuser in Amsterdam energieeffizient. Foto: S. Borisov / Shutterstock.com

Äthiopien. Kochen mit Biogas

Weltweit sind über 2,5 Milliarden Menschen auf Holz, Holzkohle, Dung und Pflanzenreste zum Kochen und Heizen angewiesen. Das Sammeln kostet viel Zeit und das Verbrennen in geschlossenen Räumen verursacht schädlichen Rauch. Dies gilt auch für viele ländliche Gebiete Afrikas. Das Projekt Gaia hat sich in Äthiopien deshalb der Verbreitung von Biogas aus Resten der Zuckerproduktion und dessen Nutzung in Biogaskochern verschrieben. Es fördert damit gleichzeitig Gesundheit, Wirtschaft und Umwelt.

Im Bild: Das Projekt Gaia versorgt Frauen in Äthiopien mit Biogaskochern. Foto: Project Gaia

Produktion und Konsum – Energiesparen ist möglich

von Melanie Saverimuthu

In modernen Industriegesellschaften wird der Großteil der individuellen Zeit in bezahlte Erwerbsarbeit investiert. Den zweitgrößten Anteil verbringen die Menschen, die diesen sich weltweit verbreitenden Lebensstil teilen, mit Konsum und Freizeit. Dabei wird die Freizeit häufig auch mit dem Konsumieren von Speisen und Getränken oder von Erlebnisangeboten verbracht (vgl. Abbildung 1). Es ist der Markt der Möglichkeiten, der uns täglich mit Dingen aus aller Welt verführt. Fast alles kann käuflich erworben werden und meist ist es der günstige Preis, der zum Kauf anregt; ganz egal ob die Dinge am Ende genutzt werden oder nicht – ganz abgesehen davon, ob das Ding oder die Dienstleistung nötig sind. Dabei wird häufig vergessen, dass in allen Produkten wertvolle Energie und Rohstoffe stecken. Energie wird dabei nicht nur für die Rohstoffgewinnung und die Produktion der Waren verbraucht, sondern auch für ihren Transport, ihren Gebrauch sowie deren Entsorgung. Während all dieser Schritte ließe sich Energie sparen. Doch welche Möglichkeiten gibt es und wie kann der Einzelne sie nutzen?

1 Kunden auf der abendlichen Hohe Straße in Köln.
Foto: Süddeutsche Zeitung Photo / C. Hardt

Dinge produzieren

Ein Drittel der weltweiten Energie nutzt die Industrie. Zugleich stammen rund 20 Prozent der CO_2-Emissionen aus der Produktion von Gütern. Gerade hier lassen sich durch die Umgestaltung von Produktionsprozessen viel Energie und CO_2 einsparen. Der Einbau effizienter Technologien in bestehende Produktionsprozesse ist zunächst kostenintensiv, rechnet sich aber meistens nach wenigen Jahren – insbesondere, wenn man in Betracht zieht, dass die Kosten für Energie in Zukunft ansteigen werden.[1] Möglichkeiten zum Energiesparen bieten die Nutzung von Abwärme und deren Kopplung mit effizienten Heizsystemen sowie neue Beleuchtungssysteme. Aber auch die Integration modernster Informations- und Kommunikationstechnologie, die sogenannte Industrie 4.0, steigern die Effizienz im Herstellungsprozess durch permanente Kontrolle und Regulierung – beispielsweise von Prozesstemperaturen oder von Druckluft-Kompressoren. So sparen zum Beispiel die Kneipp-Werke (vgl. Abbildung 3) durch die Nutzung der Abwärme Energie, Kosten und Wasser. Die empfindlichen Inhaltsstoffe der pflanzlichen Pflegeprodukte mussten zuvor energieintensiv gekühlt werden. Das dabei erwärmte Kühlwasser wurde bisher zurück in die Kanalisation geleitet, wobei dem Betrieb Wärmeenergie verloren ging. Seit einigen Jahren wird das warme Wasser mit Hilfe eines Wärmetauschers (vgl. Abbildung 2) zum Heizen verwendet. Das Wasser kühlt bei diesem Prozess ab und kann wieder dem Kühlprozess zugeführt werden.[2]

2 Der emaillierte Wärmeübertrager von THALETEC ermöglicht die Weiterverwendung von ungenutzter Wärme aus der chemischen Produktion. So können mit Abwärme kalte Flüssigkeiten erwärmt, aber auch Kälte erzeugt werden.
Foto: DMA CD 73489, Stifter: THALETEC, Thale, Inv.-Nr.: 2016-133

Auch das Tropenhaus *Klein Eden* (vgl. Abbildung 4) im Norden Bayerns macht sich die Abwärme zunutze: Ein nahezu geschlossener Kreislauf von Energie, Wasser und Nährstoffen ermöglicht deren Mehrfachnutzung für das Züchten von tropischen Früchten und Fischen. 46 Prozent der benötigten Energie stammen von hauseigenen Solaranlagen und weitere 47 Prozent aus der Abwärme einer benachbarten Glashütte. Damit müssen maximal sieben Prozent der Gesamtenergie durch extern bezogenen Strom gedeckt werden. Das verschmutzte Wasser der Fischtanks – zuvor gesammeltes Regenwasser – dient als Dünger für die Pflanzen des Tropenhauses. Diese filtern das Wasser, bevor es in die Fischtanks zurückfließt. Dieses ganzheitliche Vorgehen ermöglicht die Produktion von tropischen Lebensmitteln ohne die sonst dazugehörigen Transportwege und Schadstoffemissionen.[3]

Dinge transportieren

Die Globalisierung verlängert die Transportwege der meisten Dinge, die wir kaufen, denn diese werden nicht dort hergestellt, wo sie verkauft werden und legen teilweise auch zwischen einzelnen Produktionsschritten Tausende von Kilometern zurück. Die zunehmenden und länger werdenden Transportwege sowie der

3 Durch den Einsatz eines Wärmeübertragers benötigen die Produktionshallen der Kneipp-Werke keine zusätzliche Heizung für eine angenehme Raumtemperatur. Sie nutzen einfach die bis dahin nicht genutzte Wärme aus dem Produktionsprozess.
Foto: Kneipp GmbH

fortwährende Anstieg der Stückzahl der Konsumgüter fordern den Einsatz von immer mehr und immer größeren Transportmitteln. So werden rund sieben Prozent der weltweiten CO_2-Emissionen allein durch den Gütertransport freigesetzt.[4]
Aber auch hier gibt es neue Ansätze, den Ausstoß von CO_2 zu reduzieren und Energie zu sparen: So bietet sich für die Konsumenten die Möglichkeit, verstärkt regional hergestellte Produkte zu kaufen. Das verkürzt Transportwege und stärkt die lokale Wirtschaft (vgl. Abbildung 6). Aber auch Produzenten können während des Transports einen Beitrag zum Energiesparen leisten, indem sie unter anderem auf Effizienz statt Geschwindigkeit setzen. Erste Schritte sind bereits getan: So werden die neusten Containerschiffe nicht nur größer, sondern auch langsamer (vgl. Abbildung 5). Sie transportieren damit mehr Waren als jemals zuvor und durch die Regulierung der Geschwindigkeit auf maximal 23 Knoten benötigen sie dazu auch weniger Treibstoff.[5] Dieser ist bei modernen Schiffen zudem sauberer, denn in den älteren Schiffen wird bis heute extrem schmutziges Rückstandsöl aus der Rohölbereitung verbrannt, mit einem hohen Gehalt an Schwefel und Schwermetallen. Trotz der neuen Ansätze in der Containerschifffahrt bleiben die Güterzüge (mit einem Anteil von gerade mal drei Prozent am weltweiten CO_2-Ausstoß durch Güterverkehr) die energieeffizientesten Transportmittel. Insbesondere dann, wenn sie mit regenerativ erzeugtem Strom angetrieben werden. Da jedoch weltweit viele Gleisstrecken nicht ans Stromnetz angeschlossen sind, kommt auch die CO_2-intensive Diesellok immer noch zum Einsatz.[6] Am anderen Ende der Klimaschädlichkeit steht der Flugverkehr mit einem CO_2-Anteil von sieben Prozent am Gütertransport. Das scheint gering, aber bei Betrachtung der vergleichsweise geringen durch Frachtflugzeuge transportierten Mengen ist der Anteil am CO_2-Ausstoß sehr hoch. Die in der Summe größten Emittenten sind letztlich die Lkw. Ihr großer Vorteil liegt darin, dass sie selbst die entlegensten Ecken der Erde erreichen und sehr flexibel zu nutzen sind. Über ausgeklügelte und auf Effizienz ausgelegte Logistiksysteme, die Lkw, Güterzug und Containerschiff kombinieren, um Wegstrecken sinnvoll zu verbinden, können insgesamt enorme Mengen an Treibstoff und somit CO_2-Emissionen eingespart werden.[7]

Dinge kaufen und nutzen

Das globale Wirtschaftssystem ist auf Wachstum ausgelegt. Daher werden die Menschen ständig aufgefordert, mehr Dinge zu kaufen als sie eigentlich brauchen. Um die gesteigerte Nachfrage zu bedienen und die Gewinne zu erhöhen, werden Waren oft in riesigen Mengen und so günstig wie möglich produziert. Gezielte Werbemaßnahmen und günstige Einkaufspreise beeinflussen die Kaufentscheidungen und tragen langfristig dazu bei, den individuellen Besitz zu vergrößern.
Dass in allen Waren Energie steckt, wird beim Einkaufen gerne vergessen. »Graue« Energie nennt sich die Energie, die für die Produktion, den Transport, den Gebrauch und die Entsorgung eines Produkts aufgewendet wird. Der genaue Wert der grauen Energie ist schwer zu ermitteln, dennoch kann er einen Beitrag dazu leisten, Kaufentscheidungen zu verändern. So spart beispielsweise der Wechsel von Duschgel auf Seife Energie, da keine

4 Das Tropenhaus Klein Eden züchtet nachhaltig tropische Früchte und Fische mitten in Deutschland. Dabei stammen 47 Prozent der benötigten Energie aus der Abwärme der benachbarten Glashütte, 46 Prozent von der Solaranlage und nur 7 Prozent aus dem zentralen Stromnetz.
Foto: Tropenhaus Klein Eden

5 Die energieeffizientesten Containerschiffe der Welt gehören der Triple-E-Flotte von MAERSK an. Die Größe und der Fokus auf Effizienz statt Geschwindigkeit ermöglichen der Firma eine Reduzierung des CO_2-Ausstoßes um 25 Prozent.
Foto: MAERSK

Plastikverpackung hergestellt werden muss. Die Wahl der Verpackung macht auch bei Getränken viel aus: Die Aluminiumdose ist bei weitem die energieintensivste Verpackung; sie wird sofort nach ihrem Gebrauch weggeworfen, um dann mit hohem Energieaufwand recycelt zu werden. Mehrwegflaschen können dagegen bis zu 25-mal und Glasflaschen sogar bis zu 50-mal wieder befüllt werden, bevor sie dem Recycling zugeführt werden. Bei Kleidung und Möbeln braucht man gar keinen Verzicht üben, wenn man sich auf Flohmärkten, in Secondhandläden und auf Internet-Tauschbörsen umsieht. Sie alle bieten die Möglichkeit, Dinge zu erwerben, ohne dass diese neu produziert und transportiert werden müssten. Eine echte Herausforderung sind jedoch elektronische Geräte. Eine Kaffeemaschine hat eine durchschnittliche Nutzungsdauer von 6,4 Jahren.[8] Diese lange Zeit legitimiert in gewisser Weise den hohen Wert an grauer Energie. Allerdings kann die Art der Kaffeezubereitung die graue Energie während der Nutzung des Produkts weiter in die Höhe treiben. Ein Vierpersonenhaushalt verbraucht beispielsweise 3000 Aluminiumkapseln im Jahr. Damit benötigt allein die Produktion der Kapseln so viel Energie wie 34 Vierpersonenhaushalte an einem Tag. Kaffeemaschinen, die Papierfilter nutzen, schneiden hier ungleich umweltfreundlicher ab und am Ende kommt der Filter einfach auf den Kompost. Ein anderes Beispiel: Smartphones oder Tablets, die Designtrends sowie permanenten technischen Neuerungen und Software-Updates unterliegen, haben mit 2,5 Jahren eine sehr kurze durchschnittliche Nutzungsdauer.[9] In einem einzigen Smartphone stecken mindestens 792 Megajoule graue Energie, das entspricht dem Tagesstrombedarf von 16 Vierpersonenhaushalten – ganz zu schweigen von dem Gehalt an Seltenen Erden und Metallen.[10] Alternativen bieten Produkte wie das Fairphone, welches durch seine Modularität, die einen Austausch kaputter Einzelteile und eine technische Aufrüstung erlaubt, auf Langlebigkeit ausgelegt ist. Insgesamt gilt: Wer viel konsumiert, verbraucht viel Energie. Doch Verzicht ist oft gar nicht nötig, denn in der Regel gibt es Alternativen, die durch das Internet sehr viel einfacher zu finden sind, wie zum Beispiel Carsharing oder Tauschbörsen – man muss sich nur informieren und entscheiden.

Dinge wegwerfen und wiederverwerten

Am Ende der Nutzungsphase ist der Energieverbrauch noch nicht beendet. Denn so gut wie alles, was wir in unserem Leben verwenden, landet über kurz oder lang im Müll. Jährlich werden weltweit 1,3 Milliarden Tonnen Müll produziert, das sind pro Kopf circa 1,2 Kilogramm Müll pro Tag[11] (vgl. Abbildung 7). Ein Wert, der in den nächsten Jahren noch ansteigen wird – genau wie die Anzahl an Mülldeponien, welche die Umwelt

6 Frisches saisonales und regionales Gemüse und Obst ist einfach zu haben über eine Gemüsekiste. Bauern bieten diesen Service inzwischen in vielen Städten an. Damit wird die weniger energieintensive Ökolandwirtschaft gefördert und die Transportwege sind kürzer.
Foto: Ökokiste e.V.

7 In Deutschland sind Mülldeponien seit 2005 verboten, allerdings landen 38 Prozent des europäischen Mülls weiterhin auf Deponien. Problematisch daran sind die Gifte und chemischen Zusatzstoffe, die aus dem Abfall in die Böden, das Grundwasser und die Oberflächengewässer sickern.
Foto: Huguette Roe/Shutterstock.com

belasten sowie eine Vergeudung von Energie und Ressourcen darstellen.[12]
Auch wenn Deponien in Deutschland aufgrund der vielen Schadstoffe seit 2005 verboten sind, wächst ihre Zahl weltweit weiter an. Noch landen in Europa 38 Prozent der Abfälle auf Deponien. Eine Möglichkeit, die wachsenden Müllberge zu reduzieren, bietet die sogenannte thermische Verwertung, also die Verbrennung: Hier wird der Müll in Wärmeenergie umgewandelt – er kann somit fossile Brennstoffe ersetzen. Allerdings bleiben pro Tonne Müll im Durchschnitt 250 Kilogramm Schlacke und 30 Kilogramm Filterstaub zurück. Letzterer muss als Sondermüll in Endlagern deponiert werden.
Der umweltfreundlichere Weg der Abfallverwertung ist daher natürlich das Recycling: Die erneute Nutzung der eingesetzten Wertstoffe bewahrt wertvolle Materialien vor dem Verbrennen oder Deponieren.
In Deutschland werden heute schon 45 Prozent aller Abfälle recycelt, wobei Glas und Papier mit einer Quote von 80 Prozent ganz vorne liegen. Kunststoffe werden zu 36 Prozent recycelt, in der Regel aber nicht öfter als ein- bis zweimal, da sie an Qualität verlieren. Neue Visionen zur Müllvermeidung bietet das Prinzip des »Cradle to Cradle« – was so viel bedeutet wie »von der Wiege zur Wiege«. Hier gilt jedes Produkt als Nährstoff für ein Neues. Damit das gelingt, muss es zwei getrennte Kreisläufe geben: den biologischen Kreislauf für Verbrauchsgüter, die bei oder nach ihrem Gebrauch ohne Schaden in die Umwelt gelangen können (Beispiel Waschmittel), und den technischen Kreislauf für Gebrauchsgüter, aus deren Bestandteilen immer wieder neue Produkte gefertigt werden können (Beispiel Waschmaschinen). Auch die »Zero Waste«-Bewegung hat sich zum Ziel gesetzt, den Müll im eigenen Alltag zu vermeiden. Die »fünf Rs« dienen dabei als Orientierungspunkte: *refuse* (ablehnen), *reduce* (reduzieren), *reuse* (wiederverwenden und reparieren), *recycle* (recyceln) und *rot* (kompostieren). Denn kein Müll ist in jedem Fall umweltfreundlicher als Recycling. Und das umweltfreundlichste Produkt ist das, das gar nicht erst hergestellt wird. Dabei geht es der Bewegung nicht primär um Verzicht, sondern um das richtige Maß.[13]

1 International Energy Agency: CO_2 Emissions from Fuel Combustion. Highlights 2015 Edition. www.iea.org/publications/freepublications/publication/CO2EmissionsFromFuelCombustionHighlights2015.pdf (Abruf: 10. 1. 2017).
2 Energieeffizienz im Betrieb.net: Praxisbeispiel: Energiesparen mit Abwärme im Unternehmen. www.energieeffizienz-im-betrieb.net/energiesparen-betrieb/abwaerme-energiegewinnung.html (Abruf: 10. 1. 2017).
3 Klein Eden – Tropenhaus am Rennsteig GmbH. http://tropenhaus-klein-eden.eu/energie.html (Abruf: 10. 1. 2017).
4 International Transport Forum: The Carbon Footprint of Global Trade. Tackling Emissions from International Freight Transport. www.itf-oecd.org/sites/default/files/docs/cop-pdf-06.pdf (Abruf: 10. 1. 2017).
5 MAERSK: Full bodied Triple-E Saves Energy and Creates Space. www.maersk.com/en/hardware/triple-e/the-hard-facts/full-bodied-triple-e-saves-energy-and-creates-space (Abruf: 10. 1. 2017).
6 DB Mobility Logistics AG: Ökologisch Handeln aus Verantwortung und Überzeugung. www.dbschenker.com/file/log-at-de/7135108/zeQsjtbJz4URDdiq_XvnJdaPWbI/8375426/data/umweltbroschuere-2014.pdf (Abruf: 10. 1. 2017).
7 Martinet, Luis; Kauppila, Jari; Castaing, Marie: International Freight and Related CO_2 Emissions by 2050: A New Modelling Tool. International Transport Forum, Paris 2014. www.itf-oecd.org/sites/default/files/docs/dp201421.pdf (Abruf: 10. 1. 2017).
8 Prakash, Siddharth; Deboust, Günther; Gsell, Martin: Einfluss der Nutzungsdauer von Produkten auf ihre Umweltwirkung. Schaffung einer Informationsgrundlage und Entwicklung von Strategien gegen »Obsoleszenz«. In: Umweltbundesamt (Hrsg.): Umweltforschungsplan des Bundesministeriums für Umwelt, Naturschutz, Bau und Reaktorsicherheit. Dessau-Roßlau 2016. www.umweltbundesamt.de/sites/default/files/medien/378/publikationen/texte_11_2016_einfluss_der_nutzungsdauer_von_produkten_obsoleszenz.pdf (Abruf: 10. 1. 2017).
9 Siehe Fußnote 8.
10 Auer, Ulrike; Kozina, Uwe: Handy, Smartphone & Co. Fachinformationen und Praxismaterialien für den Unterricht ab der 5. Schulstufe. In: Umwelt-Bildungs-Zentrum Steiermark UBZ. Graz 2014. www.ubz-stmk.at/fileadmin/ubz/upload/Materialien/publikationen/Handy_Smartphone_und_Co.pdf (Abruf: 10. 1. 2017).
11 Hoornweg, Daniel; Bhada-Tata, Perinaz: What a Waste. A Global Review of Solid Waste Management. World Bank, Washington DC 2012. https://openknowledge.worldbank.org/handle/10986/17388 (Abruf: 10. 1. 2017).
12 Siehe Fußnote 11.
13 Schulz, Corina: Verpackung und Müllvermeidung. In: Agrar Koordination (Hrsg.): KonsUmwelt. Ein Jugendbildungsprojekt zum Umwelt- und Ressourcenschutz. Hamburg 2013. www.going-green.info/fileadmin/dateiupload/KonsUmwelt/Bildungsmappe_III_Verpackung_und_Muellvermeidung.pdf (Abruf: 10. 1. 2017).

Seit den 1980er Jahren hat sich das globale Bruttosozialprodukt mehr als versechsfacht. Dennoch ist die Zufriedenheit der Menschen seit dieser Zeit kaum gestiegen. Laut internationaler Meinungsforschungsinstitute steigern Besitz und Geld das Wohlbefinden nur begrenzt. Wesentlich wichtiger sind soziale Beziehungen, Gesundheit, Selbstentfaltung und Mitbestimmung. Aber auch eine intakte Natur, das Miteinanderteilen und eine nichtmaterialistische Lebenseinstellung sind Bestandteile von dauerhaftem Glück.

Bhutan. Bruttosozialglück

In Bhutan ist das Glück des Einzelnen eine Staatsangelegenheit. Dieses scheint wenig mit Besitztümern oder Konsum zu tun zu haben. Vielmehr stehen zum Zweck der Glückserhaltung 60 Prozent der Wälder unter Naturschutz, ist die Bewahrung der traditionellen Kultur festgeschrieben und eine nachhaltige Entwicklung der Wirtschaft im Einklang mit der Gesellschaft vorgesehen. Auch eine gute Staatsführung ist Bemessungsgrundlage für das Bruttosozialglück, das durch regelmäßige Befragungen erhoben wird und politische Entscheidungen mitbestimmt.

Im Bild: Entspannen auf einer Hängebrücke in Thimphu, Bhutan.

Foto: theskaman306 / Shutterstock.com

China. Harmonische Gesellschaft

2007 wurde die »Harmonische Gesellschaft« zum neuen Leitbild der kommunistischen Partei Chinas. Damit soll eine sozial gerechtere Gesellschaft erreicht werden, mit gleichberechtigtem Zugang zu öffentlichen Gütern für alle und einem nachhaltigen Wirtschaftswachstum. Anstoß für diese Reform gab möglicherweise das Unbehagen in der chinesischen Mittel- und Oberschicht, die ihre Gesundheit gefährdet sah durch die Verschmutzungen einer ungebremst wachsenden Wirtschaft infolge des gesteigerten Konsums.

Im Bild: Nanjing 2013: Aufgrund der hohen Luftverschmutzung tragen die Models Atemmasken auf dem Laufsteg.

Foto: STR / AFP / Getty Images

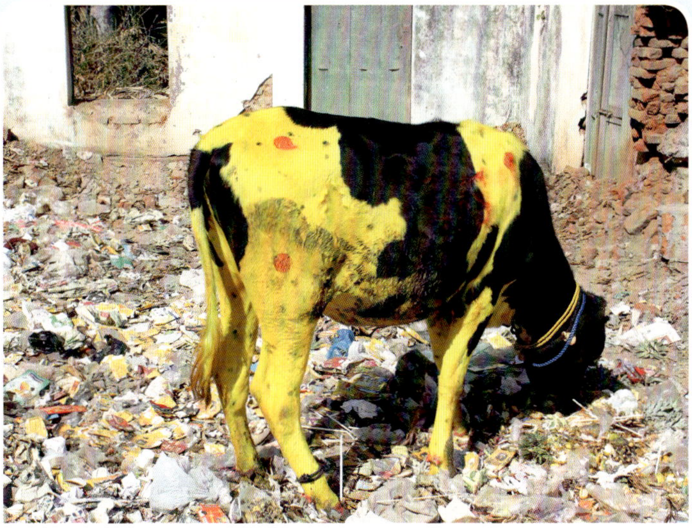

Indien. Plastikverbot

70 Kilogramm Plastik im Bauch einer heiligen Kuh gaben den Anlass für das 2016 im südindischen Mysore eingeführte Plastikverbot. Mit dem Verbot wurden Tüten, Geschirr, Besteck, Fahnen und Kabel aus Plastik vollkommen aus dem Verkehr gezogen. Stattdessen wird die Produktion von Stoffbeuteln oder kompostierbarem Besteck gefördert. Die Stadt ist seitdem sauberer und spart jede Menge Energie für die Produktion und die Entsorgung von Kunststoffen. Die staatliche Steuerung des Konsums schafft so eine umweltfreundlichere Umgebung für Mensch und Tier.

Im Bild: Eine heilige und bunt bemalte Kuh sucht in Indien im Müll nach Futter.

Foto: flickr / Arian Zwegers

Bolivien. Buen Vivir

Seit 2008 ist Buen Vivir, das Gute Leben, Staatsziel der Verfassung von Ecuador und Bolivien. Es orientiert sich am Lebensstil der indigenen Bevölkerung und definiert anzustrebende gesellschaftliche und politische Entwicklungen. Neben dem Recht auf Wasser, Nahrung, Information, Kommunikation, Bildung und Arbeit beschreibt Buen Vivir noch einen weiteren zentralen Punkt in der Gesetzgebung: Die Bewahrung der Umwelt. Denn ohne eine intakte Natur ist für die Menschen kein gutes Leben möglich.

Im Bild: Vater und Tochter mit einem Lamm in Bolivien.

Foto: Ruslana Iurchenko / Shutterstock.com

DIE AUSSTE

Auch das Deutsche Museum hat es sich zum Ziel gesetzt, an der Jahrhundertaufgabe Energiewende mitzuwirken. Deshalb widmet es dem Thema ab Februar 2017 eine neue Sonderausstellung. Auf 1000 Quadratmetern bringen spannende Exponate, eingängige Demonstrationen, innovative Medienstationen sowie informative Grafiken und unterhaltsame Texte den Besucherinnen und Besuchern globale Aspekte einer klimafreundlichen Energieversorgung und eines nachhaltigen Energiekonsums nahe.
Das folgende Kapitel wirft einen Blick hinter die Kulissen der Ausstellungsentwicklung. Hier erfahren Sie, wie Inhalte, Aufbau und die besondere Gestaltung der Ausstellung miteinander ein schlüssiges Gesamtbild ergeben und wie die Herausforderung gemeistert wurde, eine komplexe Thematik anschaulich, unterhaltsam und dennoch lehrreich aufzubereiten.

LLUNG

Die Ausstellung *energie.wenden*

Eine partizipative Auseinandersetzung mit einer globalen Herausforderung

Im Laufe der Menschheitsgeschichte wurden im Rahmen des technischen Fortschritts immer wieder neue Energiequellen erschlossen, die die vorhandenen ergänzten oder ihren Platz einnahmen – ein steter Wandel der für die Menschen wichtigsten Ressourcen. Heute wird in vielen Ländern erstmalig eine gezielte und grundlegende Veränderung der Energieversorgung diskutiert. Die beiden wesentlichen Ziele lauten: Minderung der CO_2-Emissionen und Verringerung der Abhängigkeiten von Energieträgern aus anderen, teils politisch unliebsamen Ländern. 2015 haben sich 180 Länder während der 21. UN-Klimakonferenz in Paris bereiterklärt, die globale Erderwärmung zu begrenzen – durch eine Dekarbonisierung der Wirtschaft und letztlich die aktive Gestaltung einer »Energiewende«.

Dieser politisch gesteuerte Wandel in der weltweiten Energieversorgung ist historisch einzigartig: Während vergangene Energiewenden für gewöhnlich auf einem neuen Energieträger mit höherer Energiedichte fußten, basiert die jetzige auf einem politischen Entschluss: Es gilt, das Energieversorgungssystem aktiv umzugestalten, um die klimaschädlichen Emissionen fossiler Brennstoffe und die systemische Abhängigkeit von ihnen zu minimieren. Auch wenn der Begriff »Energiewende« suggerieren mag, dass hier eine zügige Kehrtwende möglich sei, handelt es sich doch um einen umfangreichen, langwierigen globalen Prozess. Die aktuelle Energiewende hin zu einem nachhaltigen, emissionsarmen und unabhängigeren Energieversorgungssystem kann dann gemeistert werden, wenn ihre Akzeptanz und die Teilhabe aller Bevölkerungsschichten an ihr groß genug sind.
Für diese Akzeptanz und die aktive Teilnahme an der Energiewende zu werben, hat sich das Deutsche Museum mit seiner neuen großen Sonderausstellung *energie.wenden* zum Ziel gesetzt.
Die Frage lautet nicht: Energiewende – Ja oder Nein? Sie lautet: Energiewende – Ja, aber wie?

Schon der Titel der Ausstellung »energie.wenden« transportiert durch das Verb »wenden« die Aufforderung, aktiv am Prozess der Energiewende teilzunehmen. Die Ausstellung liefert hierbei Orientierungswissen und lädt die Besucher durch ein interaktives Spiel (siehe Seiten 149–151) dazu ein, in der Rolle eines Politikers selbst ihre eigene Energiewende zu gestalten. Die Prämisse ist hier, dass es keine »richtige« oder »falsche« Energiewende gibt, sondern verschiedene Wege hin zu einer erfolgreichen Energiewende. Diese Aktivierung soll dabei nicht nur zu einer Teilnahme an der Ausstellung an sich, sondern auch zu einer besseren Partizipation an der realen Energiewende führen.
Auf den folgenden Seiten stellen wir Ihnen das Konzept und den Aufbau der vom Deutschen Museum München konzipierten und ab Februar 2017 erstmals umgesetzten Sonderausstellung vor.

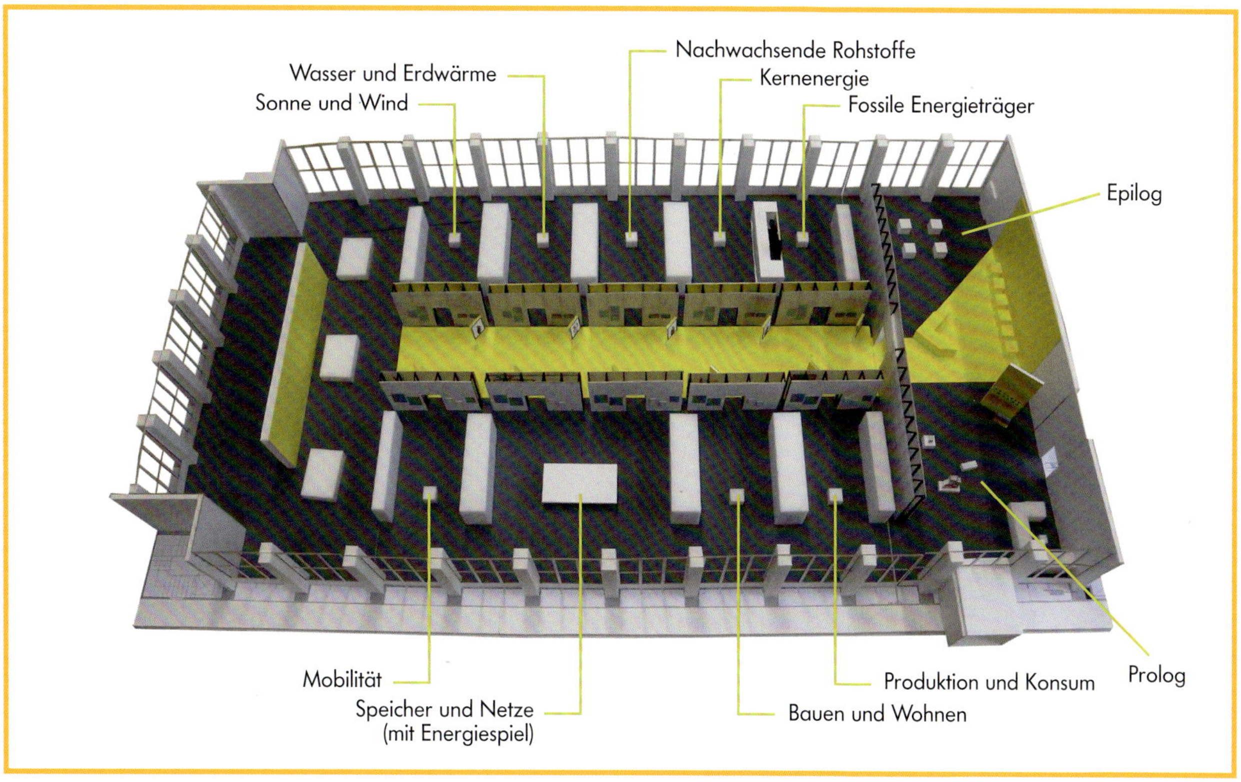

1 Ein Blick auf die Ausstellung »energie.wenden« mit ihren zehn Themenräumen der Energiewende von oben.

I. Prolog – Eine kleine Energiegeschichte

Der Einführungsbereich der Ausstellung stimmt die Besucherinnen und Besucher auf die Themen Energie und Energieversorgung ein: Er stellt einschneidende Ereignisse auf dem Weg zur gegenwärtigen Situation anhand eines Zeitstrahls von 1850 bis heute vor. Auf diesem Weg begegnen den Besucherinnen und Besuchern Meilensteine der energetischen und gesellschaftlichen Entwicklung, wie etwa das historische Modell einer Dampfmaschine oder ein in hoher Stückzahl produzierter Verbrennungsmotor. Diese emblematischen Exponate verweisen auf den Wandel der Technik und stehen gleichzeitig für große Veränderungen in der Geschichte: Die Energiewende von Holz zu Kohle, die Elektrifizierung der Welt und schließlich das Erdölzeitalter in der zweiten Hälfte des letzten Jahrhunderts mit seinem massiv ansteigenden Energieverbrauch. Exponate, Grafiken und Texte machen deutlich, dass in unserer Energiegeschichte die neuen Energieträger und Technologien mit neuen Anwendungen einhergingen und einen steigenden Energieverbrauch einer immer größeren und mobiler werdenden Gesellschaft mit sich brachten. Am Ende der kurzen Zeitreise wird klar, dass der immense Energiehunger der Menschheit über endliche und klimaschädliche Energiequellen gespeist wird: Die Emissionen fossiler Brennstoffe verursachen einen Klimawandel, der unabsehbare Folgen für Mensch und Umwelt mit sich bringt. Damit kommt der Zeitstrahl an einem Wendepunkt an: dem Hier und Heute.

II. Hauptteil - Wissensspeicher in zehn Akten

Der Umstieg von fossilen Energieträgern auf eine nachhaltige Versorgung verlangt ein Zusammenspiel und Innovationen in den verschiedensten Bereichen. Diese reichen von der Energiegewinnung über die Energieverteilung bis hin zu einer effizienten Nutzung von Energie. Die verschiedenen Bereiche werden in der Ausstellung in den zehn »Themenräumen der Energiewende« (siehe Seiten 80–141) präsentiert, die als einzelne Kabinette den Besucherinnen und Besuchern als Wissensspeicher dienen, in denen sie sich Orientierungswissen aneignen oder Denkanstöße holen können (vgl. Abbildung 1).

In den ersten beiden Themenräumen werden die heute mengenmäßig wichtigsten klassischen Energieträger vorgestellt. Der Themenraum *Fossile Energieträger* befasst sich mit der Endlichkeit der Ressourcen Kohle, Öl und Gas, ihrer Rolle in Bezug auf die Treibhausgase und die Schwierigkeit des Ausstiegs aus einem von fossilen Rohstoffen dominierten Energiesystem. Der Themenraum *Kernenergie* zeigt den Zwiespalt zwischen den Chancen und Risiken

S. 88 bis 93

S. 94 bis 99

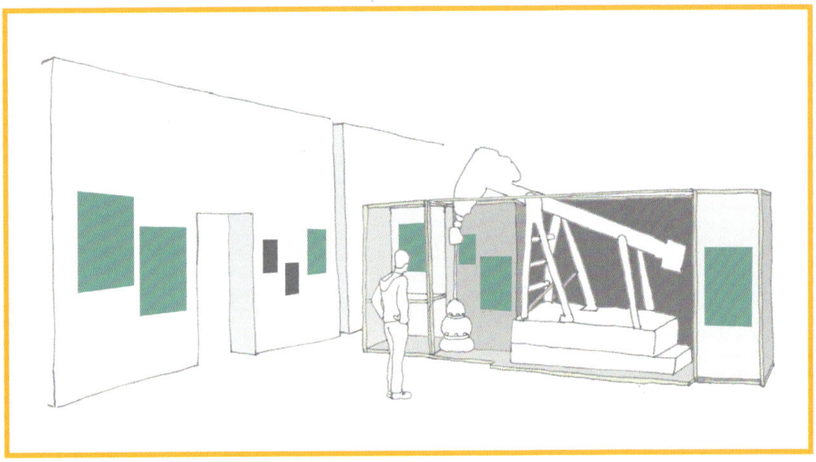

2 Im Themenraum *Fossile Energieträger* ist eine historische Pferdekopfpumpe das auffälligste Exponat.
Copyright: Space4

dieser CO_2-freien Energiequelle und geht auf die Herausforderungen der atomaren Endlagerung ein. Die Bedeutung dieser Energieträger im bestehenden Energiesystem wird bereits durch die in den Themenräumen ausgestellten Exponate visualisiert: Sei es eine Pferdekopfpumpe, das Modell eines Brennelements oder der Teil einer Magnetspule aus einem der ersten Experimente zur Kernfusion – alle drei verweisen durch ihre schiere Größe auf die Dominanz dieser Energieträger (vgl. Abbildungen 2 und 3).

Ihnen folgen drei Themenräume zu den erneuerbaren Energien. Der Raum *Sonne und Wind* thematisiert den weltweiten Bedeutungszuwachs der beiden Energieträger für die Energieversorgung und diskutiert den Umgang mit den Schwankungen von Solar- und Windenergie. Im Themenraum *Wasser und Erdwärme* ist diese Volatilität keine Herausforderung, der man begegnen muss. Dafür gestaltet sich die Wahl eines geeigneten Standorts oftmals schwierig. Häufig entsteht ein ernstzunehmender Konflikt zwischen Umwelt- oder Klimaschutz. Im Raum *Nachwachsende Rohstoffe* wird sowohl die große Bandbreite dieser Energieträger aufgezeigt als auch die Problematik der Flächenkonkurrenz zwischen Pflanzen für die Nutzung als Nahrungsmittel, als Futter oder als Energieträger erörtert. Die Unterschiedlichkeit der erneuerbaren Energieträger spiegelt sich auch in den ausgestellten Exponaten wider: So stehen im Themenraum *Sonne und Wind* ein Parabolspiegel aus einem Solarthermie-Kraftwerk neben einer Windturbine für den persönlichen Gebrauch. Im Themenraum *Wasser und Erdwärme* finden sich metallene Bohrköpfe neben unterschiedlich dimensionierten Wasserturbinen (vgl. Abbildung 4) und bei den *Nachwachsenden Rohstoffen* stehen Holzpellets einem riesigen Holzvergaserkessel gegenüber.

S. 106 bis 111

S. 100 bis 105

S. 82 bis 87

3 Der Themenraum *Kernenergie* stellt technische Möglichkeiten, aber auch den Zwiespalt zwischen Chancen und Risiken der Kernenergie vor.
Copyright: Space4

4 Obwohl eine Kleinstwasseranlage, füllt die Smart Monofloat den Themenraum *Wasser und Erdwärme* fast aus. Sie kann auch in den entlegensten Regionen Strom liefern.
Foto: DMA CD73822

5 Ein Modell des in Essen stehenden »Leuchtturms« ist im Themenraum *Netze* zu finden.
Künstler: Ail Hwang, Chung-Ki Park, Hae-Ryun Jeong,
Foto: Frank Peterschröder

Eine Energieversorgung, die statt fossiler Energieträger im Wesentlichen Solar- und Windenergie, Wasserkraft, Erdwärme sowie nachwachsende Rohstoffe nutzt, hat sich den Herausforderungen schwankender (volatiler) Energieträger und dezentraler Kraftwerke zu stellen; das heißt, sie erfordert systemische Veränderungen im Energietransport und Technologien zum Speichern von Energie. Deshalb widmen sich zwei weitere Themenräume der räumlichen und zeitlichen Überbrückung von Energie. Der Themenraum *Speicher* präsentiert Möglichkeiten der Energiespeicherung und setzt sich mit der dazu erforderlichen Energieumwandlung auseinander, während der Themenraum *Netze* sich mit der notwendigen Transformation des bestehenden Verteilersystems beschäftigt und den Um- und Ausbau von Strom- und Gasnetzen sowie die Unterschiede einer zentralen und einer dezentralen Energieversorgung thematisiert. Als Hauptexponat wirbt das Modell eines künstlerisch gestalteten Strommasts für eine erhöhte Akzeptanz des Netzaus- und -umbaus (vgl. Abbildung 5). Highlight der Themenräume ist allerdings ein raumübergreifender Spieltisch, an dem die Besucher und Besucherinnen ausprobieren können, wie die verschiedenen Elemente eines modernen Energieversorgungsnetzes interagieren müssen, um eine unterbrechungsfreie Stromversorgung zu gewährleisten (siehe Seite 155).

Die drei Themenräume *Mobilität*, *Bauen und Wohnen* sowie *Produktion und Konsum* vertiefen den Aspekt unseres alltäglichen Energieverbrauchs, beleuchten verschiedene Bedarfsfelder für Energie und beschäftigen sich mit Energieeffizienz und Energiesparen. Wenn eine Energiewende gelingen soll, müssen sich nicht nur die Energieträger und die Energiebereitstellung ändern, es ist vielmehr auch von entscheidender Bedeutung, Energie zu sparen und effizienter zu nutzen. Hier sind auch wir als Verbraucher gefordert.
Der Themenraum *Mobilität* zeigt hierzu alternative Fortbewegungsmittel sowie neue Antriebe und stellt die Frage, ob wir nicht doch

S. 112 bis 117
S. 118 bis 123
S. 124 bis 129

S. 130 bis 135

S. 136 bis 141

eingefahren sind in unseren Gewohnheiten uns fortzubewegen. *Bauen und Wohnen* deckt eine Vielzahl an Energiesparpotenzialen in Haus und Haushalt auf und der Themenraum *Produktion und Konsum* (vgl. Abbildung 6) spürt der »grauen Energie« nach, die in unseren Produkten steckt. Diese Räume geben den Besucherinnen und Besuchern keine Anweisungen für ein »korrektes« Handeln, wollen aber die Augen für Widersprüchlichkeiten öffnen und den Blick hin zu Alternativen lenken.

III. Epilog – Ziele und Zukunft

Räumlich an den *Prolog* schließt der *Epilog* der Ausstellung an: Er zeigt die Fortführung der Geschichte der Energiewenden in die nahe Zukunft und die Klimaziele einzelner Länder und der gesamten Welt. Sie machen deutlich, dass durch politische Maßnahmen der CO_2-Ausstoß und die globale Erderwärmung zwar deutlich reduziert werden können. Sie zeigen aber gleichzeitig, dass wir – um das auf den Klimakonferenzen der Vereinten Nationen vereinbarte Zwei-Grad-Ziel zu erreichen – noch mehr tun müssen, als wir gerade planen. Zusätzlich zeigt ein künstlerischer Blick in die etwas fernere Zukunft schließlich eine Reihe sonderbarer Objekte, die die Künstlerin Sabine Köhl für die Ausstellung kreiert hat (siehe Seiten 158–159). Es sind »Fundstücke«, archäologische Objekte aus einer Zeit, die von heute aus betrachtet in der Zukunft liegt und auf die wir durch die Augen von Archäologen blicken, die sie in noch weiterer Zukunft ausgegraben haben. Die Installation erlaubt somit einen indirekten Blick in eine Zukunft, in der die Herausforderung Energiewende bereits gemeistert wurde: Ein »Was wäre, wenn?«, das zum Schmunzeln anregt und zugleich deutlich macht, dass unsere Welt im Wandel ist.

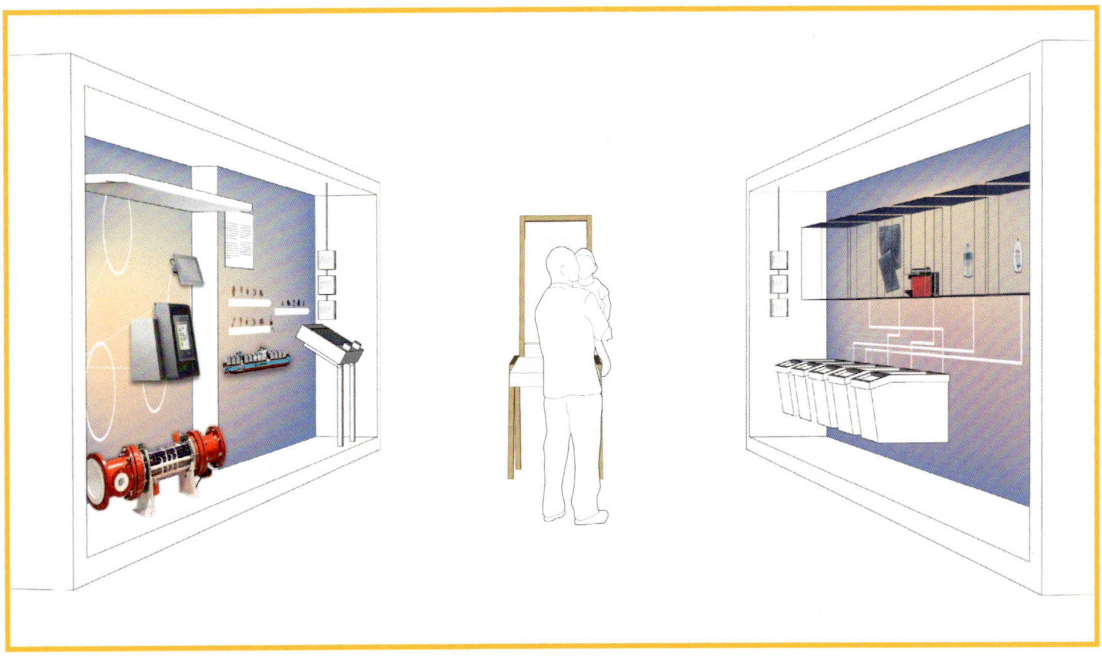

6 Im Themenraum *Produktion und Konsum* wird unter anderem die graue Energie, die in allen »begehrenswerten« Produkten steckt, thematisiert.

Energiewende gestalten

Ein Spiel auf politischem Parkett

1 Im Eingangsbereich erhalten die Besucherinnen und Besucher am Spieltresen den Auftrag, die »Energie zu wenden«.

Neben dem klassischen Ausstellungsbesuch, der mit dem Prolog beginnt und sich im Hauptteil mit seinen zehn »Themenräumen der Energiewende« fortsetzt, bieten wir den Besucherinnen und Besuchern die Möglichkeit, in einem ausstellungsbegleitenden Rollenspiel einen Wechsel des Blickwinkels vorzunehmen: Sie können in die Rolle eines Politikers oder einer Politikerin schlüpfen und über den Energiemix der Zukunft maßgeblich mitentscheiden (vgl. Abbildung 1).

Dazu erhalten sie eine Spielkarte zusammen mit dem Auftrag, »die Energie zu wenden!« (vgl. Abbildung 2). Auf diese Karte werden Entscheidungen, die während des Besuchs der Ausstellung getroffen werden, eingestanzt und so festgehalten.

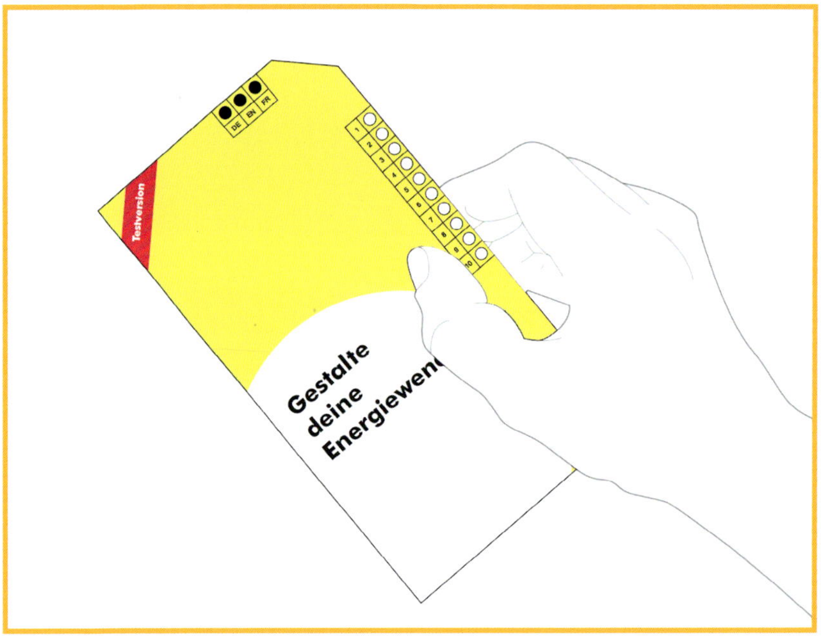

2 Die Spielkarte begleitet die Besucherinnen und Besucher durch die Ausstellung.
Copyright: Space4

In einem breiten Gang zwischen den Themenräumen befindet sich das »politische Parkett« (vgl. Abbildung 3). Hier treffen die Besucherinnen und Besucher auf »Akteure der Energiewende«, die mit ihrer subjektiven Meinung zu einem konkreten Thema der Energiewende an sie herantreten. Dies kann zum Beispiel ein Kraftwerksbetreiber sein, der Subventionen für Erdgas einfordert, oder aber auch ein Hausmeisterehepaar, das sich bei der energetischen Sanierung von Mietwohnungen nicht genügend unterstützt sieht. Durch einen Bewegungsmelder zum Leben erweckt, spricht jeder Akteur die Besucherinnen und Besucher direkt an. Diese können dann entscheiden, wie sie auf deren Anliegen reagieren wollen, indem sie an einer Spielstation eine politische Maßnahme wählen, um auf die geschilderte Situation zu reagieren.

THEMENRÄUME
S. 80 bis 141

S. 82 bis 87

S. 112 bis 117

Jeder der Akteure ist inhaltlich und räumlich einem Themenraum zugeordnet. So findet sich beispielsweise vor dem Themenraum *Nachwachsende Rohstoffe* ein Landwirt, der mehr Unterstützung für den Anbau von Energiepflanzen fordert, und vor dem Themenraum *Speicher* eine Chemikerin, die begeistert eine neue Technologie zur Speicherung von Energie bewirbt (vgl. Abbildungen 4 und 5). Die Besucherinnen und Besucher können sich vom Akteur entweder direkt an die Spielstation oder in einen der Themenräume begeben, in denen sie Informationen zum Thema erhalten. Die Akteure drängen jedoch und eine schnelle Entscheidung ist verlockend.

3 Die Akteure auf dem politischen Parkett.
Copyright: Space4

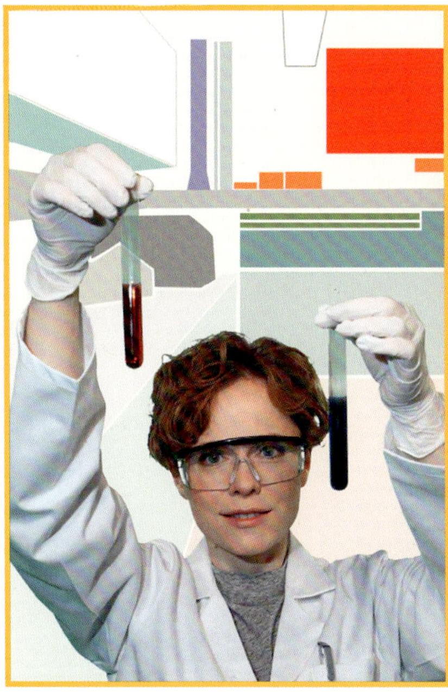

4 und 5 Akteure der Energiewende: Eine Chemikerin und ein Landwirt bringen ihre Anliegen vor.

Copyright: teamstratenwerth

Die Spielstationen werden durch das Einschieben der Spielkarte aktiviert. Eine Frage wird gestellt. Beim Themenraum *Mobilität* zum Beispiel, ob Elektroautos finanziell attraktiver gemacht werden sollten. Dazu werden drei Antwortmöglichkeiten angeboten. Jede gewählte Maßnahme führt gleichermaßen zu positiven wie negativen Reaktionen der potenziellen Wählerschaft: Es wird kommentiert, gemurrt oder eine neue Idee eingebracht (vgl. Abbildung 6). Schnell wird deutlich: Verschiedene Interessengruppen an einen Tisch zu bekommen, ist nicht einfach und die Sachlage komplex. Da heißt es, einen ruhigen Kopf zu bewahren und sich einen Überblick zu verschaffen, denn am Ende muss eine Entscheidung getroffen werden. Einmal festgelegt, wird ein Hebel an der Seite der Spielstation betätigt (vgl. Abbildung 7), um die Entscheidung zu bestätigen. Eine Stanze locht dadurch die Spielkarte und hält die gewählte politische Maßnahme unwiderruflich fest.

Nachdem genügend Entscheidungen getroffen und Löcher gestanzt sind, lässt sich auf der Karte ein Muster erkennen, das in einer Auswertungsstation am Ende des Ausstellungsrundgangs mit einem Augenzwinkern gedeutet wird: Die Besucherinnen und Besucher erfahren an einer Auswertungsstation, für welche Art von Energiewende und Politik sie ihren Entscheidungen nach stehen. Das dürfte für die eine oder den anderen nicht ganz den Erwartungen entsprechen, aber als Politiker oder Politikerin zu denken, zu entscheiden und zu handeln – und auf dem Weg zur nachhaltigen Energieversorgung Umweltverträglichkeit, Versorgungssicherheit, Wirtschaftlichkeit und soziale Gerechtigkeit unter einen Hut zu bekommen –, ist keine leichte Aufgabe. So wird deutlich, wie Individuum, Gesellschaft und Politik im Umwälzungsprozess der Energieversorgung zusammenspielen.

S. 124 bis 129

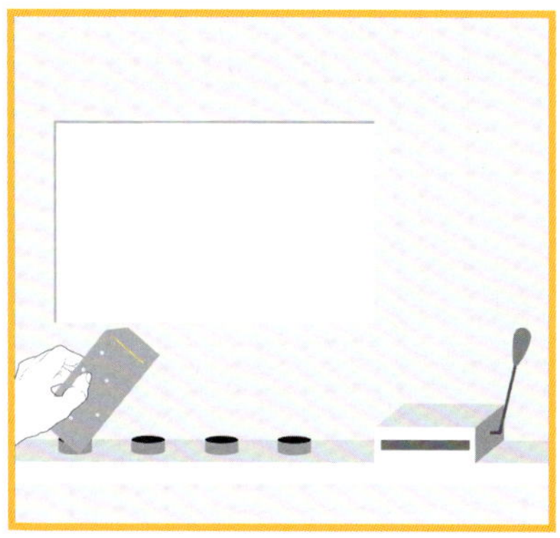

7 Die Stanze locht die politische Entscheidung der Besucherinnen und Besucher in die Spielkarte.

Copyright: Space4

6 Reaktionen der potenziellen Wählerschaft auf eine politische Entscheidung.

Copyright: teamstratenwerth

Didaktik und Gestaltung

Klare Linien für einen komplexen Inhalt

Die Ausstellung *energie.wenden* will Orientierungswissen liefern und die Möglichkeit zu kreativer Gestaltung im Prozess der Energiewende betonen. Das tut sie zum einen durch partizipative Elemente, die Ideen und Fotografien der Besucher in die Gestaltung der Ausstellung einfließen lassen. Zum anderen durch eine Vielzahl an interaktiven Exponaten (Hands-Ons) und Mitmachstationen, an denen Technik und Wissen mit mehreren Sinnen erfahrbar gemacht werden. Diese Elemente finden sich in jedem der Themenräume. So wie beispielsweise die Weltkarten, die einen ersten Überblick zum Thema liefern und durch »Fenster zur Welt« ergänzt werden (vgl. Abbildung 1). Diese stellen den Umgang verschiedener Länder und Regionen mit der Energiewende beziehungsweise ihren Teilaspekten vor und zeigen die globale Vernetzung im Bereich Energie. In diesem Format werden Vorreiter vorgestellt, die als Kristallisationskeime Impulse gesetzt und Transformationsprozesse in einem Bereich der Energiewende vorangebracht haben.

Ein weiteres wiederkehrendes Element ist der »Knackpunkt« – ein Format, dessen gestalterische Umsetzung stark variiert. Er illustriert zugespitzt die zentrale Herausforderung jedes Themenraums, die in Hinblick auf eine nachhaltige und sichere Energieversorgung gemeistert oder angegangen werden müsste. Die teils abstrakten Problematiken werden interaktiv für die Besucherinnen und Besucher erfahrbar gemacht. Zusätzlich steht der Knackpunkt auch immer in Verbindung mit der Frage des politischen Rollenspiels und bildet so eine Verknüpfung zwischen Wissensspeicher

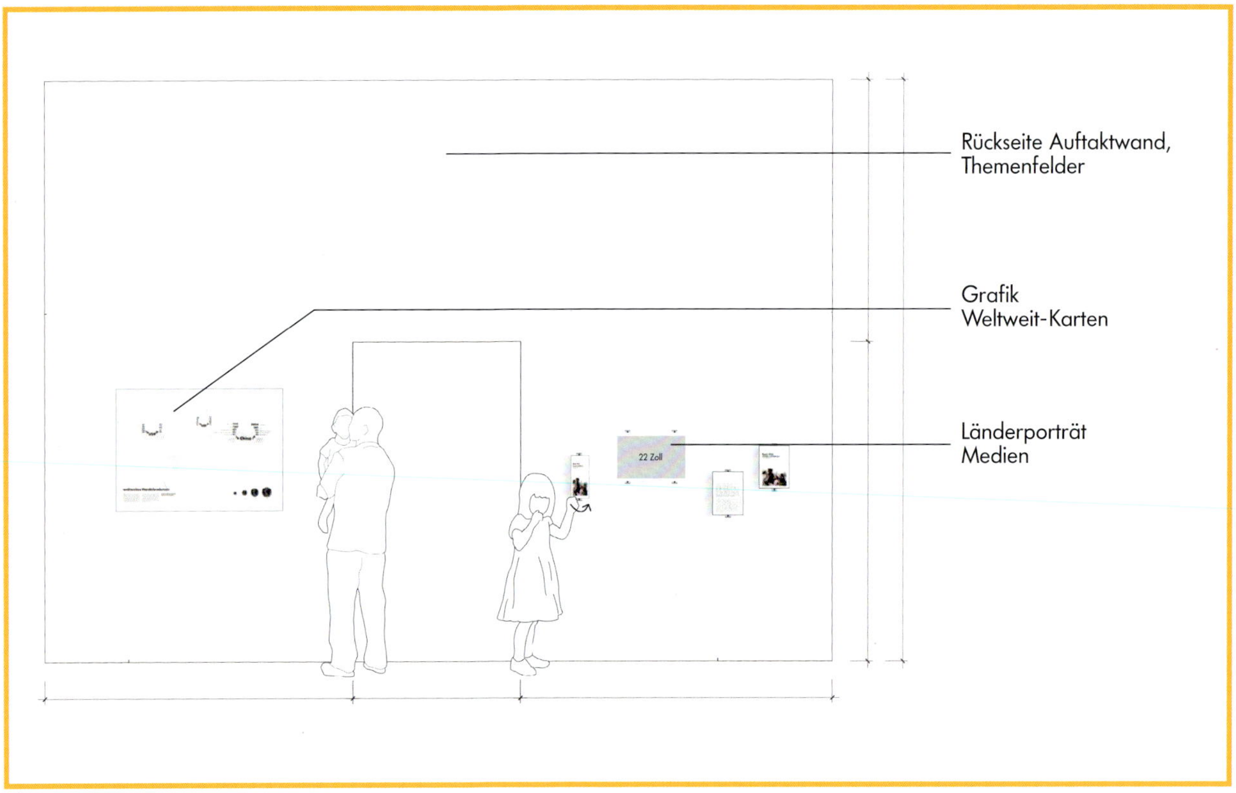

1 Weltkarten und »Fenster zur Welt« bieten in jedem Themenraum einen globalen Zugang.

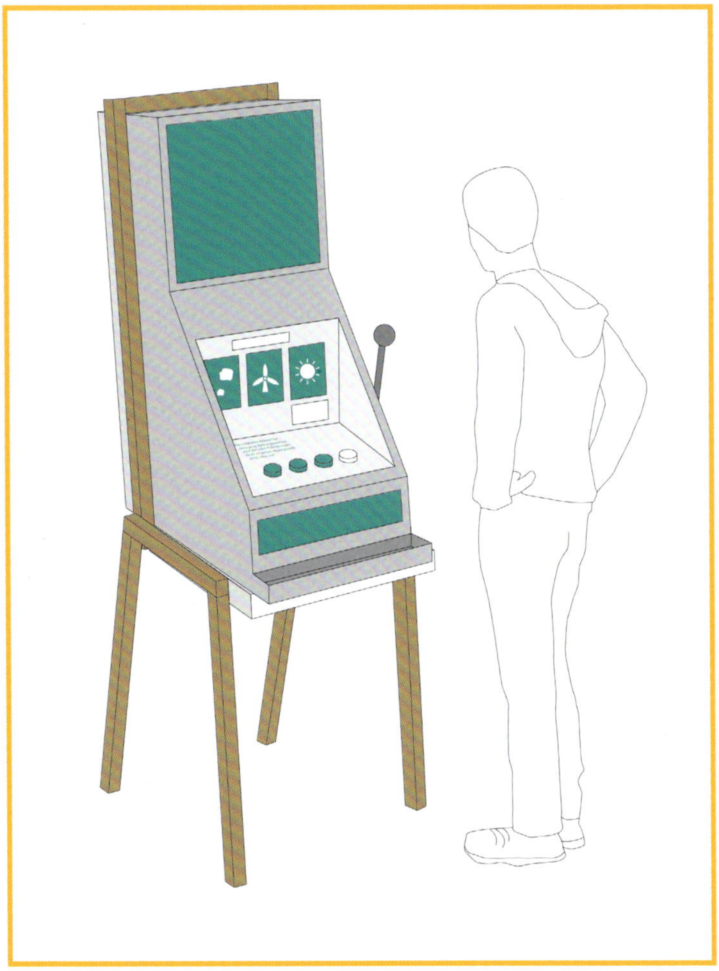

2 Ein einarmiger Bandit veranschaulicht die Volatilität von Sonnen- und Windstrom.

und politischem Parkett. So steht beispielsweise im Zentrum des Themenraums *Sonne und Wind* ein »Einarmiger Bandit« (vgl. Abbildung 2), der die Volatilität dieser Energieträger wie ein Glücksspiel erscheinen lässt, wenn man nicht die nötigen Maßnahmen ergreift. Und im Themenraum *Wasser und Erdwärme* kann man sich selbst auf die Suche nach einem geeigneten Standort für ein neues geothermisches Kraftwerk machen (vgl. Abbildung 3).
Die Vielzahl an Themen mit ihren komplexen Zusammenhängen, den politischen Prozess sowie die gesellschaftliche Teilhabe an der Gestaltung der Energiewende räumlich darzustellen, erfordert eine klare Gestaltung und ein durchdachtes Raumkonzept. Dem Architekturbüro Space 4 und der Medienproduktionsfirma teamstratenwerth gelang es, die Vielschichtigkeit und Dichte des Ausstellungskonzeptes visuell und räumlich so aufzubereiten, dass den Besucherinnen und Besuchern eine Orientierung leichtfällt. Es gibt keine

S. 106 bis 111

S. 100 bis 105

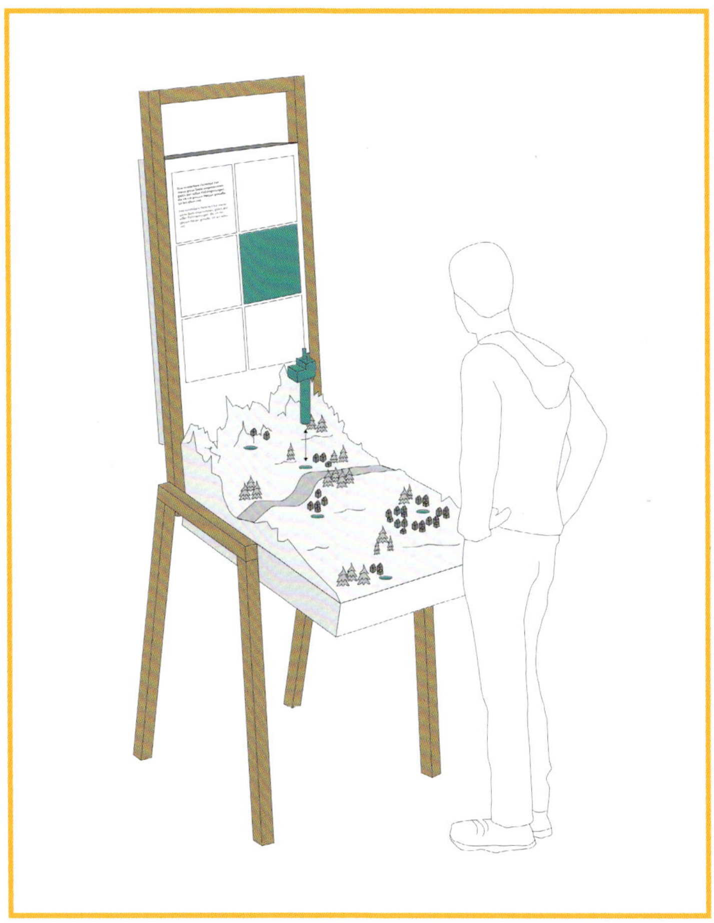

3 Im Knackpunkt Geothermie erleben die Besucherinnen und Besucher, wie schwierig es sein kann, den idealen Standort für ein neues Geothermiekraftwerk zu finden.

4 Die Icons zu jedem Themenraum erleichtern die Orientierung in der Ausstellung.
Copyright: Space4

feste Besucherführung, aber klare Strukturen. Inhaltlich wiederkehrende Elemente werden räumlich an den gleichen Stellen und grafisch in der gleichen Form präsentiert, die Grafiksprache ist einfach gehalten und nutzt eigens entwickelte Icons zur Verknüpfung (vgl. Abbildung 4). Um das politische Rollenspiel optisch vom Rest der Ausstellung abzugrenzen, sind alle Elemente dieses Spiels in einem lebhaft-animierenden Gelb gehalten.

Zwar ist das Rollenspiel räumlich von den zehn großen inhaltlichen Themenräumen getrennt, es ergeben sich jedoch Verbindungen zwischen beiden Bereichen: Über Sichtachsen vom Gang aus auf die Objekte in den Themenfeldrahmen oder durch die gelbe Markierung der Knackpunkte, die auf das politische Parkett verweisen, wird dieser Zusammenhang optisch geschaffen. Semitransparente Materialien lassen die Themenräume transluzent und leicht erscheinen. Ein hinterleuchteter farbiger Hintergrund gibt jedem der Räume seine eigene Farbigkeit, die in Verbindung mit den Exponaten eine eigene Ästhetik ergibt.

Um den Zugang zu den Inhalten der Themenräume weiter zu erleichtern, wurde für jeden Themenraum eine eigene Hintergrundgrafik entwickelt, die die Exponate zusammen mit den Texten und Grafiken, wie im Editorial Design einer Zeitschrift oder eines Buches, in eine visuelle Storyline einbettet (vgl. Abbildung 5). Die zentralen Großexponate zusammen mit der rhythmischen Anordnung von Texten und Grafiken erleichtern die Orientierung in einem hochkomplexen Thema.

5 Das Editorial Design der Themenrahmen fasst die Exponate, Demonstrationen und Texte grafisch ein.
Copyright: Space4

Die Energielandschaft der Zukunft

Ein interaktives Demonstrationsmodell

Im Mittelpunkt des Raumes, der von den Themenrahmen »Speicher« und »Netze« gebildet wird, steht ein großes, interaktives Demonstrationsmodell – die »Energielandschaft der Zukunft«. Hier verschmelzen die Themen Energiespeicher und Energienetze zu der Einheit, die sie im Rahmen der Energiewende tatsächlich bilden: Eine wesentliche Herausforderung bei der Umstellung unserer Energieversorgung auf erneuerbare Energien stellt nämlich die mit dem Wetter schwankende Erzeugungsleistung von Windkraft- und Solaranlagen dar. Dies macht die Flexibilisierung von Erzeugern und Verbrauchern notwendig, das sind Maßnahmen, um Verbrauch und Erzeugung wieder in Einklang zu bringen. Die Besucher der Ausstellung energie.wenden können verschiedene Elemente in der Modelllandschaft steuern und erfahren so, welche Möglichkeiten zur Flexibilisierung es gibt und welche Auswirkungen diese auf das Gesamtsystem haben.
In die Modelllandschaft integriert sind verschiedene Elemente: Eine Fabrik und eine Siedlung mit mehreren Häusern aufseiten der Verbraucher; Windkraft- und Solaranlagen sowie ein Gaskraftwerk aufseiten der Erzeuger und als Speicher natürlich Schwungradspeicher, unterirdische Gasspeicher und ein Pumpspeicherkraftwerk. Alle diese Elemente sind mit Energienetzen verbunden: dem Strom-, Gas- und Fernwärmenetz. Die Aufgabe der Besucher, die diese Elemente steuern können, ist es, eine stabile Energieversorgung mit ausschließlich erneuerbaren Energien sicherzustellen. Das Gas wird dabei in Power-to-Gas-Anlagen aus Wind- oder Solarstrom erzeugt und gilt daher ebenfalls als »erneuerbar«. Es gilt dabei nicht nur, Versorgungslücken zu überbrücken – die gefürchteten »Dunkelflauten«, in denen weder die Sonne scheint noch der Wind weht. Die Besucher müssen auch versuchen, die Frequenz im Stromnetz möglichst stabil zu halten; denn ein Stromnetz muss permanent von außen im Gleichgewicht gehalten werden: Um die Wechselspannung auf einer Frequenz von 50 Hertz stabil zu halten, muss immer genau so viel Energie in das Netz eingespeist werden wie an anderer Stelle entnommen wird. Die Einhaltung enger Toleranzbereiche ist äußerst wichtig, denn viele elektronische Geräte reagieren empfindlich auf kleinste Abweichungen vom Sollwert 50 Hertz.
So funktioniert das Modell: Die Besucher steuern an den jeweiligen Stationen die Leistung von Energieerzeugern, den Verbrauch von Fabriken und Haushalten oder sie versuchen über das Laden und Entladen von Energiespeichern die momentane Bilanz auszugleichen. Dabei müssen sie ihre Handlungen untereinander abstimmen, denn selbstverständlich ist jedes dieser Elemente eigenen Restriktionen unterworfen: Die Elektroautos müssen morgens für den Weg zur Arbeit geladen sein, die Fabrik soll produzieren, in den Haushalten wollen die Menschen abends duschen oder das Fußball-Länderspiel sehen, die Leistung von Windkraft- und Solaranlagen ist abhängig vom Wetter, der Pumpspeichersee hat nur ein begrenztes Fassungsvermögen und so weiter und so fort.
Die »Energielandschaft der Zukunft« macht deutlich: (Nur) durch stärkere Flexibilisierung und intelligente Verknüpfung von Erzeugern, Verbrauchern und Speichern wird eine sichere Energieversorgung auch ohne fossile Rohstoffe möglich sein.

1 Im großen Energiespiel erhalten die Besucherinnen und Besucher den Auftrag, die »Energielandschaft der Zukunft« gemeinsam zu steuern.
Copyright: Space4

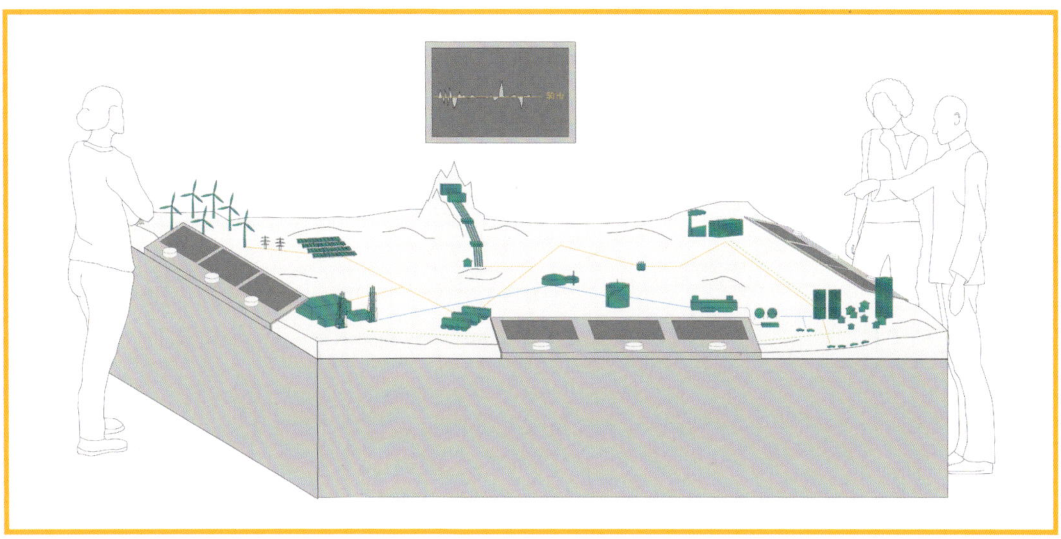

Gekauftes Glück

Besucherobjekte

»Diese Form, diese Farbe – und so praktisch: Der elektrische Gemüseschäler mit dem blutroten Griff musste einfach her! Oder der niedliche Igelball, dessen Anblick allein schon so entspannte. Und auch ein Leben ohne die beleuchtete Plastikgondel erschien damals auf der Liebesreise nach Venedig möglich, aber sinnlos. Also den Geldbeutel gezückt und für ein paar Euro pures Glück gekauft. Wenigstens für den Moment. Denn heute geht der Schäler ständig im Besteckkasten im Weg um – nachdem man fürs Spülen hinterher dreimal so lang brauchte, wie fürs Kartoffelhäuten. Der Igelball war doch ein bisschen zu hart für den zarten Rücken und ist in irgendeiner Kiste gelandet. Und der Gondel gingen kurz nach der gescheiterten Beziehung auch die Lichter aus. Und jetzt? Wegwerfen? Einfach in die Tonne damit? Auf gar keinen Fall! All diese Dinge, die so begehrenswerten Sinnlosigkeiten, gehören ins Deutsche Museum!
Schenken Sie Ihren ehemaligen Glück-Bringern ein neues Leben als Exponat in der Sonderausstellung *energie.wenden*. Erzählen Sie Ihre Geschichte und werden Sie Teil einer Sammlung von Glücksgefühlen!«

So lautete der Aufruf des Deutschen Museums seit Ende 2016 bis Mitte 2018, für die gesamte Laufzeit der Ausstellung, in den sozialen Netzwerken – doch warum beschäftigt sich das Museum mit dem Nippes im Besitz seiner Besucher? Hintergrund ist, dass eine erfolgreiche Energiewende voraussetzt, dass sich auch das Konsumverhalten langfristig ändert. Denn in jedem noch so kleinen Ding steckt Energie – auch in dem unsinnigsten. Meist ist uns bewusst, dass wir durch die Dinge, die wir kaufen, auch Rohstoffe und Energie verbrauchen. Aber woher kommt dieses Kabinett voll unnützem Zeug?

Das ist die Frage, die jede und jeder in der »energie.wenden«-Ausstellung für sich selbst beantworten darf. Die »Besucherobjekte« bieten die Möglichkeit, ein Bewusstsein dafür zu schaffen, dass eine Änderung des Konsumverhaltens Energie sparen kann. Dabei sind es die persönlichen Geschichten und Objekte Anderer, die zum Vergleich mit dem eigenen Konsumverhalten einladen und so verschiedene Blickwinkel öffnen.

Ocean Melodica

Auf meinem Weg nach Hause bin ich täglich am Schaufenster des Musikladens vorbeigelaufen. Dort wurde seit Monaten auf den Räumungsverkauf aufmerksam gemacht. Eines Tages fand sich dann auch eine Ocean Melodica im Schaufenster. Nach nur zwei Tagen bin ich in den Laden gegangen, habe mir diese Melodica gekauft und habe mich gefreut wie ein kleines Kind. Ich war so stolz über meinen Kauf, dass ich auch gleich ein schönes Foto gemacht und es – gegen meine Art – in den sozialen Netzwerken präsentiert habe. Seitdem steht die Melodica auf meinem Schrank in einem Koffer und wurde eigentlich noch nie gespielt.

Melanie, 33, München

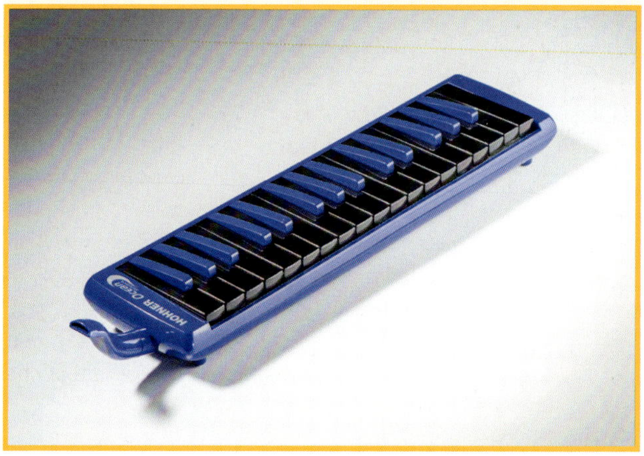

1
Foto: DMA CD73476

2
Foto: DMA CD73467

Das Toilettengästebuch

Wie haben wir uns nur in einem Geschenkeladen in Mexico City für ein Toilettengästebuch begeistern können? Wir waren uns sicher: Das Toilettengästebuch würde in unserer WG einschlagen wie eine Bombe, alle würden darüber herfallen und es in Kürze mit geistreichen Bemerkungen füllen. Ein Jahr später und ganze fünf Einträge weiter mussten wir feststellen, dass Besucher unserer Toilette das Gästebuch bestenfalls ignoriert haben. Im Nachhinein hätten wir für das Geld besser nochmal Tacos al pastor gegessen …

Susanne, 28, München

3
Foto: DMA CD73481

Modellrennboot

Selbst so ein Modellrennboot zu steuern, muss das Größte sein, dachte ich mir, als ich am Steg des lokalen Modellbauvereins stand und die Boote beobachtete, wie sie über das Wasser schossen. Also stand ein Bausatz für ein Modellrennboot ganz oben auf meinem Wunschzettel und die Freude war riesig, als ich den Bausatz unter dem Weihnachtsbaum fand. Doch ebenso groß wie die Freude war auch die Ernüchterung, als ich ihn das erste Mal öffnete: kein Motor, keine Lenkung, keine Fernsteuerung, dafür eine Bauanleitung, die ich kaum verstand. So liegt der Bausatz seit gut 20 Jahren unberührt im Keller und wartet auf bessere Zeiten.

Aron, 35, Augsburg

4
Foto: DMA CD73468

Jane-Austen-Gesamtausgabe

Buchläden sind meine größten Verführer. Es fällt mir bereits schwer, an einem vorbeizugehen, und bin ich erst einmal drinnen, gehe ich selten ohne eine neue Errungenschaft nach Hause. So ging es mir auch in London in der Piccadilly Street. Erworben habe ich eine wunderschöne Gesamtausgabe der Romane Jane Austens. Diese 1,5 Kilo habe ich dann durch London und natürlich zurück nach München geschleppt, wo sie in mein Bücherregal verfrachtet wurden. Seitdem steht sie dort, zu unhandlich, um sie unterwegs zu lesen, und zu anspruchsvoll, um darin noch vor dem Einschlafen zu schmökern. Aber immerhin macht sie sich gut in meinem Bücherregal.

Sandra, 26, München

Energieforschung

Archäologische Grabung im Jahr 3049

Durchbruch in der Energieforschung!

Die Art der Energiegewinnung in den 2050er Jahren blieb in der Wissenschaft lange ein Rätsel. Aus diesem Grund beantragte das EULE-Institut eine archäologische Grabung in München, die 3049 begann. Signifikante Funde wurden geborgen und mit Hilfe der neu entwickelten »SK³-Methode« analysiert. Die Ergebnisse und die wissenschaftlichen Interpretationen helfen nun, die Lebensweise unserer Ahnen zu verstehen. In Expertenkreisen gelten sie als größte Entdeckung dieser Zeit und werden hier zum ersten Mal veröffentlicht.

Sabina Brassicae, EULE-Institut, Juni 3051

1 Die Ausgrabungen in den Isarauen führten erstaunliche Objekte zutage.
Foto: DMA CD73441

Mikroalgen

Aus diesem Fund ließ sich ein 300-Parteien-Wohnhaus rekonstruieren, das die Energie im eigenen Kleinkraftwerk erzeugte. Die nötige Biomasse lieferten die Mikroalgen in den Fassadenpaneelen. Im Jahr 2048 dienten die Algen nicht nur zur Energiegewinnung, sondern in erster Linie als »CO_2-Fresser«. Dieses Energiekonzept wurde von der Mietergenossenschaft installiert und getragen.

Fundort, -zeit: Brudermühlstraße, München, 3050
Objekt aus dem Jahr 2048 n. Chr.
Inv. Nr: 3050-0330

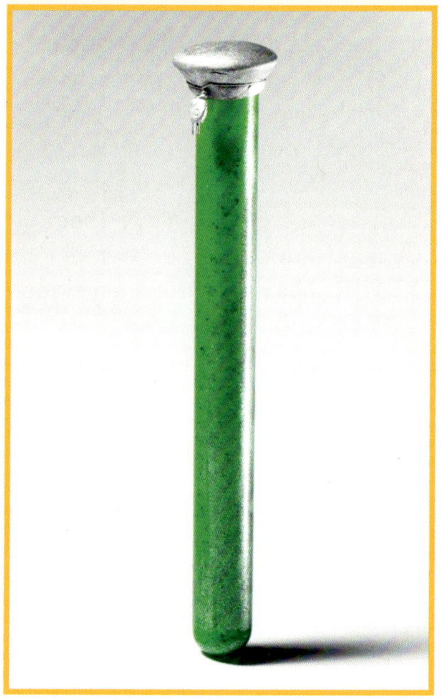

2 Foto: DMA CD73442

Das Ausgrabungsszenario ist eine künstlerische Arbeit, die Zukunftsvisionen spinnt und mit einem Augenzwinkern vermittelt. Mit Hilfe skurriler Fundstücke und schräger Interpretationen wird eine Welt beschrieben, in der die Energiewende aus heutiger Sicht (2016) erfolgreich umgesetzt wurde. Aus zukünftiger Sicht (3051) gilt sie jedoch als verschwenderisch und rückständig. Die Beschreibungen leben von Lücken, Rätseln und Behauptungen. Sie provozieren die Vorstellungskraft der Leser, denn wie die gefundenen Objekte nun wirklich funktionieren, muss letztendlich jeder selbst erfinden.

Sabina Brassicae
Deutsches Museum

3 Foto: DMA CD73443

Sonnenschirm

Dieser Schirm verfügt über eingewebte Solarzellen. Er ermöglichte die mobile Nutzung elektrischer Kleingeräte. Hier dürften Badegäste zum Beispiel Getränke gekühlt, Musik abgespielt oder ihren Zahlakku aufgeladen haben.

Fundort, -zeit: Badeplatz am Ring, München, 3050
Objekt aus dem Jahr 2047 n. Chr.
Inv. Nr: 3050-0353

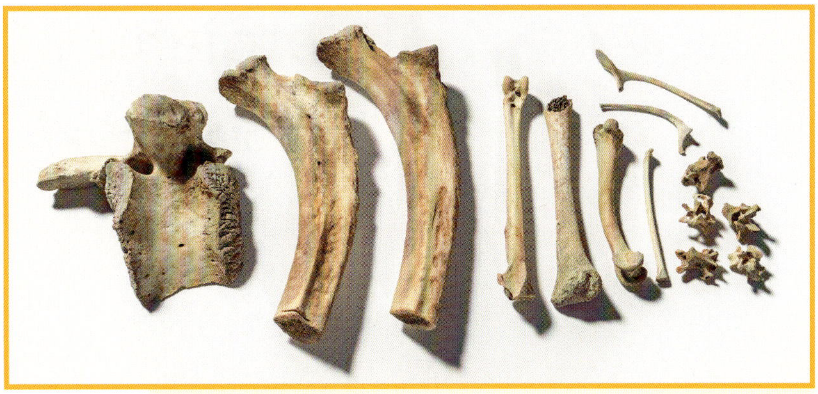

4
Foto: DMA CD73445

Tierknochen

In tieferen Erdschichten entdeckten Archäologen diese Knochen von Hühnern und Rindern. Ob die Tiere die Schausteller des alljährlich stattfindenden Oktoberfestes bei der Energiegewinnung oder beim Transport unterstützten, ist bislang noch ungeklärt. Einige Forscher vertreten die Theorie, dass die Tiere verzehrt wurden.

Fundort, -zeit: Theresienwiese, München, 3050
Objekt aus dem Jahr 2042 n. Chr.
Inv. Nr: 3050-0362

Bohrfutter

In enger räumlicher Nähe fanden sich Überreste von drei Bohrmaschinen. Möglicherweise gab es hier eine Verleihstation oder eine Werkstatt, die nicht nur von Hausbewohnern genutzt wurde. Eine bisher nicht bestätigte Theorie deutet darauf hin, dass bis in die 2030er Jahre fast jeder Haushalt ein eigenes Gerät besaß.

Fundort, -zeit: Brudermühlstraße, München, 3050
Objekt aus dem Jahr 2051 n. Chr.
Inv. Nr: 3050-0332

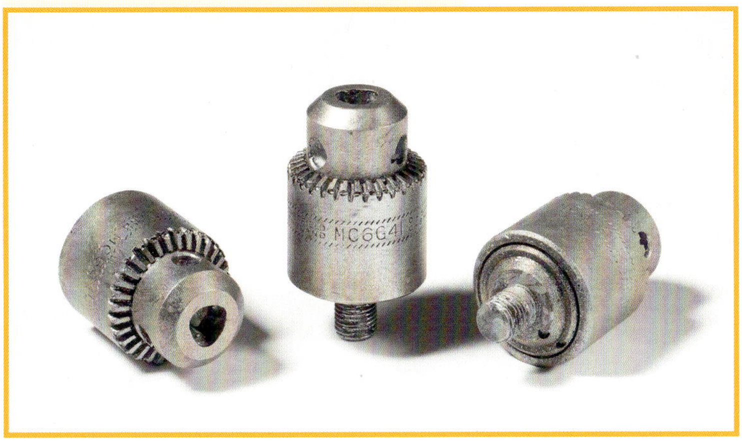

5
Foto: DMA CD73444

6
Foto: DMA CD73446

Unbekanntes Objekt

Für diesen Ring aus Aluminium gibt es bislang keine Erklärung. Er könnte als Schmuck oder für kultische Handlungen verwendet worden sein.

Fundort, -zeit: Brudermühlstraße, München, 3050
Objekt aus dem Jahr 2018 n. Chr.
Inv. Nr: 3050-0334

Global Ideas

Unterwegs zu grünen Ideen in der ganzen Welt

von Manuela Kasper-Claridge

Die Ausstellung »energie.wenden« hat sich zum Ziel gesetzt, spannende Projekte aus allen möglichen Winkeln der Erde vorzustellen. Deshalb hat sich eine Kooperation mit Global Ideas, einem interaktiven Multimediaprojekt der Deutschen Welle, geradezu angeboten. Bei Global Ideas werden kleine Projekte bis hin zu großen Initiativen mit vorbildhaftem Charakter präsentiert, die zeigen, wie Menschen auf der ganzen Welt zur Energiewende beitragen. Die Filme der mehrfach ausgezeichneten Reihe sind im Fernsehen und im Netz zu sehen und werden als Länderporträts in der »energie.wenden«-Ausstellung gezeigt.

Die Kraft der Sonne

Zum Beispiel wird von einem Projekt in Indien erzählt, bei dem unsere Reporterin Birgit Maaß mit dem Zug in der dritten Klasse durch Rajasthan fuhr. Schnell kamen Kameramann Manish Meta und Birgit Maaß mit den indischen Familien im Zug ins Gespräch. Alle hatten das gleiche Ziel: Mount Abu, die heiligste Stätte der Religionsgemeinschaft der Brahma Kumaris. Doch während die

1 Dreharbeiten beim Parabolrinnenkraftwerk im indischen Rajhasthan: Auch für die Kinder vor Ort war die Anwesenheit der Global-Ideas-Mitarbeiter aufregend.
Foto: Global Ideas / Birgit Maaß

2 Die Dreharbeiten auf den Galapagosinseln durften das empfindliche Ökosystem in keinem Fall stören.
Foto: Global Ideas / Deutsche Welle

einen nach religiöser Erneuerung suchten, waren Kameramann und Reporterin auf den Spuren des Solarstroms unterwegs. Denn beim Pilgertreffen sollten mindestens 20 000 Menschen zeitgleich mit warmem Essen versorgt werden. Erzeugt durch umweltfreundliche Sonnenenergie. Ob das wohl klappen wird? Wie groß müssen die Parabolspiegel sein, um genug Energie aufzufangen, fragten sich Maaß und Meta? Sie wollten sehen, ob der Umgang mit Solarstrom in Rajasthan Vorbildcharakter hat. Denn im Ashram der Brahma Kumaris ist ein modernes Solarkraftwerk mit speziellen thermischen Speichern errichtet worden. »India One« heißt das Projekt.
Fast 800 große Parabolspiegel wurden installiert. Jeder mit einer Fläche von rund 60 Quadratmetern. Tatsächlich funktionierte die Versorgung der Pilger problemlos, alle erhielten warmes Essen und das Team der Deutschen Welle bekam sogar eine Audienz bei ihrer Heiligkeit, Dadi Janki, deren Stellung der des Papstes bei den Katholiken entspricht. »Es ist unsere Verantwortung und unsere Pflicht, uns um die Umwelt zu kümmern. Dabei ist die Sonne mit ihrer Kraft besonders wichtig«, erklärte Janki. Die Journalisten sprachen auch mit Mitarbeitern der Deutschen Gesellschaft für Internationale Zusammenarbeit, die das Projekt fördert und sich in Indien für den Ausbau der Solarenergie engagiert. Denn der Energiebedarf Indiens ist hoch, und noch wird die Energie überwiegend mit umweltschädlicher Kohle erzeugt.
Der Film über Solarenergie im Ashram wurde weltweit von der Deutschen Welle im Rahmen des Projekts »Global Ideas« ausgestrahlt. Global Ideas berichtet über engagierte Menschen und innovative Projekte auf der ganzen Welt – häufig auch mit hohem persönlichen Einsatz der Reporter und Kameraleute.

Herausforderungen und Risiken beim Dreh

Der vorbildliche Einsatz erneuerbarer Energien auf den Galapagosinseln konnte zum Beispiel erst gefilmt werden, nachdem das gesamte Equipment und alle Kleidungsstücke mehrere Tage lang desinfiziert worden waren. Sonst wäre das Risiko zu groß gewesen, dass möglicherweise fremde Arten auf den Archipel im östlichen Pazifischen Ozean eingeführt worden wären. Diese würden das ökologische Gleichgewicht der Galapagosinseln empfindlich stören. Die Inseln gehören zu den »Hotspots« der Biodiversität – so werden Regionen der Erde bezeichnet, in denen eine große Zahl an endemischen (also nur dort lebenden) Pflanzen- und Tierarten vorkommt und deren Natur in besonderem Maße bedroht ist. Nach der Desinfektion ging das Team auf ein Forschungsschiff der Charles-Darwin-Gesellschaft, das nach turbulenter Seefahrt in rund 20 Stunden eine der Galapagosinseln erreichte. Dort konnten nicht nur die Riesenschildkröten bewundert werden, sondern auch der Einsatz erneuerbarer Energien zum Schutz der einzigartigen Natur.

3 Bei der Energiegewinnung aus Ernteresten in Indien spielen Arbeiterschutzmaßnahmen häufig nur eine untergeordnete Rolle.

Foto: Global Ideas / Wolf Gebhardt

Ziel der Reportagen und Berichte ist es, zum Mitmachen anzuregen. Was auf den Galapagosinseln funktioniert, kann möglicherweise auch in Afrika oder Europa eingesetzt werden. Es geht auch darum, die Vielfalt grüner Energien erfahrbar zu machen. Dazu liefert Global Ideas leicht verständliche Erklärstücke, die technische und wissenschaftliche Zusammenhänge erläutern. Die multimediale Umweltreihe hat eine breite Fangemeinde. Allein über Facebook und Twitter sind Hunderttausende Menschen mit Global Ideas verbunden – von Addis Abeba über Pune bis La Paz.

Manchmal erleben die Reporter hautnah, warum Umweltschutz so schwierig und gleichzeitig auch so wichtig ist, so zum Beispiel in Benin. Unsere Reporterin Bettina Thoma erfuhr, dass die Menschen auch gefährliche Methoden nutzen, um an Energie zu kommen. Abends an der Landstraße wird Benzin illegal aus Flaschen verkauft. Benin hat einen chronischen Benzinmangel und ist abhängig von Treibstoffimporten aus dem Nachbarland Nigeria. Viele Menschen zapfen illegal die Benzinleitungen an, um an Treibstoff zu kommen. Dies ist höchst umweltschädlich und gefährlich – immer wieder kommt es zu schlimmen Unfällen und Bränden. Der Mann, der der Reporterin das Benzin verkaufte, drückte noch kurz vor dem Betanken seine Zigarette aus. Diesmal ging alles gut. Bettina Thoma wurde schnell klar, dass hier nur umweltfreundliche und ungefährliche Treibstoffe helfen können.

Ein ganz anderes Problem hatte Reporter Wolf Gebhardt. Als er zum ersten Mal das Abladen von Resten der Senfernte in Indien filmen durfte, war er erschrocken und fasziniert zugleich über die schier apokalyptischen Bilder. Riesige Traktoren luden die Erntereste aus, Arbeiter mit Schutzmasken schaufelten sie bei größter Hitze in die Biogasanlage. Wer keine Maske aufhatte, musste viel Staub schlucken. Doch Biomasse bedeutet letztlich sauberere Energie als Kohle. Voraussetzung ist allerdings, dass bei der Produktion Arbeitsschutzbedingungen eingehalten werden – was allerdings nicht immer der Fall ist, wie der Reporter erfahren musste. Offiziell heißt es zwar, Arbeitsschutz sei wichtig, doch viele Inder arbeiteten ohne Maske. Wolf Gebhardt erfuhr inoffiziell, dass sogar einige der Arbeiter ins Krankenhaus mussten, weil sie kaum noch atmen konnten.

4 Auf Märkten in Benin wird häufig illegal Benzin in der Flasche verkauft.

Foto: Global Ideas / Bettina Thoma

5 Bei ihren Dreharbeiten (hier bei einem Windpark in der Türkei) kommen die Global-Ideas-Mitarbeiter auch in Kontakt mit den lokalen Arbeitern.
Foto: Global Ideas / Wolfgang Bernert

Geduld und Begeisterung

Die Arbeit für die Geschichten rund um grüne Themen ist sehr aufwendig und erfordert viel Geduld. Wochenlang, manchmal auch monatelang, wird recherchiert. Dabei ist eine journalistische Herangehensweise und auch professionelle Distanz wichtig. Hinzu kommt ein hoher Aufwand vor dem Dreh: Genehmigungen müssen eingeholt und die effektivsten Reisewege erkundet werden. Doch das Resultat rechtfertigt die Mühe. Denn die Reporter bekommen unmittelbares Feedback von Menschen aus der ganzen Welt, die sich für grüne Ideen begeistern und ihre Umwelt schützen wollen. Und dazu werden die Ideen und Projekte durch die Filme einem großen Publikum nahegebracht.

6 In Vietnam wurden die Global-Ideas-Mitarbeiter Zeuge, wie die Verarbeitung von Maniokwurzeln durch Biogas klimafreundlicher gestaltet werden kann.
Foto: Global Ideas / Christian Jaburg

Global Ideas

Alle Filme, Texte und Fotos von Global Ideas sind auf der Webseite dw.com/globalideas zu finden.

Weitere Adressen:
Twitter: @dw_globalideas
Facebook:
facebook.com/dw.globalideas

Das Projekt wird vom Bundesumweltministerium im Rahmen der Internationalen Klimaschutzinitiative (IKI) unterstützt.

7 Dreharbeiten bei der Senfernte in Indien.
Foto: Global Ideas / Wolf Gebhardt

ANHANG

Autorinnen und Autoren

Sabina Brassicae alias Sabine Köhl entwickelte speziell für diese Sonderausstellung ein Kunstprojekt, das die präsentierten Themenfelder aufgreift und die Energiewende in ihrer Konsequenz zu Ende denkt: Jeder Stromverbraucher ist auch für die Produktion verantwortlich. Köhl ist Holzbildhauerin, schloss ihr Studium an der Akademie der Bildenden Künste in Nürnberg ab und ist für das Deutsche Museum als Bildhauerin tätig. Außerdem leitete sie die Ausgrabungen in den Isarauen.

Dr. Hans-Peter Ebert ist Bereichsleiter für den Bereich Energieeffizienz am Bayerischen Zentrum für Angewandte Energieforschung e.V. (ZAE Bayern) und verantwortet den ZAE-Standort Würzburg. Von Beruf Physiker, ist er Experte auf dem Gebiet der Thermophysik und energieeffizienter Gebäude. Er leitet den Arbeitskreis Thermophysik der Gesellschaft für Thermische Analyse e.V. und ist ständiges Mitglied im Organisationskomitee der »European Conferences on Thermophysical Properties«.

Prof. Dr.-Ing. Manfred Fischedick ist Vizepräsident des Wuppertal Instituts für Klima, Umwelt, Energie und Mitglied der Geschäftsführung des Institutes. Bis 2010 leitete er dort die Forschungsgruppe »Zukünftige Energie- und Mobilitätsstrukturen«. Er ist Mitglied zahlreicher wissenschaftlicher Organisationen (z. B. koordinierender Leitautor im Weltklimarat) und Beiräte sowie Berater der EU, der Bundesregierung und verschiedener Landesregierungen. Fischedick ist zudem Professor an der Schumpeter School of Business and Economics der Bergischen Universität Wuppertal und beschäftigt sich dort unter anderem mit der dynamischen Entwicklung von Märkten und unternehmerischen Chancen im Bereich von Clean Technologies.

Sandra Frank unterstützte als Praktikantin im Deutschen Museum das Team *energie.wenden* bei der Umsetzung der Sonderausstellung. Parallel studiert die Geowissenschaftlerin Wissenschafts- und Technikphilosophie an der Technischen Universität München. 2014 hat sie mit Kommilitonen »Auf Augenhöhe – das Science Café in München« gegründet, um den Dialog zwischen Wissenschaft, Politik, Technik und Gesellschaft zu beleben.

Prof. Dr.-Ing. Matthias Gaderer ist Professor für Regenerative Energiesysteme an der Technischen Universität München. Er promovierte 2008 zum Thema energetische Biomassenutzung. Zuvor hatte der Verfahrenstechniker am Bayerischen Zentrum für angewandte Energieforschung in Garching/München als Leiter einer Arbeitsgruppe die angewandte Biomasseforschung aufgebaut.

Dr. Sabine Gerber-Hirt ist seit 2009 Leiterin der Hauptabteilung Naturwissenschaften am Deutschen Museum. Sie studierte Biologie und Chemie an der Uni Bonn und promovierte zu einem ökophysiologischen Thema an der Uni Erlangen. Sie hat zahlreiche Ausstellungen, unter anderem zu den Themen Umwelt, Klima, Gentechnik, Biotechnologie, Medizintechnik und Landwirtschaft kuratiert. Die Ausstellung *energie.wenden* begleitet sie als Projektleiterin.

Christina Geyer ist seit 2012 am Deutschen Museum kuratorisch tätig. Die Ernährungswissenschaftlerin erstellte mit Sarah Kellberg das Konzept für die Sonderausstellung *energie.wenden* und war maßgeblich an dem Konzept des Katalogs beteiligt. Ihre weiteren Projekte am Deutschen Museum waren die Mitwirkung an der Sonderausstellung »Das Gelbe vom Ei – eine Ausstellung über das Essen« und der Dauerausstellung »Landwirtschaft und Ernährung« im Volontariat.

Prof. Dr. rer. nat. Armin Grunwald ist Leiter des Instituts für Technikfolgenabschätzung und Systemanalyse (ITAS) im Karlsruher Institut für Technologie (KIT), Leiter des Büros für Technikfolgen-Abschätzung beim Deutschen Bundestag (TAB) und Inhaber des Lehrstuhls für Technikphilosophie und Technikethik am KIT. Darüber hinaus ist er Mitglied im Präsidium der Deutschen Akademie der Technikwissenschaften. Grunwald hat Physik, Mathematik und Philosophie an den Universitäten Münster und Köln studiert, seine Promotion in der Theoretischen Physik und die Habilitation in Philosophie absolviert. Er war berufstätig in der Industrie im Bereich des Software Engineering, im Deutschen Zentrum für Luft- und Raumfahrt im Feld der Technikfolgenabschätzung und als stellvertretender Direktor der Europäischen Akademie zur Erforschung von Folgen wissenschaftlich-technischer Entwicklungen.

Moritz Heber leitet als Kurator die Abteilung Bauwesen des Deutschen Museums. Für die Sonderausstellung *energie.wenden* kuratierte er die Themen Netze und Speicher. Zuvor studierte er Maschinenbau mit den Schwerpunkten Leichtbau und Energietechnik an der TU München und der École Centrale de Lyon.

Dr. Claus Hecking ist seit 2015 Wirtschaftsredakteur bei der ZEIT. Seine Schwerpunkte sind Energie, Klima und Umwelt sowie EU und Globalisierung. Zuvor war er seit 2005 Brüssel-Korrespondent und Reporter für die Financial Times Deutschland und ist seit 2013 freier Autor für Spiegel Online und das Wirtschaftsmagazin Capital. Hecking studierte Betriebswirtschaftslehre, Jura und Politik in Münster, Madrid und Brüssel und absolvierte im

Anschluss ein Radio- und TV-Volontariat bei der Deutschen Welle. Von 2004 bis 2005 war er Sprecher in der Abteilung Konzernkommunikation und Politik bei der BMW AG.

Dr.-Ing. Jens zum Hingst ist Abteilungsleiter der Abteilung Energiesystemanalyse am CUTEC Institut, Clausthal-Zellerfeld. Von 2010 bis 2013 war er Projektentwickler im Forschungsbereich Energiesysteme und Prozessenergietechnik am Energie-Forschungszentrum Niedersachsen. In seiner Tätigkeit als wissenschaftlicher Mitarbeiter am Institut für Elektrische Energietechnik der TU Clausthal von 2004 bis 2009 wurde er zum Dr.-Ing. promoviert.

Prof. Dr. Clemens Hoffmann leitet das Fraunhofer-Institut für Windenergie und Energiesystemtechnik in Kassel. Zuvor arbeitete der promovierte Plasmaphysiker 17 Jahre lang für Siemens und baute im Konzern federführend den Schwerpunkt Erneuerbare Energien aus. Unter anderem entwickelte er dabei ein Szenario für die vollständige Energieversorgung Deutschlands mit regenerativen Energieträgern. Gemeinsam mit seinen Mitarbeitern des Fraunhofer-Instituts untersuchte Professor Hoffmann kürzlich die künftigen Kosten der Umstellung des gesamten Energiesystems.

Manuela Kasper-Claridge ist Leiterin der Abteilung Wirtschaft und Wissenschaft der Deutschen Welle mit den Standorten Berlin und Bonn (TV, Online, Radio). Ende 2009 startete Manuela Kasper-Claridge mit Global Ideas die weltweit größte mehrsprachige und multimediale Klimaschutzplattform. Weiterhin ist Manuela Kasper-Claridge regelmäßiger Gast des Weltwirtschaftsforums in Davos, begründete Partnerschaften mit dem WEF und der Schwab-Stiftung und arbeitet im Ausschuss für Kommunikation und Medien des Deutschen Industrie- und Handelskammertags (DIHK). Sie ist zudem Mitglied des Kuratoriums des ifo Instituts in München und des Programmbeirats von TecTV, dem webbasierten Fernsehen des Vereins Deutscher Ingenieure (VDI).

Sarah Kellberg übernahm 2014 zusammen mit Christina Geyer die konzeptionelle Entwicklung der Sonderausstellung *energie.wenden*. Zuvor absolvierte sie ein wissenschaftliches Volontariat am Deutschen Museum. Ursprünglich studierte sie Anthropologie, Ethnologie und Kunstgeschichte an der Johannes Gutenberg-Universität in Mainz und an der Universidad Autónoma de Madrid.

Prof. Dr. Patrick Kupper ist Professor für Wirtschafts- und Sozialgeschichte an der Universität Innsbruck. Seine Forschungsinteressen liegen in der transnationalen Wirtschafts-, Sozial- und Umweltgeschichte der europäischen Moderne, wobei er auch Ansätze der Globalgeschichte und der Technik- und Wissenschaftsgeschichte verfolgt. Er ist Autor zahlreicher Publikationen. 2012 bis 2014 war er Mitglied des Zentrums Geschichte des Wissens ZGW von Universität und ETH Zürich, 2014 bis 2015 Fellow am Forschungskolleg des Zentrums für Religion, Wirtschaft und Politik (ZRWP) in Basel.

Prof. Dr. Barbara Lenz ist Direktorin des Berliner Instituts für Verkehrsforschung im Deutschen Zentrum für Luft- und Raumfahrt e. V. Gleichzeitig lehrt sie als Professorin für Verkehrsgeographie an der Humboldt Universität zu Berlin. Am Institut für Verkehrsforschung hat sie nachfrage- und nutzerorientierte Forschung sowohl zum Personen- als auch zum Güterverkehr entwickelt und etabliert.

Dr. rer. pol Felix Chr. Matthes ist Forschungskoordinator für Energie- und Klimapolitik beim Freiburger Öko-Institut. 1999 promovierte der Diplom-Ingenieur mit einer Arbeit zur Energiepolitik-Geschichte. Seit 1991 ist er als wissenschaftlicher Mitarbeiter am Öko-Institut beschäftigt, war von 1997 bis 2008 Koordinator des Bereichs Energie und Klimaschutz und von 2002 bis 2004 stellvertretender Geschäftsführer. Matthes ist Mitglied diverser Beratergremien (u. a. Enquete-Kommission »Nachhaltige Energieversorgung« des 14. Deutschen Bundestages, Beratergruppe zur EU Energy Roadmap 2050 der Europäischen Kommission).

Dr. Christina Newinger stieß im August 2015 zum »energie.wenden«-Team am Deutschen Museum. Neben kuratorischen Tätigkeiten hat sie sich um Zusammenstellung und Inhalte des vorliegenden Buches gekümmert. Bevor sie ans Deutsche Museum kam, studierte sie Physik in München und promovierte im Anschluss am Imperial College London im Bereich Klimaforschung. Sie war außerdem als freie Autorin der Homepage www.weltderphysik.de tätig.

Prof. Dr. Karen Pittel ist Professorin für Volkswirtschaftslehre an der Ludwig-Maximilians-Universität München und Direktorin des Zentrums für Energie, Klima und erschöpfbare Ressourcen des ifo Instituts – Leibniz Institut für Wirtschaftsforschung. Frau Pittel ist Mitglied des Deutschen Komitees für Nachhaltigkeitsforschung in Future Earth der Deutschen Forschungsgemeinschaft und seit Oktober 2010 Mitglied des Klimarates der Bayerischen Staatsregierung.

Prof. Dr. Dr. h.c. Ortwin Renn ist seit 2016 Wissenschaftlicher Direktor am Institute for Advanced Sustainability Studies (IASS) in Potsdam und bleibt als Gründungsdirektor dem Zentrum für Interdisziplinäre Risiko- und Innovationsforschung an der Universität Stuttgart (ZIRIUS) verbunden. Darüber hinaus leitet Renn das Forschungsinstitut DIALOGIK. Seine Hauptforschungsfelder sind: Risikoanalyse (Governance, Wahrnehmung und Kommunikation), Theorie und Praxis der Bürgerbeteiligung bei öffentlichen Vorhaben sowie sozialer und technischer Wandel in Richtung einer nachhaltigen Entwicklung.

Dipl.-Wirtsch.-Ing. Isa Ryspaeva hat an der TU Braunschweig die Vertiefungsrichtung Energietechnik studiert. Sie arbeitet am Lehrstuhl für Umwelt- und Energietechnik von Prof. Faulstich an der TU Clausthal. Ihren Forschungsschwerpunkt bilden Energieszenarien.

Melanie Saverimuthu ist Soziologin und Fachreferentin für Sammlungsmanagement und Qualitätsstandards in Museen. Sie arbeitete als wissenschaftliche Volontärin am Deutschen Museum München an der Umsetzung der Sonderausstellung *energie.wenden* mit. Seit November 2016 ist sie als wissenschaftliche Mitarbeiterin für das Projekt Dependance Nürnberg des Deutschen Museums kuratorisch tätig.

Prof. Dr. Miranda Schreurs hat an der Hochschule für Politik (HfP) München den Lehrstuhl für Umwelt- und Klimapolitik inne. Zuvor war sie Professorin für vergleichende Politikwissenschaft an der FU Berlin und Leiterin des Forschungszentrums für Umweltpolitik (FFU). Ihre Forschungsschwerpunkte liegen auf dem Gebiet der internationalen und vergleichenden Klima-, Energie- und Umweltpolitik. 2011 wurde Prof. Schreurs als Mitglied der Ethikkommission für eine sichere Energieversorgung der Bundesregierung berufen. Sie war zudem 2008 bis 2016 Mitglied des Sachverständigenrats für Umweltfragen der deutschen Regierung und ist stellvertretende Vorsitzende des European Environment and Sustainable Development Advisory Councils.

Prof. Dr. Markus Vogt ist Dekan der Katholisch-Theologischen Fakultät an der Ludwig-Maximilians-Universität München. Dort ist er seit 2007 Inhaber des Lehrstuhls für Christliche Sozialethik. 2009 bis 2015 war er Sprecher der Arbeitsgemeinschaft der Sozialethikerinnen und Sozialethiker des deutschsprachigen Raums. Seit 1995 berät Vogt die Ökologische Arbeitsgruppe der Deutschen Bischofskonferenz.

Prof. Dr.-Ing. Karsten Voss ist seit 2003 Professor für Bauphysik und Technische Gebäudeausrüstung an der Fakultät für Architektur und Bauingenieurwesen der Universität Wuppertal. Hier leitet er den Studienschwerpunkt »Nachhaltigkeit und Architekturperformance«. Zwölf Jahre arbeitete er als wissenschaftlicher Mitarbeiter am Fraunhofer-Institut für Solare Energiesysteme in Freiburg. Zuvor war er im Leitungsteam der wissenschaftlichen Begleitforschung für den Demonstrationsbereich der Forschungsinitiative Energieoptimiertes Bauen des BMWi tätig. Schwerpunkte seiner Arbeit waren Forschungsprojekte im Bereich der Gebäudeperformance und Gebäudesimulation sowie energieeffiziente Gebäude, energetische Gebäudesanierung und Nullenergiehäuser.

Prof. Dr.-Ing. Ulrich Wagner ist Wissenschaftlicher Leiter der Forschungsstelle Energiewirtschaft und Ordinarius am Lehrstuhl für Energiewirtschaft und Anwendungstechnik an der Technischen Universität München. 2010 bis 2015 war Wagner als Vorstand im Deutschen Zentrum für Luft- und Raumfahrt in Köln zuständig für die Bereiche Energie und Verkehr.

Danksagung

Wir danken unseren Stiftern, Leihgebern und Beratern:

ABB Automation Products GmbH, Mannheim
Airbus Group, Leiden (Niederlande)
AREVA GmbH, Erlangen
Atelier Werner Schmidt, Trun (Schweiz)

Baharash Architecture, London (England)
Bayerisches Staatsministerium für Wirtschaft und Medien, Energie und Technologie, München
Dominik Behrend, Jülich
BELECTRIC OPV GmbH, Kitzingen
BMW Group, München
Luca Bugliaro, Wessling
Bund deutscher Baumschulen (BdB) e.V., Berlin
Bundesamt für Strahlenschutz, Remlingen
Bundesamt für Wirtschaft und Ausfuhrkontrolle, Eschborn
Bundesministerium für Wirtschaft und Energie, Berlin
Gerhard Busse, Stuttgart
BYSTRUP, Kopenhagen (Dänemark)

Choi+Shine Architects, Brookline (USA)
ComBInation GmbH, Berlin
Dave Cooper, Lexington (USA)
CTF SOLAR GmbH, Dresden

Deutsche Energie-Agentur GmbH (dena), Berlin
Deutsche Gesellschaft für Internationale Zusammenarbeit (GIZ) GmbH, Feldafing
Deutscher Wetterdienst, Offenbach
Deutsches Atomforum e.V., Berlin
Deutsches Zentrum für Luft- und Raumfahrt e.V. (DLR), Institut für Technische Thermodynamik | Thermische Prozesstechnik, Stuttgart
Deutsches Zentrum für Luft- und Raumfahrt e.V. (DLR), Institut für Solarforschung, Köln
Deutsches Zentrum für Luft- und Raumfahrt e.V. (DLR), Institut für Physik der Atmosphäre, Wessling

Hans-Peter Ebert, Würzburg
Carrick M. Eggleston, University of Wyoming (USA)
Frank Ehrlich, Remlingen
ENEDIS, Paris
ENERGY GLAS GmbH, Wolfhagen
ENTSOG, Brüssel
Matthias Englert, Darmstadt

Martin Faulstich, Clausthal
Manfred Fischedick, Wuppertal
Fluke Deutschland GmbH, Glottertal
Ford-Werke GmbH, Köln
Forschungszentrum Jülich, Jülich
Foster + Partners, London (England)
Fraunhofer-Center für Silizium-Photovoltaik CSP, Halle
frog design inc., München

Matthias Gaderer, Straubing
Birgit Gaitzsch, Freiberg
Gas Infrastructure Europe, Brüssel (Belgien)
Global Ideas, Deutsche Welle, Berlin
GNS Gesellschaft für Nuklear-Service mbH, Essen
Greenpeace e.V., Hamburg
Armin Grunwald, Karlsruhe

Marc Hassenzahl, Duisburg-Essen
HDG Bavaria GmbH, Massing
Claus Hecking, Hamburg
Julia Henrichmann, Berlin
Hochtief AG, Frankfurt am Main
Clemens Hoffman, Kassel
Holm Architecture Office, New York (USA)
Silvio Hoppe, Zwickau
Hugh Dutton Associés, Paris (Frankreich)
Hydyne GmbH, Schwerin

innogy Stiftung für Energie und Gesellschaft, Essen
Institut für Flugzeugbau, Universität Stuttgart, Stuttgart
Institut für Solarenergieforschung GmbH, Hannover

Jenni Energietechnik AG, Oberburg bei Burgdorf (Schweiz)

Kaeser Kompressoren SE, Coburg
Karlsruher Institut für Technologie (KIT), Karlsruhe
Manuela Kaspar-Claridge, Berlin
Sibylle Kobus, München
Sabine Köhl, München
Patrick Kupper, Innsbruck (Österreich)

Landesinnungsverband des Bayerischen Zimmerhandwerks, München
Matthias Laschke, Duisburg-Essen
Barbara Lenz, Berlin
Linde AG, München
Peter Lorenz, Kelkheim-Fischbach
LOVT – Filmproduktion, Nürnberg

Maersk Deutschland A/S & Co. KG, Hamburg
Makai Ocean Engineering, Hawaii (USA)
Sophia von der Mark, Bad Belling
Jennifer Martin, Alberta (Kanada)
Maschinenfabrik Reinhausen GmbH, Reinhausen

Christian Matthes, Berlin
Sigrun Matthes, Wessling
Max-Planck-Institut für Plasmaphysik, Garching
MEG Energy Corporation, Calgary (Kanada)
Rafael de Mestre, Bukarest (Rumänien)
Modulo Solar S.A. de C.V., México (Mexiko)
MTF Marken-Distributions GmbH, Schüttorf

Nasa Johnson Space Center, Houston (USA)
NASA, Pasadena (USA)
Nemos GmbH, Duisburg
Christoph Newinger, Fürstenfeldbruck
Nexans Deutschland GmbH, Hannover
Norddeutsche Seekabelwerke GmbH, Nordenham

Öko-Institut e.V., Nukleartechnik & Anlagensicherheit, Darmstadt
Open Grid Europe GmbH, Essen
Ostbayerische Technische Hochschule Regensburg, Regensburg

Pharmazie-Historisches Museum der Universität Basel (Schweiz)
Photohaus Theodor Bessler, Alpirsbach
Karen Pittel, München
Michael Ponater, Wessling
Project Gaia, Inc., Gettysburg (USA)

Querdenker GmbH, Freiburg

Rachel Carson Center, München
REDstack BV, Sneek, Niederlande
REHAU AG + Co, Erlangen
Carolin Rehermann, München
Ortwin Renn, Stuttgart
RIVA GmbH Lighting, Backnang
RWE International SE, Dortmund

Samsung Klimatechnik, Schüttorf
Schlaich Bergermann Partner, Berlin
Mark Schmerling, Tryon (USA)
Schott Solar CSP GmbH, Mainz
Schreinerinnung München, München
Miranda Schreurs, Berlin
Jörg Seidel, Bergisch Gladbach
Siemens AG, München
Allison Simpson, Alberta (Kanada)
Sky Sails GmbH, Hamburg
Smart Hydro Power GmbH, Garatshausen
smartflower energy technology GmbH, Wien (Österreich)
SOCON Sonar Control Kavernenvermessung GmbH, Emmerke
Solar Impulse, Lausanne (Schweiz)
Solar Sister, Inc., Great Falls (USA)
Solarkiosk AG, Berlin
SOLARRESERVE, Santa Monica (USA)
Staatliche Naturwissenschaftliche Sammlungen Bayerns, Bayerische Staatssammlung für Paläontologie und Geologie, München
Stadtwerke München GmbH, München
STORAG ETZEL GmbH, Friedeburg
Stornetic GmbH, Jülich
Sarah Strauss, University of Wyoming (USA)
Andreas Strohmayer, Stuttgart
Manuela Strunz, Bad Tölz
Subitec GmbH, Stuttgart
Sunline Deckenstrahlungsheizungen GmbH, Dingelstädt

takigroot, Vermont (USA)
Technologie- und Förderzentrum im Kompetenzzentrum für Nachwachsende Rohstoffe (TFZ), Straubing
Technische Universität Bergakademie Freiberg, Geowissenschaftliche Sammlungen, Freiberg
TELUS Spark, Alberta (Kanada)
Thaletec GmbH, Thale
The SolaRoad Consortium, i.e. TNO, Delft (Niederlande)

Uniper Kraftwerke GmbH, Wilhelmshaven

Vaillant GmbH, Remscheid
Rainer Viertlböck, Gauting
Viessmann Werke GmbH & Co KG, Allendorf
Markus Vogt, München
Norbert Volkmann, Freiberg
Karsten Voss, Wuppertal

Ulrich Wagner, München
Werner Sobek Group, Stuttgart
Wintershall Holding GmbH, Kassel

ZAE Bayern, Bayerisches Zentrum für Angewandte Energieforschung, Würzburg
ZAMG – Zentralanstalt für Meteorologie und Geodynamik, Wien
Erhard Zeiss, Jülich
Hartmut Zohm, Garching

Register

Impressum Ausstellung

Konzept und Inhalte

Deutsches Museum

Konzept
Christina Geyer und Sarah Kellberg

Projektleitung
Dr. Dirk Bühler (bis Dezember 2015),
Dr. Sabine Gerber-Hirt (ab Januar 2016)

Wissenschaftliches Team
Kolja Bauer, Sandra Frank, Christina Geyer,
Moritz Heber, Sarah Kellberg, Dr. Christina Newinger,
Melanie Saverimuthu

Produktionsleitung
Thomas Hofberger, Christian Fritz

Projektmanagement
Alexandra Ogrinz

Grafik
Linda Reiter

Fachbeirat

Prof. Dr.-Ing. Manfred Fischedick,
Prof. Dr. rer. nat. Armin Grunwald,
Prof. Dr. rer. nat. Clemens Hoffmann,
Prof. Dr. phil. Patrick Kupper,
Dr. rer. pol. Felix Christian Matthes,
Prof. Dr. rer. pol. Karen Pittel,
Prof. Dr.-Ing. Ulrich Wagner

Ausstellungsgestaltung

Space4 Stuttgart | teamstratenwerth Basel

Gestaltungskonzept
Space4 | teamstratenwerth: Sarah Klocke,
Alexander Minx, Christoph Stratenwerth

Ausstellungsplanung und -grafik
Space4: Alisa Kostenko, Sarah Klocke,
Alexander Minx, Laura Menges, Fabian Rossel,
Carolin Wershoven, Kristina Witt

Medienplanung
teamstratenwerth: Roland Brönnimann,
Christoph Stratenwerth

Mediengestaltung
teamstratenwerth: Steffi Giaracuni, Knut Jensen,
Claudia Klausner, Kate Koyama, Marina Riegger

Lichtplanung
LDE Belzner Holmes

Ausführende Firmen

BEL-TEC, C.O.P. Messe & Display,
Ekruth Werbetechnik, Elektro Bawiedmann,
Designprojekt, Fißler & Kollegen, gemelo,
Kunamo Film, m.o.l.i.t.o.r., Museumstechnik,
UnternehmenForm, 235 Media

Mit freundlicher Unterstützung von

Linde AG
Bundesministerium für Wirtschaft und Energie
Bayerisches Staatsministerium für Wirtschaft und
Medien, Energie und Technologie
innogy Stiftung für Energie und Gesellschaft

Global Ideas
Open Grid Europe GmbH
Stadtwerke München GmbH

und vielen weiteren.

THE LINDE GROUP

Gefördert durch:
Bundesministerium für Wirtschaft und Energie
aufgrund eines Beschlusses des Deutschen Bundestages

Gefördert durch
Bayerisches Staatsministerium für Wirtschaft und Medien, Energie und Technologie

INNOGY STIFTUNG FÜR ENERGIE UND GESELLSCHAFT

Impressum Buch

Herausgeber
Christina Newinger, Christina Geyer, Sarah Kellberg für das Deutsche Museum

Übersetzungen
Susanne Darabas (Seiten 70 bis 75)

Exponatfotos
Reinhard Krause, Fotoatelier Deutsches Museum

Alle anderen Abbildungen
siehe jeweils die Angaben in den Bildunterschriften

Bildredaktion
Christina Newinger, Torsten Mertz

Lektorat
oekom verlag

Schlussredaktion
Silvia Stammen

Gestaltung
Jorge Schmidt, Matthias Reihs

Layout und Satz
Matthias Reihs

Umschlaggestaltung
André Judä, Linda Reiter, Deutsches Museum
Jorge Schmidt

Illustrationen
Space4, Stuttgart, teamstratenwerth, Basel

Druck und Bindung
Bosch-Druck GmbH, Ergolding

Bildnachweis für Umschlag und Einstiegsseiten
Umschlag: Serg64/www.shutterstock.com
Seite 9: Stock Solution, Inc./Getty Images
Seite 10/11: Niklaus Berger/Getty Images
Seite 20/21: Brad Wilson/The Imagebank
Seite 38/39: den-belitsky/istock
Seite 60/61: candymanphotomania/Fotolia
Seite 81: Michael Gottschalk/Getty Images
Seite 143: Künstler: Ail Hwang, Chung-Ki Park, Hae-Ryun Jeong, Foto: Frank Peterschröder

Selbstverpflichtung zum nachhaltigen Publizieren
Nicht nur publizistisch, sondern auch als Unternehmen setzt sich der oekom verlag konsequent für Nachhaltigkeit ein. Bei Ausstattung und Produktion der Publikationen orientieren wir uns an höchsten ökologischen Kriterien. Inhalt und Überzug dieses Buches wurden auf 100 % Recyclingpapier, das mit dem FSC®-Siegel ausgezeichnet ist, gedruckt. Alle durch diese Publikation verursachten CO_2-Emissionen werden durch Investitionen in ein Gold-Standard-Projekt kompensiert. Die Mehrkosten hierfür trägt der Verlag. Mehr Informationen finden Sie unter: https://www.oekom.de/allgemeine-verlagsinformationen/nachhaltiger-verlag.html

Bibliografische Information der Deutschen Nationalbibliothek: Die Deutsche Nationalbibliothek verzeichnet diese Publikation in der Deutschen Nationalbibliografie; detaillierte bibliografische Daten sind im Internet unter http://dnb.dnb.de abrufbar.

oekom verlag, Gesellschaft für ökologische Kommunikation mbH,
Waltherstraße 29, D-80337 München

In Kooperation mit: Deutsches Museum Verlag

Printed in Germany
ISBN 978-3-86581-839-3

Der Inhalt dieses Buches wurde auf 100%igem Recyclingpapier gedruckt.

Deutsches Museum
Museumsinsel 1
D-80538 München
www.deutsches-museum.de

RECYCLED
Papier aus Recyclingmaterial
FSC® C011862